Understanding Financial Crises

当 代 世 界 学 术 名 著

理解金融危机

富兰克林·艾伦(Franklin Allen)
道格拉斯·盖尔(Douglas Gale) /著

张健康　臧旭恒 等/译
张健康/校

中国人民大学出版社
·北京·

“当代世界学术名著”
出版说明

中华民族历来有海纳百川的宽阔胸怀，她在创造灿烂文明的同时，不断吸纳整个人类文明的精华，滋养、壮大和发展自己。当前，全球化使得人类文明之间的相互交流和影响进一步加强，互动效应更为明显。以世界眼光和开放的视野，引介世界各国的优秀哲学社会科学的前沿成果，服务于我国的社会主义现代化建设，服务于我国的科教兴国战略，是新中国出版工作的优良传统，也是中国当代出版工作者的重要使命。

中国人民大学出版社历来注重对国外哲学社会科学成果的译介工作，所出版的“经济科学译丛”、“工商管理经典译丛”等系列译丛受到社会广泛欢迎。这些译丛侧重于西方经典性教材；同时，我们又推出了这套“当代世界学术名著”系列，旨在迻译国外当代学术名著。所谓“当代”，一般指近几十年发表的著作；所谓“名著”，是指这些著作在该领域产生巨大影响并被各类文献反复引用，成为研究者的必读著作。我们希望经过不断的筛选和积累，使这套丛书成为当代的“汉译世界学术名著丛书”，成为读书人的精神殿堂。

由于本套丛书所选著作距今时日较短，未经历史的充分淘洗，加之判断标准见仁见智，以及选择视野的局限，这项工作肯定难以尽如人意。我们期待着海内外学界积极参与推荐，并对我们的工作提出宝贵的意见和建议。我们深信，经过学界同仁和出版者的共同努力，这套丛书必将日臻完善。

中国人民大学出版社

译者序

——重新思考金融危机

张健康　臧旭恒

国际著名金融学家、经济学家、闻名于世的美国宾西法尼亚大学沃顿商学院（Wharton School）金融学和经济学教授富兰克林·艾伦（Franklin Allen）和纽约大学经济学教授道格拉斯·盖尔（Douglas Gale）的新作《理解金融危机》的诞生可谓恰逢其时！当下华尔街、美国以及全球经济正遭受金融危机的肆虐！人们迫切期望用经济学知识去理解目前正在发生的金融危机。《理解金融危机》英文版精装本 2007 年由牛津大学出版社出版发行。为了满足大学生、研究生、学者和其他读者的需求，2009 年牛津大学出版社又出版了平装本。

2007年8月在美国首先爆发的是次级抵押贷款危机，危机之初，各方面均抱有乐观情绪。但是不久，这场起始于华尔街的次贷危机迅速通过信息、外贸出口和重叠债权等传导到世界各地，进而演变为真正意义上的全球金融危机。曾坚如磐石的一大批金融巨鳄，如雷曼兄弟等投资银行纷纷倒闭，许多金融机构面临困境。到2008年年底，华尔街五大投行无一幸免，要么破产，要么转型为商业银行；股票市场更是大幅跳水；金融危机已严重影响到实体经济，GDP增长率已大幅度缩水。

众所周知，金融危机并不是什么新鲜事物——它已经伴随了我们若干个世纪。最近爆发的一些金融危机有：1990年日本金融危机，1997年亚洲金融危机，1998年俄罗斯金融危机，以及2001—2002年阿根廷金融危机。对于这些危机，经济学家给出的解释是：基本的制度性缺陷。如裙带资本主义、公司治理失误、信息披露不完全和会计系统导致的不透明、监管不当，以及政府担保等。

然而，此次发源于美国华尔街的金融危机与所有以往的有所不同，可以称作一个“新鲜事物”，对经济学家提出了前所未有的挑战。这是因为美国与上述近期爆发金融危机的国家在制度上有着根本的不同。我们不得不承认，美国是世界上最成熟的市场经济体，华尔街是最具有能力设计出各种各样的金融产品来分散风险功能的金融中心。而且几十年来，美国的市场体系、金融制度是许多新兴市场经济国家模仿的典范。众多发展中国家在努力学习甚至是照搬美国的市场经济体系，无须讳言，其中也包括我们中国。那么美国经济——市场经济的楷模——为什么会发生破坏性如此之大的金融危机呢？如果美国经济都不能幸免于金融危机的肆虐，那么其他众多发展中国家呢？下次又是谁呢？

美国此次由次贷危机引发的金融危机不由地让我们重新思考：应该如何去理解金融危机呢？更确切地说，为什么会有金融危机？它究竟是市场失灵还是政府失灵导致的结果？应该不计任何成本阻止金融危机的发生吗？在一定情况下，金融危机是否有利于资源的重新有效配置？金融危机发生后，该如何救市？

其实，完全阻止金融危机发生的办法非常简单，关键是应该不应该。比如恢复到布雷顿森林体系，或者恢复到金本位制，更甚者干脆一步退回到自给自足的封闭经济体系中。这类建议现在国内拥有大批的支持者，在电台、电视和报纸上经常听到、看到此类新闻，并且鼓吹此类建议的书籍一版再版成为畅销书。看一下没有受到此次金融危机影响的几个国家，答案应该十分清楚，比如朝鲜、古巴。它们不仅避开了此次危机，估计在将来若干年内（转变为市场经济前）也不可能发生任何金融危机。

为了正确理解上述诸问题，我们着实需要来自经济理论方面的回答。现在正是学习这样一个理论的契机！此次金融危机发生后，世界各地相继出版发行了成千上万本专著来讨论它。但大都或者从意识形态出发，比如国内盛行的阴谋论；或者从不着边际的技术细节出发，比如有人谴责金融工程理论。一方面，不幸的是迄今为止尚未有令人满意的这样一套经济理论（尽管很多时候对于经济学家来说这又是幸运的）；另一方面，由富兰克林·艾伦（Franklin Allen）和道格拉斯·盖尔（Douglas Gale）教授合著的《理解金融危机》一书是到目前为止试图对上述诸问题从微观经济学的实证和规范视角作出回答的唯一著作。

正如美国哥伦比亚大学著名学者帕特里克·博尔顿所指出的："《理解金融危机》是由两位世界顶尖级金融学家撰写的，该书融合了有关金融危机的基本的和非常规的思想，深刻探讨了三种形式的危机：由于市场流动性以及金融中介的资产负债期限不匹配的变动导致的危机，由于大的外部贸易项目冲击导致的危机，以及由于投机性泡沫破灭或者借贷繁荣的突然中断导致的危机。这是一本政策制定者和那些关注金融危机风险的金融学者们必读的书。"

一、为什么会有金融危机?

什么是危机？金融危机又是什么？"危机"一词可以以多种不同的方式被应用，这自然引申出一个问题：究竟在何种情况下算是危机，在何种情况下不是？根据电子字典（www. dictionary. com），危机（Crisis）被定义为：

1.（1）突发性疾病或发烧有所恶化的转折点；
  （2）痛苦、危难或功能障碍的突然袭击；
  （3）人生中的重大情感事件或地位的急剧恶化。
2. 决定性关头（如在文学情节中）。
3.（1）决定性的变化即将发生的一种不稳定的或关键的时刻，抑或事件的状态，尤其指极不希望的结果很有可能发生的情况；

（2）达到临界状态的情形。

在汉语中，“危机”一词包含双重含义：危险和机遇。这与英文中的定义稍有不同。而具有讽刺意义的是，这次危机对美国来说，的确是应该用英文来解释；对我们中国来说，的确是应该用汉语来解释。一方面，由于受到外贸出口传导的影响，中国沿海一些省份的外贸出口型产业遭到了重创；另一方面，也给我们提供了转变长期依赖的粗放型生产方式的千载难逢的时机。更为重要的是，我国手中有大约两万亿美元的现金可以用来购买市场上贱卖的、并且是我们急需的能源和技术。而这完全符合金融危机中的一个理论——市场现金定价原则所论述的（详见本书第 4 章有关资产市场的讨论。）

金融危机包括银行危机和货币危机。银行危机通常指许多银行同时面临兑现压力（挤兑）并不得不违约的状况。美国当前正在经受的正是银行危机。货币危机通常指外汇市场上存在大量交易迫使一些国家的货币大幅贬值或价值重估的状况。1997 年的亚洲金融危机就是典型的货币危机。

导致金融危机的因素大致有：市场失灵（Market Failure），政府失灵（Government Failure），抑或是两者结合在一起。如果金融危机仅仅是由市场失灵所导致，那么确实需要政府干预。也就是说：市场是问题，政府是解。相反，如果金融危机仅仅是由政府失灵所导致，那么需要构建和进一步开放市场（且记：市场是不可能完全的）。也就是说：政府是问题，市场是解。而如果金融危机是由市场失灵和政府失灵交融在一起所导致，那么既需要构建和进一步开放市场，也需要适当的政府干预。此时，政府既是问题又是解，市场是解又是问题。

一般来说，有两种可能性会导致市场失灵：某些市场缺失，即市场不完全，或者金融市场存在摩擦。

粗略地说，如果经济中所有的交易行为（现时或远期）均可在当期发生，那么市场是完全的。也就是说，对每种商品（现货或期货）均有一个市场及相应价格。这就是在阿罗-德布鲁（Arrow-Debreu）完全市场理论中被推向极致的经典资源配置理论所刻画的场景。问题是：市场是完全的吗？理论上讲当然可以。但之所以不是如此的原因在于，构建并开放所有市场的成本实在太高了，因为一般需要无限个市场才能使市场完全。

对于第二个可能性，市场是无摩擦的，是指如下情况均满足：（1）所有个体可自由交易且无须支付任何成本；（2）无论个体买卖多少单位的资产均不存在交易成本；（3）没有做空约束（Short Sale Constraint）；（4）没有税收；（5）个体间没有不对称信息。

同样的，可以使市场无摩擦吗？有些情况下可能，有些情况下不可能。即使可能，市场也非无摩擦的原因在于，要让所有市场变得无摩擦会由于交易成本、做空约束、税收和不对称信息等因素而成本太高！

微观经济学中的福利经济学第一基本定理告诉我们：如果金融市场是无摩擦且完全的，则均衡配置是帕累托有效的，并且在均衡时没有金融危机。也就是说，无摩擦且完全的金融市场是有效的。基于这个定理可知：市场失灵导致的金融危机，要么是由于市场不完全，要么是由于市场有摩擦。

的确，现实中的市场，要么不完全，要么有摩擦。所以，一般而言金融市场不是有效的。换言之，市场失灵是普遍存在的。虽然市场失灵未必一定导致金融危机，但引致金融危机的可能是存在的。这就是说金融危机的发生一点也不奇怪，不是什么新鲜的事。

二、一定要阻止金融危机的发生吗？

上面我们提到市场失灵是普遍存在的，问题是：如果存在帕累托有效意义上的市场失灵，我们应该怎么做呢？更为重要的是我们能够做些什么呢？政府应该介入市场吗？政府能比市场做得更好吗？如果存在市场失灵且政府不能比市场做得更好，我们为什么需要政府干预呢？

导致政府不会比市场做得更好的原因很多。比如个体之间存在私有信息，有可能导致信息外部性、道德风险、逆向选择。结果，政府可以做的事十分有限。这也就是说，政府不比市场做得好的情况很有可能出现。

一方面，金融危机的肆虐会给经济带来巨大危害，对一些国家历史的回顾足以证明金融危机成本的巨大。另一方面，政府对金融系统的任何干预和规制均涉及扭曲成本。这些成本中最重要的或许是规制制度施加于金融体系上的扭曲，规制导致了本应由金融机构做的事却不能做的情形发生。如果存在市场失灵，究竟是否需要政府干预取决于干预成本。如我们之前所提及的，某些情况下政府在改进效率方面不会比市场做得更好。这使得我们作出如下判断：如果政府通过使用所有市场手段仍不能比市场做得更好，则该市场配置应视为约束帕累托有效（Constrained Pareto Efficient）。也就是说在此情况下市场仍然算作是有效的，而不能算作失灵。

严格意义下，另外一个导致金融市场失灵的因素是存款合约的非完全性。如果存款合约所可能产生的各种结果可以依自然状态而定，则该合约是完全的。一个自然的问题是：我们能把合约做成完全的吗？当然可以。但依然面临同样的困难，将合约做成依自然状态而定的成本太高。更为重要的是，银行客户根本不愿意接受任何形式的完全的存款合约。这就是为什么现实中的存款合约一般而言都是不完全的。

艾伦和盖尔在本书第 6 章业已证明：假设契约是不完全的，但市场是完全的，则均衡配置是约束帕累托有效的，并且均衡时可能会有金融危机发生。这就是说，在某些条件下金融危机是“有效”的。“无形之手”（市场）依然有用武之地，而“有形之手”（政府）依然派不上用场。

同样在第 6 章里，艾伦和盖尔也证明了：如果市场是不完全的，则均衡配置可能不是约束帕累托有效的，并且均衡时可能发生金融危机。这也就是说，在某些情况下金融危机不是“有效”的。“无形之手”（市场）可能运转不良，而此时需要的是“有形之手”（政府）。

显而易见，如果均衡配置不是约束帕累托有效的，确实需要政府干预。问题在于，存在可行且最优的政府干预吗？如果存在是在何种意义上的？如何找到呢？这些问题仍然悬而未决！说到干预管制，最常见的两种方式是资本结构管制和流动性管制。为什么这么做呢？它们是最好的干预形式吗？这些问题也同样悬而未决。

为什么金融危机在某些情况下不是有效的呢？一般说来，金融危机发生后，大宗商品和银行资产会大幅贬值，金融机构获取充足流动性以兑现其诺言的唯一方式只能是通过变卖资产。从金融机构的角度来说，变卖资产有两方面弊端。首先，金融机构可能不得不以减价出售（市场现金定价）的方式处理其资产，结果存款人获得一个较低的支付。其次，如果大量金融机构同时卖出资产，抛售压力会进一步压低价格，迫使机构释放更多资产，由此可能导致危机或者使危机进一步恶化。此两种效应共同解释了金融危机的无效率和严重性。

为何金融危机在某些情况下又是有效的呢？设想如果契约是完全的，则不可能存在银行违约。从另一方面，不完全契约扭曲了金融机构的可能选择。通过允许在某些条件下违约来放松这些约束，可以使金融机构为存款者提供更好的风险分担和更高的回报。也就是说，某些自然状态下的违约可降低不完全契约的不完全性，甚至使之变为完全契约。这就是为什么在某些情况下金融危机可能是有效的。

有两种经济理论解释金融危机：恐慌（Panic）和基本面（Fundamentals）。

先来说恐慌，其传统解释为“羊群效应（Mob Psychology）”，现代解释为多重自我验证均衡（Multiple Self-Fulfilling Equilibrium）。既然是多重自我验证，则可能有两个截然不同的均衡：一个合意均衡和一个不合意均衡。合意均衡是指如果每个人都相信不存在银行挤兑，则存款者就不着急取现，也就不存在导致危机的高流动性冲击。不合意均衡是指如果每个人都相信会有银行挤兑，则存款者将会尽早取款，于是发生危机。那么如何确保结果是合意均衡而不是后者呢？这就是均衡选择问题。然而来自博弈论的回答是：这仍有待于深入研究。

接下来看基本面，它的含义是当某些经济领先指标达到暗示未来经济可能转向衰退的水平时，人们并不确定银行是否能如数偿还其存款。如果他们期望回报较低，则银行可能会资不抵债。由此导致人们去挤兑银行或者引发危机。

最后，让我们回到当下，看看该如何理解至今仍在发酵的次贷危机。对此，舆论给出了众多解释：华尔街的贪婪、评级机构的失职、缺乏透明性、激励不当、风险管理系统有缺陷等等。其实这些均不是根本原因，最主要的原因实际上在于美联储提供了过多的流动性并将低利率政策维持过长。这导致了信贷宽松并引致资产价格泡沫。如果没有资产价格的急剧下跌，这可能问题不大。此外，美国的税收制度也是其中一个原因。在美国，利率（投资）享受税收减免，而租金（消费）则不能。于是形成了一个将租金支付转化为可税收减免的利率支付的显著激励。而这正是完全抵押贷款的目的所在。银行，而不是买房人，拥有房子，消费者每月向银行支付利息，看起来除了税收减免外这与支付租金没什么两样。如果房价保持上涨，则不会出现问题。但如果价格下跌，则套利将无以为继。然而自从大萧条之后，美国的房价总的来说没有下降。尤其最近几年，房屋比其他资产表现更好，因此房产看起来似乎相当不错。由于房产属于耐用品，一般说来耐用品的定价不是那么容易。这就导致了房价一涨再涨。然而天下终究没有免费的午餐，最后美联储不得不提高利率，从而导致了泡沫的破灭，进而引致了次贷危机的爆发。

对次贷危机的思考也引发了一些至关重要的问题：我们为什么需要中央银行？中央银行该做些什么？一些不经意的考察暗示，过去两个世纪中发展出的央行技能主要是反复试验和不断摸索的结果，其背后并没有严格的理论依据。所以，央行需要仔细考量货币政策对于资产价格的效应，尤其是在导致价格泡沫上的作用。

在银行规制方面，由于银行借短贷长，借贷资产成熟期限的不匹配是银行挤兑发生的关键原因。换言之，在某种意义上说，金融危机的发生是不可避免的。某些情况下，确实需要规制银行行为。但必须记住的是：银行管制的目的是解决市场失灵，而不是为阻制银行危机而采取限制银行行为的支离破碎的措施。

三、应该如何应对金融危机?

正如上面提到的，金融危机的发生不是什么可怕的事，甚至是不可避免的。它已经陪伴了我们若干个世纪，估计还要继续陪伴下去。毫无疑问，应尽量避免“坏”的金融危机发生。更为重要的是，当“坏”的金融危机发生后，应该采取什么补救措施，也就是说该如何救市。

此次金融危机发生后，世界各国迅速采取了救市行动。现在看来，20世纪30年代大萧条的悲剧不会重演，估计也不会有所谓的第二波、第三波冲击的到来。尤其是两个重要国家采取了有史以来最大规模的“救市”行动更引人注目，那就是中国和美国。更为有意思的是，两国采取了截然不同的“救市”措施。

美国采取的可谓是严格经济学意义上的救市行动，直接给金融市场注血——向大型金融机构注入大量现金。道理非常简单。此次金融危机发生后，由于市场现金定价的作用，大宗商品和一些资产大幅贬值。一个典型的例子是石油。2008年每桶原油的价格是147美元，而2009年上半年的最低价格仅为37美元。资产的大幅贬值导致金融机构的自身价值大幅缩水，金融机构获取充足流动性以兑现其诺言，满足客户取款（请记住存款合同是不完全的）要求的唯一方式只能是变卖资产。如果金融机构不得不以减价出售的方式处理其资产，导致的结果是存款人获得一个较低的支付。更有甚者，如果大量金融机构同时卖出资产，抛售压力会进一步压低价格，迫使金融机构释放更多资产，由此可能导致金融危机进一步恶化。为了尽快遏制住金融危机进一步恶化，美国政府不得不给金融市场注血，以阻止大型金融机构的破产。

中国采取的不是严格经济学意义上的救市行动。不是给金融市场注血，而是给实体经济注血——通过拉动政府投资刺激内需。道理也非常简单。从严格意义上说，中国并没有发生金融危机，几乎所有的中国大型金融机构均没有遭到流动性冲击。用赵本山小品里的一句台词，中国的金融机构“不差钱”。只是发生在美国的金融危机通过外贸出口的传导影响到中国的实体经济，即美国需求的减少导致中国外贸出口的锐减，致使中国沿海一些省份的外贸出口型产业遭到重创。一些出口型工厂破产，农民工失业。为了尽快遏制住由外需的进一步恶化所导致的需求减少，中国政府不得不给实体经济注血，增加内需以阻止一些工厂的破产。

通过这次金融危机，中美两国都已经从中学到了很多东西。其中一点是：美国应少花一点，多存一点；中国则应多花一点，少存一点。更难能可贵的是，双方都清楚地意识到两国目前的经济发展模式均不可持续（而绝不单单是在西方世界长期流行的、所谓的中国外向型经济发展模式不可持续），并且双方都在努力地改变各自目前的经济发展模式。毫无疑问，尽管美国经济在此次危机中遭重创，在将来一段时间内它仍将保持世界第一大经济体的地位。

我们已经看到，中国正在充分利用市场现金定价原理，大踏步地走向世界市场，与此同时，更加自信地开放自己的市场；正在争分夺秒地调整产品结构，发展健全的金融市场。我们更坚信：通过此次危机中国经济会上一个大台阶，将很快成为世界第二大经济体。到那时，世界将变得更加和谐，或许“坏”的金融危机发生的频率将会大幅降低。

金融危机并不可怕，关键是如何应对它！

本书由我们共同组织翻译，参加翻译并提供初译稿的有：杨哲（第 1 章，第 6 章，英文版序）、孙平娜（第 2 章，第 7 章）、吴清萍（第 3 章，第 8 章）、程钰（第 4 章，第 9 章）和韩青（第 5 章，第 10 章，索引，中文版序），房玉倩、黄宇和鲁婧颉承担了翻译的部分工作；张健康通校全书，并重译了部分章节；臧旭恒对全部译文做了文字润色。刘忻、冯丽君、胡安荣通阅了全书，并提出了修改意见。我们衷心感谢原书作者——国际著名金融学家、经济学家弗兰克林·艾伦和道格拉斯·盖尔欣然应诺为中译本作序。

这里，我们还要感谢中国人民大学出版社编辑为本书的顺利出版付出的辛勤劳作和种种努力。

2009 年 7 月 18 日草于加拿大卡尔顿大学

2009 年 8 月 30 日定稿于中国山东大学

中文版序

2007年夏危机发生之初，人们普遍认为，中国将是“一枝独秀，独领风骚”，不会像美国和其他西方经济体那样糟糕。中国的银行几乎没有挂钩次级抵押贷款和其他有毒资产。尽管如此，当2008年9月雷曼兄弟投资银行破产以及世界贸易量骤跌时，中国受到了极大的牵连。中国政府实施的经济刺激方案和其容许的信贷急剧扩张加速了中国的经济增长。结果，中国开始比其他经济体率先走出危机。人们再一次谈论“一枝独秀”。然而，危机对于中国的金融体系和经济来讲，是相当重大的事件。考虑到中国在全球经济中的重要性，我们十分高兴本书已被译为中文。

任何回顾最近两年所发生的事件，并试图

梳理导致近期金融市场动荡的人，可能会不由自主地想起塞巴斯蒂安·容格（Sebastian Junger）那本书的主题，以及后来被拍成电影并由此命名的《完美风暴》。这是一场 1990 年在新斯科舍[①]发生的风暴，一些看似不相关的天气系统相互叠加放大并最终导致了极度灾难。尽管金融危机的发生相当频繁[②]，然而，导致当前全球性金融危机的一系列事件和巧合，如果说与容格书中所描绘的有什么区别的话，那就是更加复杂和不可思议。我们的书（指《理解金融危机》——译者注）在这次金融危机发生之前就已写成，所以对读者来说，简单地描述一下危机的起因和结果，并把它们关联到有助于理解这些事件的本书相关部分或许是有益的。

长期以来，美国经济素有经常账户和资本账户的国际收支失衡。大量由日本在 80 年代和中国及其他东亚经济体在 90 年代所赚取的经常账户顺差，以购买美国政府债券的形式重新流入美国。这使得日本以及后来的中国得以维持低汇率并赚取经济增长所必需的外汇储备，同时也使得美国得以继续维持其经常账户和财政双赤字。这个系统被非正式地称为第二布雷顿森林体系。

然而，更为重要的是，第二布雷顿森林体系对于货币政策的影响。低价格的中国商品使得美联储得以保持低利率，并不致产生通货膨胀，也使得消费者可以通过增加负债的方式为其消费融资，同时也导致所有资产的价格膨胀。从中国回流的美元实际上拉动了在互联网泡沫上的投资。当美联储主席艾伦·格林斯潘（Allen Greenspan）谴责“非理性繁荣”时，他并未提及低利率和全球失衡在催生泡沫和扭曲投资中所起的作用，以及由泡沫导致的冒险行为。

互联网泡沫破灭时，大量纸币符号财富的损失激起关于衰退甚至是通货紧缩的讨论，众说纷纭。世贸中心和五角大楼遭受袭击使原本仅是可能性的衰退成为确定无疑的现实。美联储为配合美国政府实施的反周期政策（亦即布什减税），将利率降至历史性的低水平且维持了相当长的时间。无论这对经济复苏产生了何种影响，都催生了第二轮泡沫，并且这一次是在房地产市场。当泡沫破灭时，金融危机随之而来。[③]

尽管在本书中我们没有对它着墨太多，但是显然，政府在房地产和贷

① 新斯科舍（Nova Scotia），加拿大的一个省。——译者注。

② 见第 1 章关于金融危机历史的简要回顾。

③ 见第 9 章关于泡沫和危机中信贷扩张如何导致泡沫且泡沫转而在危机中消失的分析。

款市场上的干预对金融系统稳定性造成了不良影响。特别的，克林顿政府于1994年修订了《社区再投资法案》（The Community Re-Investment Act），要求银行向不满足通常保险标准的穷困家庭发放一定比例的贷款。克林顿在司法部门的任命者因所谓的对低收入借款者的歧视而起诉抵押贷款公司。国会要求房利美和房地美改变其保险标准，以使得其抵押贷款能更多地为低收入借款者所用。当2003年两家政府资助的企业被发现造假账时，它们的反应竟是通过更加努力地增加穷人的房屋所有权而恳求国会以此换取保有一个宽松的监管机制。

许多金融创新助长了堆积如山的债务，这些债务最终崩溃，损害了金融系统，导致市场"冻结"。抵押资产的证券化增加了资金来源的分散化并扩充了投资于房产的资金供给，也使得抵押贷款发放者可以将债务转嫁，而自身不冒资本风险。他们再没有任何激励遵循谨慎的保险标准，反而尽一切努力最大化交易量以赚取费用。

向"次级"消费者提供的抵押贷款的形式也有所变化，含蓄的利率及负的首付款使得这些产品相当有吸引力但风险很高。尔后便出现各种各样的欺骗，价值高估，借款者收入虚假，开发者支付等等。一些自作聪明的借款者试图利用一系列先期利率进行套利，直至他们发现自己已无法为其抵押贷款再融资。

由这些抵押贷款打包而成的产品的十足复杂性，使得对购买者来说风险评估变得十分困难，甚至是不可能的。关于这些金融工具历史数据的匮乏意味着只能去臆断、推测或者猜想实际中它们将表现如何。

同时，大规模的证券化要求将资产抵押证券（MBS）更广泛地向金融机构、地方政府和投资者兜售。由此，当泡沫破灭时，所感受到的效果更为严重且覆盖面更广。

银行毫不迟疑地利用了联储政策造就的低利率环境。资产支持债券（ABS）的资金来自批发市场，包括商业票据市场，而非零售存款。只要这些资源没有枯竭，高回报似乎是可保证的。然而，一旦市场"冻结"，即使先前"良好"的机构也会受到严重威胁。

2007年夏以来金融市场的动荡及其对金融机构的影响是前所未有的。[①] 2008年9月雷曼兄弟投资银行的破产为相对而言的小事件可以对全球金融

① 见第3章关于金融机构和危机、第4章关于资产市场和第6章关于金融机构与市场的论述。

系统产生巨大的冲击提供了绝好解释。[①]最后，中央银行和政府对金融体系的广泛干预也是空前的。[②]

廓清这个时期的金融历史，理清导致这场混乱的众多因素是颇费时间的。可用以总结前车之鉴的许多信息是专有的，并且或许永远不会为人所知。这使得本书所含有的对这类问题的理论分析更加重要。

富兰克林·艾伦

道格拉斯·盖尔

2009年8月13日

① 见第5章关于金融脆弱性和第10章关于传导的论述。

② 见第7章关于最优管制和第8章关于货币和价格的论述。

英文版序

本书是在我们多年来撰写的一系列论文的基础上发展而成的。我们的论文“流动性偏好、市场参与及资产价格波动”虽发表于 1994 年，但实际上 1988 年就由我们二人中的一位着手写作了。我们对银行挤兑和金融危机的兴趣始于论文“最优金融危机”，并由此导致对关于金融危机的福利经济学的深入研究。每一篇论文都留下一些未解问题，这些问题又衍生出新的论文，而新的论文又提出新的问题。

当我们中的一位应邀在克拉伦登金融学讲座（Clarendon Lectures in Finance）演讲时，对我们那些利用不同模型在不同地方提出的观点进行整合的时机成熟了。我们的目标是要让这些观点拥有广泛的读者（包括大学本科生、中央银行和国际组织的决策者)，并将这些观点融合进一个统一的框架内，以便能对研究生和其他研究人员提供一些有益的帮助。这个统一的框架还远远不能说为这个学科提供了盖棺定论，但也许可以为我们探索许多遗留的问题提供一套有用的工具。

多年来我们有幸多次在研讨会和学术会议上发表研究成果，从许多经济学家的评论和建议中获益匪浅。我们尤其要感谢：

Viral Acharya，Christina Banner，Michael Bordo，Patrick Bolton，Mike Burkart，Mark Carey，Elena Carletti，Michael Chui，Marco Cipriani，mPeter Englund，Prasanna Gai，Gary Gorton，Antonio Guarino，Martin Hellwig，Marcello Pericoli，Glen Hoggarth，Jamie McAndrews，Rober Nobay，nönür Ozgur，João Santos，Massimo Sbracia，Hyun Song Shin，Giancarlo Spagnolo，Xavier Vives，David Webb，Andrew Winton，Tanju Yorulmazer

本书的一些内容已经纳入我们在纽约大学和普林斯顿大学讲授的研究生课程中。当开始写作这本书时，我们有幸在英格兰银行、意大利银行、斯德哥尔摩经济学院以及法兰克福大学开设了一系列讲座。我们还利用本书的手稿在纽约大学开设了关于金融危机的本科生课程。非常感谢这些本科生学子们，允许我们用他们进行试验，由此进一步完善了本书的资料。安东尼奥·瓜里诺（Antonio Guarino）选取了本书部分章节用于伦敦大学学院的本科生课程，并为我们提供了许多评论，纠正了诸多纰漏。

我们确信，尽管还有些人这里没有被提及，但是他们的贡献和鼓励同样给予我们很大的帮助。在此感谢所有帮助过我们的人。

目　录

第1章 历史和制度

1.1 引 言

1997 年在亚洲发生了什么？一些国家、地 1
区如韩国、泰国、印度尼西亚、新加坡和香港等，其经济曾是整个世界的骄子，但在这一年遭受了金融危机的冲击。银行与其他类型的金融中介举步维艰，许多因无法支撑而倒闭；股票市场崩盘，货币大幅贬值；实体经济受到严重影响，GDP 剧烈下滑。究竟是什么原因导致了如此戏剧性的变化呢？

对很多人来说，此次金融危机还是一种新现象。虽然墨西哥和巴西等国家也曾发生过金融危机，但那些危机都是由于政府宏观经济政策的不协调造成的——税收规模太小，无力负担为维持固定汇率所必需的政府支出。这些都不适合亚洲的金融危机；对亚洲的新现象，人们找到了新的解释。这些亚洲国家（地区）的金融中介同美国的金融中介有很大不同：许多国家（地区）的金融体系是以银行为基础的；无论对银行还是企业来说，金融信息都不够透明；企业的管理方式也很不一样，很多情况显示出经理人的利益取向同股东的利益并不一致；在印度尼西亚等一些国家中，贪污腐败普遍存在。这些因素被认为是这次金融危机的起因。然而具有讽刺意义的是，这些因素在这些国家（地区）一直存在，即便在经济景气的时候也是如此。

另外有人谴责政府对银行和企业的担保，或者像国际货币基金组织（IMF）这样的机构做出的摆脱困境（bail-out）的含蓄的承诺。这样的话，问题就不是出在不协调的宏观经济政策，而是出在微观经济政策方面。但不管是哪方面的原因，政府和国际组织都难辞其咎。

本书中，我们认为很重要的一点是不能用太过狭隘的眼光看待金融危机。金融危机并不是什么新鲜事物。在近期内它们也并没有被限制在新兴经济体中。发生在 20 世纪 90 年代早期的斯堪的纳维亚金融危机（the Scandinavian crises）就是很好的例证。挪威、瑞典和芬兰尽管有成熟的经济体系和完善的金融制度，仍然发生了严重的金融危机。这些金融危机同 1997
2 年亚洲金融危机在很多方面有着相似之处。银行破产、金融资产价格下跌，货币遭受冲击从而币值相应下跌；实体经济也受到严重影响。

从历史上来看，1945—1971 年这段时间具有相当的特殊性。这段时间内，除了 1962 年巴西发生银行危机外，世界上其他任何地方都没有发生过银行危机。偶尔货币钉住的水平不当时会引发货币危机，但也仅限于此。若追溯到 20 世纪上半叶之前，我们会发现多次金融危机，其中最具戏剧性的便是 1929 年的股票市场崩溃、30 年代早期的银行危机以及大萧条（the Great Depression）。此外还发生了许多次金融危机，尤其是 19 世纪下半叶的美国，当时美国还没有中央银行。而在欧洲，金融危机少了许多。那时英格兰银行已经学会如何防止危机。英国最后一次金融危机，奥弗伦-格尼危机（Overend & Gurney crisis），发生在 1866 年。欧洲其他中央银行也学会了如何防止危机，并使金融危机造成的影响大大减轻。然而，在中央银行时代之前，欧洲的危机也是相当普遍的。

1945—1971 年之前，尤其是大萧条之后的一段时间内，金融危机被认为是一种市场失灵。人们已形成广泛的共识，无论付出何种代价都必须阻止金融危机的发生。正是出于这种心态，才发生了 20 世纪 30 年代早期联邦储备体系的改革以及美国实行的对金融系统的广泛管制。在其他国家，金融管制甚至走得更远。通过国有化银行或被严格管制的银行，政府控制着资金在各个产业之间的配置。正是由于这种广泛的管制，1945—1971 年间银行危机消失得无影无踪。

可是，危机的消失也需要付出一定的成本。由于广泛的管制和政府干预，金融系统进行资本配置的基本功能无法实现，从而造成了经济中大量的效率损失。于是人们开始呼吁放松管制并以市场力量配置资本，结果危机也因此一并归来。博尔多等人（Bordo et al.，2000）发现，1971 年以来的这段时间内危机发生的频率同 1914 年之前没有太大差别。

在这一章里，我们将回顾一下金融危机和相关的金融制度的历史，为我们之后构建的理论提供背景。

1.2　欧美国家金融危机史

20 世纪之前，银行业恐慌频繁发生。金德尔伯格（Kindleberger，
1993，p. 264）在他的书中详细叙述了西欧的金融史。他指出，过去 400 年 *3*
时间里金融危机大约每隔 10 年发生一次。一般认为金融恐慌不是好事，因为它往往伴随着经济活动的大幅衰落。随着时间的延续，消除恐慌和确保金融稳定就成了中央银行的主要职能之一。这个演变过程拉得很长，而且错综复杂。世界上第一家中央银行——瑞典银行创建于 300 多年以前的 1668 年。随后英格兰银行也诞生了，它在 18—19 世纪出台的有效的稳定性政策方面起着尤其重要的作用。1866 年英国发生了 20 世纪之前的最后一次真正的金融恐慌，即奥弗伦-格尼危机。

巴杰特（Bagehot，1873）在他颇具影响力的著作《伦巴第大街》（*Lombard Street*）中提出了中央银行在危机时期向商业银行贷款的著名原则：

- 以高于危机前的利息率自由放款，但只贷给那些有优良抵押品的借款者（优良抵押品指在正常情况下被中央银行接受的资产）；
- 这些抵押资产应当按恐慌时和恐慌前的价格区间进行估价；

● 允许没有优良抵押品的机构破产。

博尔多（Bordo，1986）发现，1870—1933年期间英国、德国和法国很少发生银行业恐慌。金德尔伯格（Kindleberger，1993）指出，许多英国经济学家将英国危机的消失归因于英格兰银行的中央银行业务经验及其有效调整贴现率的能力。但是，法国几十年间没有调整过贴现率，在1882—1924年间也没有发生过金融危机。金德尔伯格认为，也许正是由于英格兰中央银行的作用才造成了法国银行的稳定。

美国银行体系的发展走了与欧洲不同的航向。英格兰银行对大不列颠经济的稳定作用触动了亚历山大·汉密尔顿，革命胜利后他倡导建立一个联邦授权的大型银行，令其分支机构遍布全国。于是便有了合众国第一银行（the First Bank of the United States，1791—1811）和合众国第二银行（the Second Bank of the United States，1816—1836）的成立。然而权利集中于这些机构使得民众深感不安。在第二银行的一篇报告中，约翰·昆西·亚当（Adams，John Quincy）写道，“永久的权利，乃是为邪恶的力量，即使掌握在全能者的手中”（Timberlake，1978，p.39）。这场冲突在1832年是否向第二银行续发特许状问题的争论中达到了高潮。尽管国会通过了续期提案，但杰克逊总统予以否决，并以此作为最终决议。从那时候起，美国就有了对银行系统分散化的强烈偏好，并且仇视以任何形式拥有强大权利的机构。1836—1914年美国都不存在中央银行。

4 整个19世纪，美国的金融体系都是高度分散的，而且与其他工业化国家不同，美国没有建立具有广泛分支网络的全国性银行。内战之前，各州均有权利对自己的银行系统进行管制，不存在全国性的银行系统。许多州采取了允许自由进入的“自由银行业”系统。1837年和1857年分别发生了严重的银行业恐慌，两次恐慌之后都出现了萧条和显著的经济混乱。

1861年内战开始，战争的融资需求极大地改变了联邦政府在金融系统中的作用。1863年和1864年《国家银行法》（the National Bank Acts）的出台使得一个全国性的银行体系建立起来。这两个法案赋予银行的权利很有限，尤其是1864年法案，银行被限制在单一地理位置上。后来当有人提出银行是否可以拥有股权（equity）问题时，最高法院判决说由于1864年法案没有赋予银行这项权利，因此它们不得拥有股权。

虽然全国性的银行体系已经建立起来，可是恐慌及伴随而来的萧条和经济混乱问题并没有得到解决。1873年、1884年、1893年以及1907年爆发了银行业恐慌。摘自戈顿（Gorton，1988）的表 1.1 列出了 1873—1914（原著为 1863，疑误。——译者注）年间在国家银行体系时代（National Banking Era）美国反复出现的各次银行危机。

表 1.1　　**国家银行体系时代发生的恐慌**

NBER 商业周期波峰—波谷	恐慌日期	%Δ（现金/存款）*	%Δ 生铁产量 †
1873. 10—1879. 3	1873. 9	14. 53	−51. 0
1882. 3—1885. 5	1884. 6	8. 80	−14. 0
1887. 3—1888. 4	没有恐慌	3. 00	−9. 0
1890. 7—1891. 5	1890. 11	9. 00	−34. 00
1893. 1—1894. 6	1893. 5	16. 00	−29. 00
1895. 12—1897. 6	1896. 10	14. 30	−4. 0
1899. 6—1900. 12	没有恐慌	2. 78	−6. 7
1902. 9—1904. 8	没有恐慌	−4. 13	−8. 7
1907. 5—1908. 6	1907. 10	11. 45	−46. 5
1910. 1—1912. 1	没有恐慌	−2. 64	−21. 7
1913. 1—1914. 12	1914. 8	10. 39	−47. 1

* 恐慌日期的比率和上一年平均比率的变动百分比。

† 波峰期和波谷期对比。

资料来源：戈顿（Gorton，1988），表 1，第 233 页。

第一列是由国家经济研究局（NBER）确定的商业周期，其中第一个日期是周期的波峰，第二个日期是波谷。第二列是各次恐慌发生的日期。在银行业恐慌中，人们担心存放储蓄的银行可能会破产，因此会将存款提出 5
并以现金的形式持有储蓄。第三列是现金对存款比率的百分比变动，这个数字给出了银行业恐慌的严重程度：现金/存款的比率变动越大，危机也就越严重。我们可以看到，1873 年、1893 年、1896 年和 1907 年的恐慌尤为严重。最后一列给出的是生铁产量自波峰到波谷的变动。由于这个时期 GDP 数据汇编并不是很可靠，经济史学家经常用生铁产量近似替代 GDP。因此最后一列指示的是经济衰退的严重程度。我们可以看到，1873 年、1890 年、1893 年、1907 年以及 1914 年恐慌之后的衰退尤其严重。

1907 年金融危机之后，一位欧洲的银行家分析了美国银行体系的无效率对欧洲的损害。他宣称，美国乃是“一个巨大的金融灾难”（Studenski and Krooss，1963，p. 254）。1907 年银行业恐慌带来的严重经济倒退引发了新的争论：美国是否应当建立中央银行？国家货币委员会对此进行了调查，最终于 1914 年建立起联邦储备体系。

最初，联邦储备体系的组织方式同英格兰银行等传统中央银行不同，它有一个地区性的组织结构，决策权力也分散到地区机构。联邦储备体系虽然建立起来，但在数年内并没有发展出阻止银行业恐慌的能力。直到 1933 年，罗斯福总统上台后不久，又一次大规模恐慌袭击了美国银行业，导致大量银行在一段时间内停止营业。银行系统所面临的问题最终催生了 1933 年格拉斯-斯蒂格尔法案（the Glass-Steagall Act of 1933），引入了储蓄保险并开始了商业性和投资性银行业务的分业经营。1935 年银行法扩大了联邦储备系统的权利并改变了其运作方式。在英国消除银行危机 70 年后，美国的这些改革终于也实现了对银行危机的控制。

1.3 金融危机与股票市场崩溃

上文中我们关注的是银行业恐慌，而银行业恐慌和股票市场崩溃往往密切联系在一起。例如，威尔逊等人（Wilson et al. 1990）考察了美国国家银行体系时代发生的银行业恐慌，在 1873 年 9 月、1884 年 6 月、1893 年 7 月和 1907 年 10 月发生的四次大的银行业恐慌都伴随着股市的崩溃。

为什么银行业恐慌和股票市场崩溃会有联系呢？上文曾说过，不允许银行拥有股权，所以我们或许会认为股票市场的动荡跟银行是没有什么关系的。可是事实远非如此。如果想了解原因，必须了解这个时期银行和股票市场之间的联系。

6 为了应对储户从账户中提取现金，银行必须持有一定的流动性储备。所有银行的流动性储备中都持有一些现金，其余的很大一部分流动性储备是以同业结余的形式存在的。实际上大多数银行都在纽约市的银行中存款。银行将资金存入纽约市银行而非持有现金的原因在于纽约市的银行会支付利息。纽约市银行将大量资金借贷给纽约证券交易所的活期拆放贷款市场（call loan market），因此能够提供诱人的利息率。活期拆放贷款被用来进行股票的保证金交易（即购买股票的钱是借来的）。这些贷款被称为活期拆放贷款主要是因为它们是见票即付的（payable on demand）。借款者可以通过借入其他活期拆放贷款来偿还某一款项，或者如果有必要他们也可以卖出那些利用活期拆放贷款买入的证券来进行偿还。这些活期拆放贷款构成了纽约市银行资产的很大一部分。例如，斯布拉格（Sprague，1910，p. 83）报告指出，1873 年 9 月 12 日，纽约市银行资产的 31%是活期拆放贷款。

在国家银行体系时代，农业的地位比现在重要得多。每逢春种秋收时节，农耕地区的银行就会需要现金。由于这些现金需求有很大的随机性，纽约市的银行很难确定它们面对的流动性需求到底是多少。当流动性需求较高时，银行就会要求收回活期贷款。借款者可能被迫卖掉那些他们通过保证金交易购入的证券。如果股市中买方没有充足的现金的话，借款者的售卖行为会导致证券价格下降。换句话说会发生价格崩溃。

威尔逊、西拉和琼斯（Wilson，Sylla，and Jones）考察了 1873 年、1884 年、1893 年和 1907 年恐慌和崩溃时期的股票回报率及其波动性。表 1.2 给出了 1866—1913 年股票价格月变动的 25 个最小值和 25 个最大值。这个时期内最小的 8 个回报率中有 4 个发生在恐慌的月份。最小的 9 个月回报率中，除了 1880 年 5 月与恐慌月份不相关，其余的均围绕在恐慌发生的月份周边。通过对股票回报率最高的月份的观察，他们注意到一个趋势，即股票往往会在危机之后的两三个月内止跌回升。1873 年 12 月的回报率位列第 3，1893 年 9 月份的回报率是第 11 位，1884 年 8 月的回报率是第 14 位。这个效应不仅出现在股票市场上，债券和商业票据的回报率也呈现出类似的规律：恐慌时期回报率很低，而在恐慌过后的几个月内回报率会发生反弹。

表 1.2　　1866—1913 年间股票市场 25 个最低回报率与 25 个最高回报率

年	月	最低回报率（%）	位次	年	月	最高回报率（%）
1907	10	−10.851 4	1	1879	10	10.882 4
1907	3	−9.798 7	2	1901	6	9.967 8
1893	7	−9.434 0	3	1873	12	9.538 5
1893	5	−8.899 3	4	1901	4	8.443 7
1873	10	−8.672 1	5	1891	9	8.060 5
1884	5	−8.557 5	6	1900	11	7.851 2

续前表

年	月	最低回报率（%）	位次	年	月	最高回报率（%）
1880	5	−7.913 7	7	1899	1	7.692 3
1873	9	−7.750 0	8	1906	8	7.407 4
1907	8	−7.480 9	9	1877	8	6.986 9
1890	11	−7.335 0	10	1898	5	6.812 0
1877	6	−7.173 0	11	1893	9	6.686 9
1877	4	−7.058 8	12	1897	8	6.685 2
1899	12	−6.730 8	13	1896	11	6.666 7
1901	7	−6.725 1	14	1908	11	6.606 6
1896	7	−6.609 2	15	1884	8	6.406 7
1869	9	−6.491 3	16	1885	11	6.313 1
1884	6	−6.417 1	17	1898	12	6.308 4
1876	9	−6.012 7	18	1877	9	6.122 4
1877	2	−5.944 1	19	1881	1	5.957 4
1907	11	−5.805 2	20	1904	10	5.942 3
1895	12	−5.691 1	21	1900	12	5.938 7
1903	6	−5.555 6	22	1885	10	5.882 4
1896	8	−5.538 5	23	1895	5	5.698 0
1911	9	−5.420 1	24	1882	7	5.689 3
1877	3	−5.204 5	25	1885	8	5.571 0

资料来源：威尔逊等人（Wilson et al.，1990），表 1。

表 1.3 给出了 1866—1913 年间股票市场波动幅度最大的 50 个月份。波动率的计算方式是采用当月与之前 11 个月份中的 9 个月份（除去最高和最低的月份）的数据计算出年度回报率的标准差。最高的波动率发生在恐慌之后的那一年，股价波动率的峰值出现在恐慌之后的 2 至 7 个月内。

表 1.3　　1866—1913 年间股票市场波动率最高的 50 个月份

位次	股票		
	年	月	股票
1	1908	5	16.243 3
2	1908	6	15.680 1
3	1908	7	15.623 9
4	1908	4	15.459 0
5	1908	2	15.050 9
6	1908	1	15.017 9
7	1901	7	15.007 8
8	1878	1	14.218 2
9	1877	10	14.196 0
10	1877	12	14.192 1
11	1877	11	14.184 1
12	1873	12	14.146 1
13	1908	3	13.972 2
14	1901	8	13.769 5
15	1901	10	13.764 5
16	1877	8	13.745 9
17	1877	9	13.723 8
18	1907	12	13.549 7
19	1893	9	13.527 3
20	1908	9	13.078 2
21	1908	8	13.065 8
22	1901	9	13.051 9
23	1878	2	13.020 6
24	1896	11	12.815 3

续前表

位次	股票		
	年	月	股票
25	1894	4	12.564 1
26	1901	5	12.421 4
27	1894	3	12.383 6
28	1901	11	12.354 3
29	1891	9	12.207 9
30	1884	8	12.183 7
31	1898	5	12.043 0
32	1901	12	12.001 4
33	1901	6	11.952 6
34	1902	1	11.894 7
35	1878	3	11.841 5
36	1893	12	11.814 5
37	1874	8	11.812 7
38	1902	2	11.804 2
39	1880	5	11.788 0
40	1898	6	11.786 3
41	1874	7	11.780 2
42	1874	6	11.757 1
43	1874	5	11.744 2
44	1874	4	11.713 2
45	1893	11	11.704 0
46	1874	3	11.506 8
47	1894	2	11.504 0
48	1874	2	11.491 4
49	1901	4	11.448 0
50	1902	3	11.442 2

资料来源：威尔逊等人（Wilson et al.，1990），表 5。

1.4　货币与孪生危机

19 世纪和 20 世纪的许多金融危机都是国际性的。例如，1873 年的金融 9
危机影响相当广泛，涵盖了奥地利、德国以及美国和许多新兴国家，如阿根廷。实际上，1873 年的金融危机为 19 世纪五六十年代对拉丁美洲铁路建设融资提供贷款的浪潮画下了休止符（Bordo and Eichengreen，1999）。这种国际层面的交流引起国家之间的资金流动，也因此可能引发货币危机。当银行危机和货币危机同时发生时，我们说发生了孪生危机。

第一次世界大战之前，各国货币采用的是金本位制。如果一国出现了资金外流，那么其货币币值很可能会偏离金本位，但是一般而言一段时间过后又会回归到金本位。由于投资者相信货币币值终将回归，货币危机的影响减轻了。但是在两次世界大战之间的时期，金本位制被削弱了，结果银行危机和货币危机频繁地同时发生。这种孪生危机对经济倒退的影响远远超过了银行危机或货币危机单独发生时的影响。

第二次世界大战之后，固定汇率制的布雷顿森林体系（the Bretton Woods system）建立起来。各国实施了严格的银行业管制和控制，这有效地消除了银行危机。尽管货币危机仍继续发生，但由于广泛的资本控制，其危机的性质发生了改变。这个时期内，货币危机基本上是宏观和金融政策与当时汇率制度不相一致的结果。20 世纪 70 年代早期，布雷顿森林体系（the Bretton Woods system）崩溃了，随着资本管制的放松和资本市场的全球化，银行危机和孪生危机再度现世。

1.5　不同时期的金融危机

博尔多等人（Bordo et al.，2000，2001）将近来的金融危机同以前的 10
经济危机进行了比较。其中近代金融危机包括 1992—1993 年的欧洲货币体系危机、1994—1995 年的墨西哥金融危机、1997—1998 年的亚洲金融危机、1998 年的巴西经济危机、1998 年的俄罗斯危机以及 2001 年的阿根廷经济危机等。他们将考察的这段历史划分为四个时期：

（1）1880—1913 年金本位制时期

（2）1919—1939 年两次世界大战之间时期

（3）1945—1971 年布雷顿森林体系时期

（4）1973—1997 年新近时期

可以看到，在这些时期之间有着许多相似之处，但是也有一些重要的差别。他们在前三个时期内考虑了 21 个国家，在第四个时期内除了给出这 21 个国家的数据外，还在此基础上构建了一个 56 个国家的扩展组。

首先要解决的问题为如何定义危机。他们将银行危机定义为一种严重到能使银行系统中绝大部分或者全部资本遭到损失的财务困境。货币危机被定义为汇率平价被迫的调整、钉住汇率的放弃或者寻求国际援助等。第二个问题是应当如何衡量危机的持续期。他们首先计算出之前五年的 GDP 增长趋势值，危机的持续期就是 GDP 增长率回归到其趋势值前的时间。最后，危机影响的深度采用危机持续期内相对于增长趋势而言产出损失的总和来表示。

图 1.1 给出了这四个时期内金融危机发生的频率。对比 21 个初始国家的数据，我们可以看到两次世界大战之间的时期内金融危机是最为严重的。也许这没什么好奇怪的，因为当时正值“大萧条”。同其他时期相比，这个时期内银行危机更为普遍。

我们可以看到布雷顿森林体系时期同其他时期非常不同。上文曾提到过，“大萧条”之后绝大多数国家的政策制定者都决心不能允许类似的事情再度发生，于是他们对银行采取了严厉的管制或将其直接置于政府控制之下，以避免银行承担过多风险。银行危机因此几乎消失殆尽。除了 1962 年发生在巴西的一次孪生危机外，整个时期内再没有发生过银行危机。虽然货币危机频繁发生，可是我们知道这些危机大都是由于宏观经济政策同布雷顿森林体系设定的固定汇率水平的不协调造成的。

11 有趣的是，形势最好的时期是 1880—1913 年的金本位制时期，此时银行危机虽时有发生却相当有限，相较于后续时期货币危机和孪生危机也很少见。由于这个时期内全球金融体系是相当开放的，这就暗示着全球化并不必然引致金融危机。

新近时期虽然不像两次世界大战之间的时期一样严重，但是无论怎么看也是相当糟糕的。这一时期银行危机和孪生危机比两次世界大战之间以外的两个时期都更频繁；货币危机则比任何其他时期都频繁得多。如果我

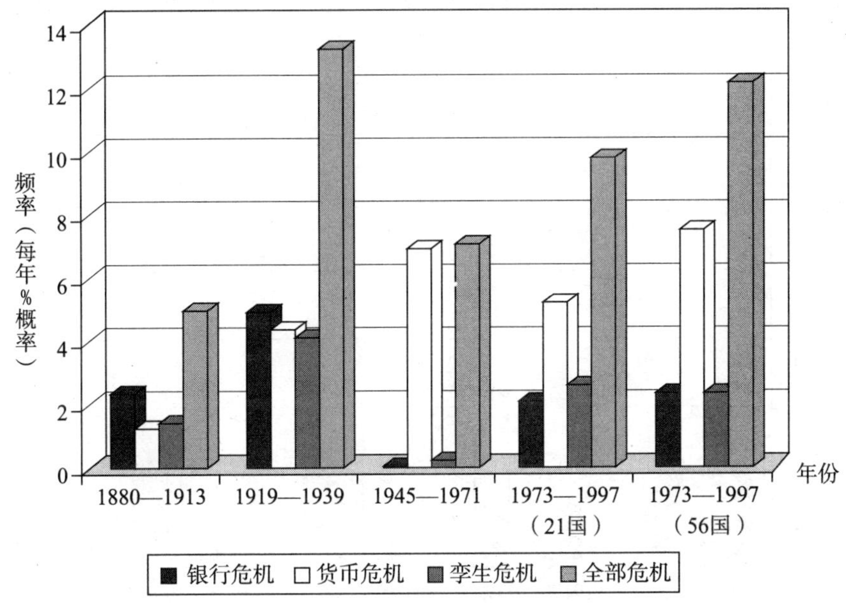

图 1.1　危机频率，1880—1997 年

资料来源：博尔多等（Bordo et al.，2001，图 1）。

们采用 56 个国家的扩展组代替其他时期内所采用的 21 个国家作为比较的基础，那么结果会更加明显。扩展组中新加入的国家大多是新兴国家，也就是说新兴国家更可能发生金融危机，尤其是货币危机。

图 1.2 证实了这一点。它将样本分为工业化国家和新兴市场经济国家。新近时期内新兴国家明显比工业化国家更可能发生货币危机与孪生危机；图 1.2 还显示出另一个有趣的现象，那就是在两次世界大战之间时期受到危机影响更大的反倒是工业化国家，此时它们比新兴国家更可能发生货币危机与孪生危机。

表 1.4 列出了危机的平均持续期和深度，按照危机的类型、不同时期和不同样本对数据进行了分类。表中最惊人的特征也许是布雷顿森林体系时期危机较短的持续期及其温和的影响。第二个显著特征是，按照产出损失来看，孪生危机比其他类型的危机要严重得多。和我们可能想到的一样，两次世界大战之间时期危机的影响要比其他时期严重许多。尽管此时期内危机的存续期并不长，但是造成的累积性产出损失要比其他时期更大。金本位制时期金融危机的持续期和累积性损失相对于其他时期而言都不算显 12

著；而新近时期发生的孪生危机则明显会持续更长时间，造成的产出损失也更大。

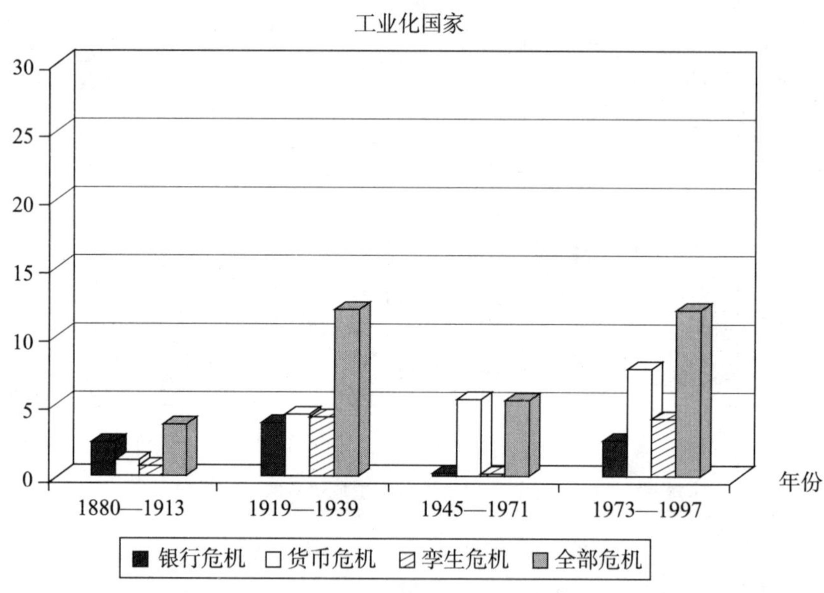

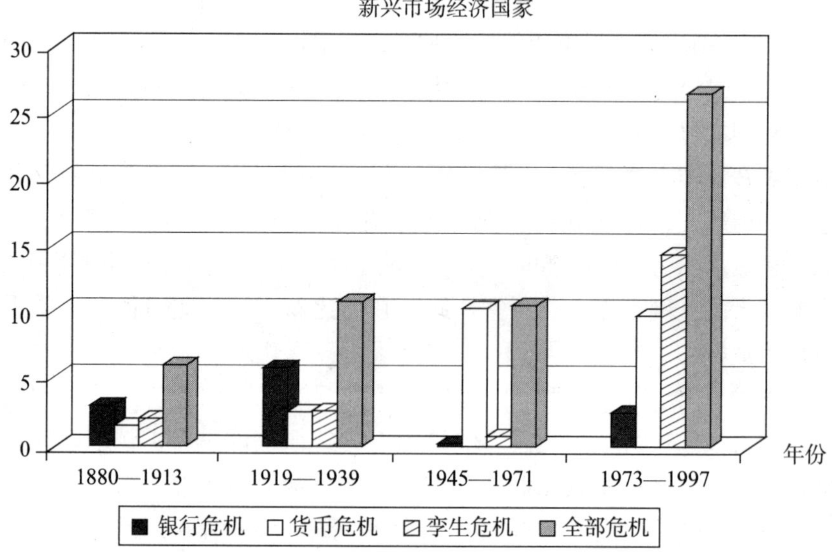

图 1.2　危机频率——按照市场进行划分

资料来源：博尔多等人（Bordo et al.，2000，图 2）。

表 1.4　危机的持续期和深度［摘自博尔多等人（Bordo et al.，2001），表 1］

所有国家	1880—1913	1919—1939	1945—1971	1973—1997 21 国	1973—1997 56 国
			平均持续期限		
货币危机	2.6	1.9	1.8	1.9	2.1
银行危机	2.3	2.4	a	3.1	2.6
孪生危机	2.2	2.7	1.0	3.7	3.8
全部危机	2.4	2.4	1.8	2.6	2.5
			平均深度		
货币危机	8.3	14.2	5.2	3.8	5.9
银行危机	8.4	10.5	a	7.0	6.2
孪生危机	14.5	15.8	1.7	15.7	18.6
全部危机	9.8	13.4	5.2	7.8	8.3

注：a 表示没有危机。

资料来源：作者计算。

最后，图 1.3 展示了危机对经济衰退的影响。我们可以看到，伴随危机 13
的经济衰退要比单纯的经济衰退造成的 GDP 损失更大，在两次世界大战期间尤其如此。此外，伴随危机的经济衰退的恢复期也要比单纯衰退的恢复期更长。

总而言之，我们可以从博尔多等人（2000，2001）的分析中得到一系列结论：银行危机、货币危机和孪生危机在各种各样的货币体系和管制体系内都曾经发生过；在过去的 120 年里，每次金融危机总是伴随着平均 2～3 年的经济低迷期，并造成平均 5～10 个百分点的 GDP 损失；孪生危机造成的产出损失尤为严重；伴随危机的经济衰退比不伴随危机的经济衰退后果更加严重。

1945—1971 年的布雷顿森林体系时期是很特别的。这期间各国或者采取管制银行资产负债的方式防止银行承担过多风险，或者由政府直接拥有银行以达到同样的目的。这些方法获得了成功，这一时期内没有发生过一次银行危机，孪生危机也只发生过一次。

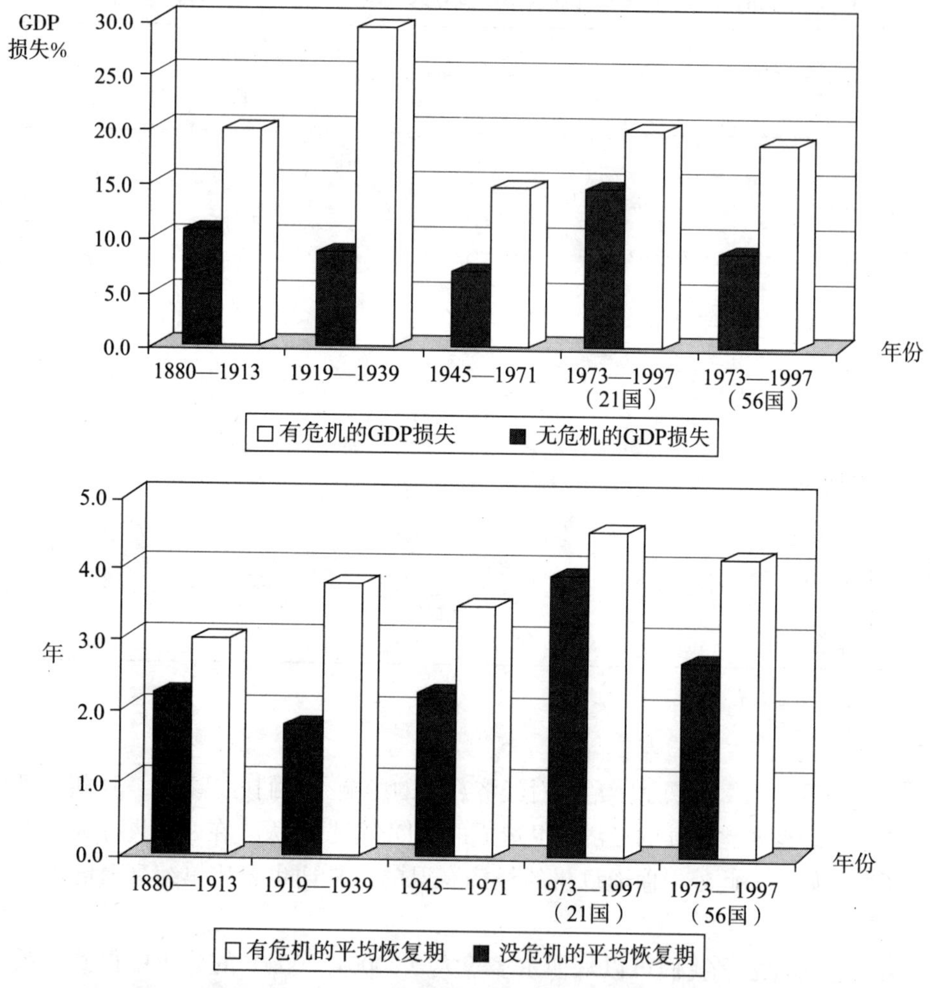

GDP损失%

30.0 25.0 20.0 15.0 10.0 5.0 0.0

1880—1913 1919—1939 1945—1971 1973—1997（21国） 1973—1997（56国） 年份

□ 有危机的GDP损失 ■ 无危机的GDP损失

年

5.0 4.0 3.0 2.0 1.0 0.0

1880—1913 1919—1939 1945—1971 1973—1997（21国） 1973—1997（56国） 年份

□ 有危机的平均恢复期 ■ 没危机的平均恢复期

图 1.3 伴随与不伴随危机的经济衰退

资料来源：博尔多等人（Bordo et al.，2001），图 2。

两次世界大战之间的时期也很特殊，银行危机和货币危机都普遍存在。另外，此时期的危机造成的产出损失比较严重，尤其是银行危机和货币危机同时发生亦即孪生危机发生的时候。

除两次世界大战之间时期外，新近时期相对于其他时期确实更可能发生危机。特别是该时期比金本位制时期更容易发生危机，而金本位制时期是资本市场全球化程度可以同现在相媲美的唯一时期。

1.6　近期发生的一些金融危机

上文中我们对近期和其他时期的金融危机进行了比较，不过如果对几 14
个最近的例子进行深入考察也许会更有帮助。首先我们来看一下 20 世纪 90 年代早期发生在斯堪的纳维亚的金融危机（the Scandinavian crises）。

1.6.1　斯堪的纳维亚金融危机

挪威、芬兰和瑞典经历了典型的繁荣—萧条交替的经济周期，经济周期引发了孪生危机（参见 Heiskanen，1993；Englund and Vihriälä，2006）。1985 年和 1986 年，挪威的贷款规模增长了 40%，资产价格飙升，投资与消费大幅增长。但是原油价格的暴跌触发了经济泡沫的破裂，造成第二次世 15
界大战以来最为严重的银行危机和经济衰退。芬兰 1987 年的扩张性财政政策也使得信贷大幅增长，1987—1988 年两年内住房价格总共上涨了 68%。1989 年为减缓信贷扩张，中央银行提高了利息率和存款准备金要求。1990 年和 1991 年，随着与苏联贸易的减少，芬兰的经济境况愈加糟糕，资产价格大幅下跌，银行只有依靠政府支持才能存续下去，GDP 也缩水 7 个百分点。在瑞典，20 世纪 80 年代后期信贷稳步扩张，资本迅速膨胀。到了 1990 年秋，中央银行紧缩了信贷，利率上升；1991 年许多银行基于高估的资产价值发放贷款，因而境遇艰难，政府不得不进行干预，经济衰退随之而来。

1.6.2　日本金融危机

20 世纪 80 年代日本的房地产市场和股票市场受到了泡沫的影响。80 年代日本实行金融自由政策，加上后半期出于支持美元币值的需要，导致了信贷规模大幅扩张。80 年代大部分时期资产价格持续稳定上升，最终达到一个很高的水平。例如，1985 年日经 225 指数在 10 000 点左右，到 1989 年 12 月 19 日达到 38 916 点的高峰。日本银行的新主管不太关心美元币值的维持，反而更注重防止通货膨胀，由此推行紧缩的货币政策，导致 1990 年年初利率水平直线上升（参见 Frankel，1993；Tschoegl，1993），泡沫终于破裂了。日经 225 指数在 1990 年初开始急速下滑，到 1990 年 10 月 1 日已经跌落到 20 222 点。房地产市场的情形也是如此。接下来的几年内，日本金融体系内发生了普遍的违约和信用紧缩。三大银行连同四大证券商之一相继倒闭。泡沫破裂的后续影响也使日本的实体经济受到很大冲击。在 20 世纪 90 年代和 21 世纪初，日本的经济增长率大多是小幅的正值或者负值，二战之后日本经济的快速增长时代一去不返。如果我们利用 1976—1991 年这段时间的平均 GDP 增长率 4%作为增长趋势值，那么在 1992—1998 年间 GDP 增长趋势和真正实现的 GDP 之间的差距约为 340 万亿日元或 GDP 的 68%（Mikitani and Posen，2000，p. 32）。

1.6.3 亚洲金融危机

从 20 世纪 50 年代早期开始，一直到 1997 年金融危机前夕，亚洲“四小龙”（中国香港、新加坡、韩国和中国台湾）与“四小虎”（印度尼西亚、
16 马来西亚、菲律宾和泰国）一直被作为经济成功增长的典型，其经济多年持续高速增长。但在 1997 年 7 月 2 日，泰国中央银行由于承受不住金融压力而放弃维持泰铢币值，使得其币值在在岸市场上下跌 14%，离岸市场上下跌了 19%（Fourçans and Frank，2003，第 10 章），随即拉开了亚洲金融危机的序幕。

接下来卷入金融风暴的货币是菲律宾比索和马来西亚林吉特。菲律宾央行试图通过提高利息率来捍卫比索，结果损失了 15 亿美元外汇储备，以失败告终。7 月 11 日，菲律宾央行允许比索汇率自由浮动，比索币值随即下跌了 11.5 个百分点。马来西亚央行虽经奋力抵抗，也终于在 7 月 11 日使林吉特汇率实行自由浮动。印度尼西亚央行在 8 月 14 日开始允许其卢比汇率自由浮动。

“四小龙”也受到了影响。8 月初，新加坡决定放弃对其货币的支持，到 9 月底的时候其币值已经下跌了 8 个百分点。中国台湾也允许其货币贬值，并以此减弱了金融危机对经济的冲击。港币的汇率是钉住美元的，虽然受到了冲击，但最终成功维持住了汇率水平。一开始韩元相对于东南亚货币是升值的，但到了 11 月份的时候韩元币值也缩水了四分之一。1997 年 12 月底，危机告一段落，此时美元相对于马来西亚、菲律宾、泰国、韩国和印度尼西亚的货币分别升值了 52%、52%、78%、107%和 151%。

1997 年底，尽管货币市场上的混乱已经平静下来，可是这个地区仍然持续感受到金融危机带来的影响。许多金融中介、工商企业破产倒闭了，实体经济产出大幅度下滑。总体而言，这次金融危机使这些经济体苦不

堪言。

1.6.4　俄罗斯金融危机与长期资本管理公司

1994 年，约翰·梅里魏瑟（John Meriwehter）创建了长期资本管理公司（LTCM），他曾就职于所罗门兄弟公司（Salomon Brothers），而且本人也是一个很成功的债券交易商。除了梅里魏瑟外，基金的合伙人中还包括两位诺贝尔经济学奖获得者——迈伦·斯科尔斯和罗伯特·墨顿（Myron Scholes and Robert Merton）以及美联储前副主席大卫·姆林斯（David Mullins）。这个公司轻而易举就募集到了 13 亿美元的起始资金（参见 http：//www. erisk. com/learning/CaseStudies/ref _ case _ ltcm. asp 和 Lowenstein，2000）。

该公司运营的主要策略是进行收敛式交易，首先找到投资回报高度相关但资产价格略有不同的一组证券，然后对价格较高的证券进行空头操作（即借入卖出），用同样的方式对那些价格较低的证券进行多头操作。收敛 17
式交易涉及的证券包括那些希望构建欧洲货币联盟国家的主权债券以及美国政府发行的新国债（on-the-run bonds）和旧国债（off-the-run bonds）。由于价格差别很小，所以这个策略的实施必定要涉及很大规模的借入交易（空头）。例如在 1998 年初该公司仅有 50 亿美元的净资产，而当时借入的债务却高达 1 250 亿美元。

基金在头两年内运营得非常成功，每年都能为投资者获取高达 40%的回报率。但在 1997 年表现平平——回报率仅有 27%，与当年股票收益率不相上下。此时 LTCM 管理着大约 70 亿美元的基金，于是梅里魏瑟决定将其中的 27 亿美元返还给投资者，因为管理的资金规模太大便难以获取很高的收益率。

1998 年 8 月 17 日，俄罗斯政府使卢布贬值并宣布其 2 810 亿卢布（折合 135 亿美元）的政府债券将延期偿付。这个小规模的违约行为在众多金融市场上触发了一场急剧震荡的全球性金融危机。资金开始寻求稳定去向，金融市场上价格开始沿着与预期不同的方向变动，LTCM 所做的许多收敛式交易开始赔钱。到了 1998 年 9 月 22 日，LTCM 的资产值已经跌落到 6 亿美元。高盛、美国国际集团（AIG）和沃伦·巴菲特提出以 2.5 亿美元的价格买断该公司并注资 40 亿美元以便公司不必被迫清空头寸。最终，纽约联邦储备银行对其进行了协调援助，即让那些向 LTCM 提供了大额贷款的银行支付 350 万美元买下公司净资产的 90%，并联合接管其资产组合。联储这么做旨在防止全球资本市场的彻底崩溃，以及可能随之而来的系统性经济危机。

1.6.5 2001—2002 年阿根廷金融危机

20 世纪七八十年代，阿根廷经济搞得一团糟，发生了多次通胀和危机。到 1991 年，阿根廷引入货币委员会，令比索以 1∶1 的汇率钉住美元。阿根廷因此实现了一段时间内的低通胀和经济增长。与此同时，阿根廷经济的许多弱点却逐渐发展扩大，如公共债务不断增长，产出中用于出口的份额较低等，这一系列问题集中于少数几个领域（参见 IMF，2003）。

18 1998 年上半年，巴西陷入金融危机，其货币贬值，俄罗斯爆发金融危机，一系列事件促使阿根廷经济迅速转入低迷期。公共债务不断积累，政府进行经济刺激所需的财政资源受到限制；而货币委员会认为货币政策不能被用来刺激经济复苏。于是衰退不断深化，到 2001 年底的时候，阿根廷的经济形势已无以为继。政府试图通过改变货币委员会的运作方式等手段改变经济形势。为了维持汇率，出口商可以获得补贴，而进口商则要为进口交税。这些手段并没有提升经济信心，却起到了相反的作用。尽管 2001 年 9 月 IMF 同意立即给予 50 亿美元的资金援助并且随后还会再注入 30 亿美元，阿根廷的经济形势却持续恶化。政府还进行了许多尝试来重构公共债务制度，但是经济信心依然没有恢复。

11 月 28 日—30 日，阿根廷出现了私人储蓄的挤兑现象，政府决定暂缓兑换美元。政府制定了许多控制措施，其中包括规定每人每星期从银行提取的现金数额不得超过 250 比索。2001 年 12 月，阿根廷经济崩溃了，工业产值比上年下降了 18%，进口下降 50%，建筑业产值减少了 36%。2002 年 1 月，在三个星期内上任的第五位总统宣布要构建一种新的货币制度，按照交易类型实行多种汇率并行。2 月份，这项政策就被废除了，比索汇率最终允许自由浮动，很快比索兑换美元的汇率就跌到了 1.8∶1。

总体上来说，金融危机是极具破坏力的。阿根廷的真实 GDP 在 2002 年下降了 11%，2002 年 4 月份月通胀率达到了 10%。政府宣布不再承担其债务。虽然 2003 年以来阿根廷经济开始复苏并有所好转，但要恢复到危机前的经济活力仍需时日。

1.7　金融危机的成本

关于金融危机的成本以及解决危机所要付出的成本问题，可以找到大量的文献（参见 Bordo et al.，2001；Hoggarth et al.，2002；Roubini and Setser，2004；Boyd et al.，2005 和 Honohan and Laeven，2005）。文献主要的争论集中在如何衡量成本的问题上。前期有许多文献将注意力放在财政成本上，这一部分是政府为了调整银行资本和补偿被保险的存款人所需要付出的成本，其中大部分只能算作转移支付而非真正的成本。其后的文 *19*
献则更多地集中在相对于某个标准（如增长率趋势）而言的产出损失上。

金融危机的成本有两个重要特点，一是平均成本很高，二是不同的危机成本之间有巨大差异。博伊德等人（Boyd et al.，2005）用不同的方法对危机造成损失的平均贴现值进行了估计。根据估计方法的不同，平均损失值介于危机前一年真实人均 GDP 的 63%～302%之间，损失值的分布区间很宽。在加拿大、法国、德国和美国，金融危机大多是温和的非系统性危机，经济增长放缓程度与相应的成本都不算很大；但在另一个极端，增长停滞与产出损失则相当严重，如香港地区，金融危机造成的损失的贴现值相当于危机前一年真实产出的 1 041%。

金融危机的成本很高，其后续影响造成的损失也很大。所以政策制定者总是很厌恶金融危机，在很多情况下他们甚至不惜一切代价阻止危机的发生。但是，现在还不能确定他们这样做是不是最优选择。为了阻止危机的发生，政府进行管制的成本可能是相当高的，而在很多情况下危机却并不会造成很大的损害。本书的一个重要观点是，我们必须要在阻止危机的成本同允许危机发生的成本之间做出权衡。

1.8　金融危机的理论

20 世纪 30 年代大众对金融危机成因的看法同其他时期有明显的不同。当时人们认为市场是问题的根源，而政府则提供了问题的答案，政府可以通过管制或直接控制银行等干预方式解决市场的问题。而今，人们大多认为新近的金融危机产生的原因在于政府宏观政策的不协调或者由政府担保引起的金融系统的道德风险。也就是说政府行为造成了而非解决了危机，市场力量才真正是解决问题的钥匙。

本书中我们旨在通过构建一个理论来分析金融危机，并针对关于政府与市场的争论给出一些看法。我们在每一章都提出一些基本思路，并就相关主题做出理论和经验方面文献的简单综述。

第 2 章我们先从介绍一些理论背景开始，主要是对时间、不确定性和流动性等问题进行回顾。对这些理论背景比较熟悉的读者可以直接从第 3 章开始阅读。对于不了解这些问题或者想要对跨期与不确定性下的资源配置模
20 型进行回顾的读者，第 2 章将提供一个简单的介绍。第 2 章第一部分是与消费、储蓄和生产相关的基础理论，例如确定日期的商品市场和远期市场等。接下来考察了不确定性，介绍了自然状态、或有商品、完全市场以及阿罗证券，此外还介绍了风险偏好、保险和风险汇合的作用。这一章最后一部分是对流动性与流动性偏好的模型化。

第 3 章考察了金融中介问题。如果想了解银行危机是如何发生的，那么首先必须构建一个银行理论或更一般的，构建一个金融中介理论。所采用的方法是把金融中介模型化为向消费者提供流动性保险的经济主体。这样的模型化允许我们用两种方式构建金融危机的发生机制，这两种观点均有长远的历史渊源。金德尔伯格（Kindleberger，1978）详细阐述了其中一种观点，认为金融危机都是以恐慌的形式自发产生的。这个观点的现代版本是由布赖恩特（Bryant，1980）和戴蒙德、迪布维格（Diamond and Dybvig，1983）建立起来的，他们基于多重均衡的存在性进行分析，如果在一种均衡状态下不会发生恐慌，那么在其他至少一种均衡状态中恐慌是会发生的。

另一种观点，商业周期危机理论也有着悠久的历史（参见 Mitchell，1941）。其基本观点是，当经济进入衰退期或萧条期，银行资产的收益率会比较低；给定以储蓄和债券等形式存在的固定债务，银行很可能无法维持偿付能力，挤兑就会突然降临到它们头上。戈顿（Gorton ，1988）对美国 19 世纪末 20 世纪初的情况进行了考察，发现以坏账为基础编制的经济指标能够准确预言银行危机的发生。第 3 章第二部分将会建立起这种危机发生的分析方法。

金融危机发生最为重要的原因之一是资产价格的崩溃。对于资产价格为何会暴跌，一种解释认为是由于预期未来现金流会减少，此观点也是第 3 章分析的商业周期危机理论的基础；另一种观点认为可能是由于流动性的缺乏。第 4 章会对资本市场的运作进行考察，在资本市场上流动性冲击引起了资产价格的波动。这个模型同第 3 章的模型十分相似，只是这里没有银行的参与。除此之外，模型还加入了参与市场的固定成本，由于这种成本的存在，市场参与必定是不完全的。当流动性比较丰富时，资产价格会按照通常的方式由预期未来收益决定；但是当流动性变得稀缺时，市场就会依照市场现金定价机制（the cash-in-the-market pricing）决定资产价格。按照市场现金定价机制，一项资产的价格仅仅是要出售的资产数额与买方所拥有的现金或流动性的比率。事后（ex post）买家在市场现金机制发挥作用时会倾向于拥有更多的现金；而事前（ex ante）买家将会在流动性丰富时持有现金的机会成本与流动性稀缺时可能产生的收益之间进行权衡。这个 21
资产定价理论能够一致地解释资产价格剧烈变动的原因。该理论表明，可以存在多重帕累托排序均衡：在某种均衡状态下，市场参与不完全，资产价格也不稳定；而在帕累托较优均衡状态下，市场参与则是完全的，资产价格的波动也较小。

有的危机是由大规模冲击引发的，有些危机的触发却是由于一些小事。例如上文提到的 1998 年俄罗斯危机，触发危机的债务延期所涉及的资产仅占全球资产极小的比重。尽管如此，全世界金融市场也还是受到很大影响，在之后一段时间内金融市场仍持续处于剧烈的震荡之中。理解这种金融脆弱性何以产生即是第 5 章的主题。第 3 章我们只考察了银行业，第 4 章只考察了资本市场，在第 5 章我们将分析二者之间的关系。我们考察的市场实际上是银行和机构互相分担风险和分享流动性的地方，从这个意义上讲，这些市场应算作机构性市场，个人是无法直接进入的，但可以通过将资金存入银行参与到市场活动中来。和第 4 章一样，理解均衡状态的关键在于了解银行向市场提供流动性的动机。要想让银行持有流动性，在流动性丰富时持有现金的机会成本必须能够被流动性稀缺和存在市场现金定价机制时的收益所补偿。如果流动性稀缺的情形很少出现，就很可能出现一个现象，即流动性需求方面的较小变动能够引起资产价格的大幅度波动，而正是这些价格波动造成了破产和经营中断。金融脆弱性就是这样产生的。

第 3 章到第 5 章集中关注的主要是各种金融危机发生的实证层面，第 6 章将构建一个规范分析的一般框架。这个模型为衡量金融系统的福利性质提供了一个标准。类似于第 5 章，这里既有金融中介，又有市场。然而在第 5 章里市场本身是不完全的，因此风险对冲机会是有限的。在这里我们将假定金融市场是完全的，金融中介有可能将金融市场上的总体风险（aggregate risks）进行完全对冲。在这样的理想环境中，亚当·斯密的“看不见的手”是有效的。在以下意义上，资源配置是有效的：如果金融中介和消费者之间的契约是完全的，即合约视总体风险的情况而定，那么，资源配置便是（激励）有效的。

我们在现实中观察到的金融中介和消费者之间订立的契约，如债务契约或储蓄契约，是不完全契约。但是如果金融市场是完全的，那么即使金融中介和消费者之间订立的契约是不完全的，资源配置的结果也是约束有
22 效的。换句话说，在契约不完全的情况下，一个计划者肯定不会比市场做得更好。此外，理论分析的结论表明，不完全契约下的均衡状态常常蕴含着金融危机。例如假如某个银行使用了储蓄契约，那么银行危机就可能存在。因此，金融危机并非在任何时候都是坏事，在某些情况下金融危机也许有助于提高效率和改善资源配置。当然，我们也不是说金融危机总是好的，只有在某些情况下它们才是好的，尤其是当金融市场是完全市场而金融中介和消费者之间的契约是不完全的时候，金融危机会造成较好的结果。如果金融市场本身是不完全的，金融危机可能会很糟糕。比如第 5 章提到的金融脆弱性就是由于金融市场的不完全而产生的。第 6 章的贡献在于指出什么情况下会发生造成福利损失的市场失灵。

在已知市场失灵发生的情况下，下一个问题自然而然是是否存在合适的对应策略来纠正市场失灵的不利影响。这构成了第 7 章的主题。这一章我们考虑了两种管制方法，一种是对银行资本进行管制，另一种是对银行的流动性进行管制。我们对不完全金融市场下具有常数相对风险厌恶系数的消费者的简单例子进行了分析，发现对银行资本和流动性的管制效果严格依赖于消费者的风险厌恶程度。当相对风险厌恶程度足够低（低于 2）的时候，使银行资本水平高过其自愿拥有的资本水平将会增进所有人的福利；当相对风险厌恶程度高于 1 的时候，采用银行流动性管制以使银行持有的流动性超过其自愿选择的水平将会增进福利。但是，这种类型的干预对政府的信息要求很高，由此要在现实中应用这些管制手段增进福利是相当困

难的。

第6、7章的分析强调了投资者分担不同风险的能力。由于契约明确面临的或然性和违约发生时实施上的不确定性，投资者实现风险的分担才有可能。这两章中流动性都是同消费品的供给相联系的，没有考虑货币因素和价格水平的改变。第8章，我们将引入货币、债务面值和其他以名义货币单位签订的契约，并考察它们所产生的影响。我们将看到，如果中央银行可以改变价格水平，那么就多了一种风险分担的方法。这不仅对一国之内风险的分担成立，在国家之间风险的分担也是如此。通过合理改变其汇率，一国央行可以保证与世界上其他国家实现风险分担的最优化。但是这样的国际性风险分担也会造成一种道德风险，因为一国可以借入大量的本国货币，然后通过通胀贬低本币币值来剥削其贷款人。

本书最后两章考察了两种非常重要但前面却没有考察的金融危机现象。 23
在很多情况下，金融危机发生在资本市场上的资产价格泡沫破裂之后。第9章的主题就是泡沫形成和破裂的原因以及二者对金融体系的影响。这种现象在近年来最为重要的一个例子就是上文提到的日本金融危机。20世纪80年代中叶，日经指数大约为10 000点，到80年代末则飙升至40 000点。日本银行的新主管认为当时宽松的货币政策会引发通货膨胀，因此决定大幅提高利息率。这一举措戳破了日本经济泡沫并使股票价格开始下跌。在短短几个月内，日本股市市值跌去了一半。房地产市场在继续上涨一年以后也开始走下坡路。15年以后，资产价格和房地产价格仍然只能达到其最高值的大约四分之一。资产价格的下跌导致经济增长的放缓，也造成了银行危机。当然，日本绝非是这一现象的仅有例证，我们可以说，亚洲金融危机也可以归入这一类。此外，美国20世纪20年代的经济繁荣和30年代的"大萧条"也是其中一例。

亚洲金融危机还展示了金融危机的另一个重要现象——传导性。此次危机肇始于泰国，并蔓延到该地区其他国家（地区），包括韩国、马来西亚、印度尼西亚、中国香港、菲律宾和新加坡。此外以南美地区为代表的其他地区也受到了影响。有趣的是台湾地区并未受到多大影响。理解金融危机的传导性质成为本书需要考虑的一个重要问题。关于传导性存在着不少理论，一种理论认为传导性是基于贸易与经济体间的实体经济联系；另一种认为是由于银行间同业市场；再一种则认为是由于金融市场；还有的认为是由于支付体系。本书第10章将对危机通过银行间同业市场传导的理

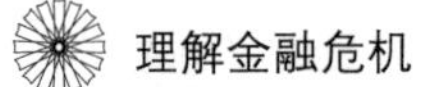

论进行分析。

1.9 结束语

“危机”这个词的用法多种多样。因此，需要确定什么样的情况能够算作危机，什么样不能算。考虑一下“危机”的定义应是有帮助的，根据网络词典（dictionary.com）的定义，“危机”是指：

1.（a）急症或热病中变好或变坏的转折点；

（b）疼痛、悲伤或功能混乱的突然发作；

（c）情感上的重大事件或个人生活的剧烈变动。

2. 决定性时刻（例如文学中的剧情）。

24 3.（a）决定性变化发生的动荡或紧要关头或事件正在逼近，尤以事件的结果极有可能是令人不快的；

（b）到达了关键阶段的情形。

词典的定义给出了“危机”常用的一般性意义。在金融危机问题上，“危机”一词也在很多情形中有着广泛的应用。银行危机主要是指许多银行同时面临着金融压力并可能被迫违约的情形；货币危机则是指外汇市场上的大规模外汇交易引起货币贬值或重新估值的情形。相似的，“危机”也被应用于其他一些可能发生糟糕的重大变动的情况。这就是“危机”这个词在本书中所取的意义。

从历史上来看，金融危机问题曾经是经济学的一个重要研究领域。但是随着战后银行危机的消除，人们对危机问题的兴趣骤减，只有经济史学家还在对此进行研究。而今，金融危机重现世间，我们需要利用现代的理论工具分析金融危机的诸多层面。在这方面我们还有许多工作要做。本书可看作是对研究和理解金融危机的一些理论的一个简要介绍。

关于金融危机问题的实证分析有大量的文献，其中不少着重讨论数据汇编的规范性问题。由于金融危机理论还处于相对初级的阶段，人们很少去区分解释金融危机的不同理论。在以下的章节，我们将对历史和经验方面的成果进行讨论，并以此作为理论背景。在这方面所做的工作是远远不够的。

许多关于金融危机的文献都出现了一种趋势，即将某一特定理论作为金融危机的一般性理论。但即使是本章中的简单论述也已经表明，金融危机实际上是相当复杂的。本书的一个主要观点是没有一种金融危机理论能够解释金融危机现象的方方面面。实际上，我们所关注的种种金融危机理论并不互相排斥，融合这些理论也许能对金融危机的方方面面做出更好的解释。

参考文献

Bagehot, W. (1873). *Lombard Street: A Description of the Money Market*, London: H. S. King.

Bordo, M. (1986). "Financial Crises, Banking Crises, Stock Market Crashes and the Money Supply: Some International Evidence, 1870—1933," in F. Capie and G. Wood References 25 (eds.), *Financial Crises* 25
and the World Banking System. New York: St. Martin's Press, 1986, 190 - 248.

Bordo, M. and B. Eichengreen (1999). "Is Our Current International Economic Environment Unusually Crisis Prone?" Working paper, Rutgers University.

Bordo, M., B. Eichengreen, D. Klingebiel and M. Martinez-Peria (2000). "Is the Crisis Problem Growing More Severe?" Working paper, University of California, Berkeley. Updated version of previous paper. http://emlab.berkeley.edu/users/eichengr/research.html—this link also allows you to download the figures: scroll down the page until you reach the link to the paper and figures-see also http://www.haas.berkeley.edu/ arose/BEKSc.pdf

Bordo, M., B. Eichengreen, D. Klingebiel and M. Martinez-Peria (2001). "Is the Crisis Problem Growing More Severe?" *Economic Policy*, April 2001, 53 - 82+Web Appendix.

Boyd, J., S. Kwak, and B. Smith (2005). "The Real Output Losses Associated with Modern Banking Crises," *Journal of Money, Credit, and Banking* 37, 977 - 999.

Bryant，J. （1980）. "A Model of Reserves，Bank Runs，and Deposit Insurance，" *Journal of Banking and Finance* 4，335－344.

Diamond，D. and P. Dybvig （1983）. "Bank Runs，Deposit Insurance，and Liquidity，" *Journal of Political Economy* 91，401－419.

Englund，P. and V. Vihriälä （2006）. "Financial Crises in Developed Economies：The Cases of Finland and Sweden，" Chapter 3 in Lars Jonung （ed.），*Crises，Macroeconomic Performance and Economic Policies in Finland and Sweden in the 1990s：A Comparative Approach*，forthcoming.

Fourçans，A. and R. Franck （2003）. *Currency Crises：A Theoretical and Empirical Perspective*，Northampton，MA：Edward Elgar.

Frankel，J. （1993）. "The Japanese Financial System and the Cost of Capital，" in S. Takagi （ed.），*Japanese Capital Markets：New Developments in Regulations and Institutions*，Oxford：Blackwell，21－77.

Gorton，G. （1988）. "Banking Panics and Business Cycles，" *Oxford Economic Papers* 40，751－781.

Heiskanen，R. （1993）. "The Banking Crisis in the Nordic Countries，" *Kansallis Economic Review* 2，13－19.

Hoggarth，G.，R. Reis，and V. Saporta （2002）. "Costs of Banking System Instability：Some Empirical Evidence，" *Journal of Banking and Finance* 26，825－855.

Honohan，P. and L. Laeven （2005）. *Systemic Financial Crises：Containment and Resolution*，Cambridge，UK：Cambridge University Press.

IMF （2003）. "Lessons From the Crisis in Argentina，" Washington，DC：IMF，http：//www.imf.org/external/np/pdr/lessons/100803.pdf.

Kindleberger，C. （1978）. *Manias，Panics，and Crashes：A History of Financial Crises*，New York：Basic Books.

Kindleberger，C. （1993）. *A Financial History of Western Europe* （second edition），New York：Oxford University Press.

Lowenstein，R. （2000）. *When Genius Failed：The Rise and Fall of Long-Term Capital Management*，New York：Random House.

26 Mikitani，R. and A. Posen （2000）. *Japan's Financial Crisis and its Par-*

allels to U. S. Experience, Washington, DC: Institute for International Economics, Special Report 13.

Mitchell, W. (1941). *Business Cycles and Their Causes*, Berkeley: University of California Press.

Roubini, N. and B. Setser (2004). *Bailouts or Bail-Ins? Responding to Financial Crises in Emerging Economies*, Washington, DC: Institute for International Economics.

Sprague, O. (1910). *A History of Crises Under the National Banking System*, National Monetary Commission, Washington DC: U. S. Government Printing Office.

Studenski, P. and H. Krooss (1963). *Financial History of the United States* (second edition), New York: McGraw Hill.

Timberlake, R. (1978). *The Origins of Central Banking in the United States*, Cambridge MA: Harvard University Press.

Tschoegl, A. (1993). "Modeling the Behavior of Japanese Stock Indices," in S. Takagi (ed.), *Japanese Capital Markets: New Developments in Regulations and Institutions*, Oxford: Blackwell, 371 - 400.

Wilson, J., R. Sylla and C. Jones (1990). "Financial Market Panics and Volatility in the Long Run, 1830—1988," in E. White (ed.), *Crashes and Panics*, Illinois: Dow-Jones Irwin, 85 - 125.

第 2 章　时间，不确定性和流动性

27 金融经济学是解决不确定性情况下跨期资源配置问题的学科。尽管我们使用诸如“现值”、“自然状态”和“状态或有商品”等术语分析资源配置问题，但其基本含义与微观经济理论中分析消费者和厂商行为的术语是一致的。我们将在一种新的环境设定下分析一些我们熟悉的概念，诸如偏好、预算约束和生产技术，以研究跨期资源配置和风险分担。首先通过简单的例子来解释这些观点，之后说明如何将这些观点进行扩展和一般化。

2.1　跨期有效配置

我们从资源的跨期配置开始。虽然我们会

介绍一些新的术语，但是主要的概念与静态环境下的资源有效配置研究的相关概念本质上是相同的。假设时间划分为两个阶段，我们可以认为它们分别代表“现在”和“未来”。我们将这两个阶段称之为**时期**，并以 $t=0$，1 作为标记，时期 0 代表现在，时期 1 代表未来。

2.1.1　消费和储蓄

假定一个消费者有一**收入束**，该收入束由时期 0 Y_0 单位的同质消费品和时期 1 Y_1 单位的同种消费品构成。消费者的效用 $U(C_0, C_1)$ 是其**消费束** (C_0, C_1) 的函数，C_0 是时期 0 的消费，C_1 是时期 1 的消费。消费者要想达到效用最大化，首先要决定哪个消费束 (C_0, C_1) 属于他的**预算集**，即对他来说哪个消费束是可行的。看待这一问题有若干种方法，所得的结论是完全相同的，但是很有必要逐次解释一下这几种方法。

借贷 28

提出这一问题（即哪个消费束是消费者可以支付起的）的一种方式是看一下收入束 (Y_0, Y_1) 是否可以通过借贷转化为消费束 (C_0, C_1)。简单来说，假设存在一家银行愿意以一个每期固定利率 $i>0$ 将任意额度的资金贷给消费者，也就是说银行现在贷出的每单位现期消费在将来要收回 $1+i$ 单位。假设消费者现在决定消费 $C_0>Y_0$，那么他不得不再借入 $B=C_0-Y_0$ 以平衡现在的预算，将来这笔借款需要以 iB 的利息归还银行。消费者能够负担起这些的充分必要条件是超过未来消费的收入部分能够偿还本金和利息，即

$$(1+i)B\leqslant Y_1-C_1$$

我们可以将上述不等式用消费和收入束重新表示为

$$C_0-Y_0\leqslant\frac{1}{1+i}(Y_1-C_1)$$

反之，如果消费者决定现在消费 $C_0\leqslant Y_0$，他会获得 $S=Y_0-C_0$ 的储蓄并将其存入银行。我们假设银行愿意支付的存款利率与贷款利率 $i>0$ 相同，即存入银行的每单位现期消费在将来价值 $1+i$ 单位。消费者将来会收到附加利息的储蓄收入 $(1+i)S$，那么他可以用它来支付他下期的超支消费部分，即

$$C_1-Y_1\leqslant(1+i)s$$

通过消费和收入束可以将上面的不等式改写如下：

$$C_0-Y_0\leqslant\frac{1}{1+i}(Y_1-C_1)$$

注意，这个不等式与之前得到的相同。因此，任何可行的消费束，不论它包含储蓄还是借贷，必须满足相同的约束。我们称这样的约束为**跨期预算约束**（intertemporal budget constraint），并将其稍微变换一下形式以作日后之用：

$$C_0+\frac{1}{1+i}C_1\leqslant Y_0+\frac{1}{1+i}Y_1 \qquad (2.1)$$

29 图 2.1 表明了所有满足跨期预算约束的消费束（C_0，C_1）的集合。显而易见，收入束（Y_0，Y_1）必须满足跨期的预算约束。如果在时期 0 没有借贷，则有 $C_0=Y_0$ 且 $C_1=Y_1$。线段的两端点分别代表消费者在现在和未来可能的最大消费量。例如，如果他现在想要尽可能多地消费，他现在拥有 Y_0 单位的收入并且能够针对他的未来的收入借入 $B=\frac{1}{1+i}Y_1$ 单位的商品。这是他能借到的最大量，因为未来他需要归还本金 B 和利息 iB，总共 $B(1+i)=Y_1$。所以现在他可以消费的最大量为

$$C_0=Y_0+B=Y_0+\frac{Y_1}{1+i}$$

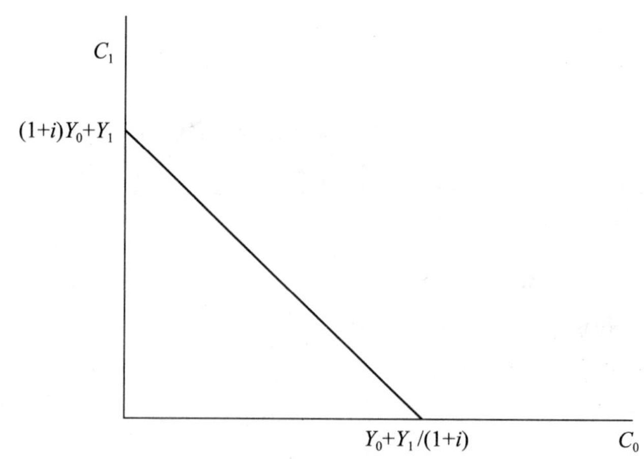

图 2.1　跨期的预算约束

相反，如果他想在未来尽可能多地消费，他现在会将全部收入存入银行。在未来，他会获得 $(1+t)Y_0$ 和未来收入 Y_1。那么他在未来可以消费的最大量为

$$C_1=(1+i)Y_0+Y_1$$

现在假设第一期的消费量增加了 ΔC_0，那么未来的消费必须相应减少多少？由于要支付利息，第一期每单位的借入在第二期将会花费 $1+i$。所以第二期减少的消费量是 $\Delta C_1=(1+i)\Delta C_0$。这说明他能够承担的消费束位于线段 30
两端点之间，斜率为 $-(1+i)$（见图 2.1）。

我们已经说明任何通过借贷而达到的消费束必须满足跨期预算约束。相反，任何满足跨期预算约束的消费束（C_0，C_1）都可以通过某种可行的借贷方式来实现。为了说明这一点，假设消费束（C_0，C_1）满足跨期预算约束。如果 $C_0>Y_0$，我们假设消费者借入 $B=C_0-Y_0$。未来他需要支付利息，所以仅剩余 $Y_1-(1+i)B$ 用来消费。然而，跨期的预算约束保证了他计划的未来消费 C_1 满足

$$C_1\leqslant(1+i)(Y_0-C_0)+Y_1=Y_1-(1+i)(C_0-Y_0)$$

所以消费者可以现在借入 B 单位并且在未来支付利息，仍然可以承担他的未来消费计划。另外一种情形是 $C_0\leqslant Y_0$，可作类似处理。因此，我们可以看到，当且仅当满足跨期预算约束（2.1）时，可以通过以利率 i 借贷的方式将收入束（Y_0，Y_1）转化为消费束（C_0，C_1）。

财富与现值

另一种考虑可承担的消费束的方法用到了现值的概念。任意商品的现值是消费者愿意支付的现期消费量。每单位现期消费的现值为 1。通过借贷，1 单位的现期消费转化为 $1+i$ 单位的未来消费；反之亦然，1 单位的将来消费的现值是 $1/(1+i)$。因此，就现期消费而言，收入束（Y_0，Y_1）的现值为

$$PV(Y_0,Y_1)\equiv Y_0+\frac{1}{1+i}Y_1$$

消费束（C_0，C_1）的现值为

$$PV(C_0,C_1)\equiv C_0+\frac{1}{1+i}C_1$$

31 跨期预算约束表明消费束（C_0，C_1）的现值必须小于或者等于消费者收入束的现值。

收入束（Y_0，Y_1）的现值也称为消费者的财富，表示为 $W \equiv Y_0 + \frac{1}{1+i}Y_1$。跨期预算约束允许消费者选择现值不超过其财富的消费束（C_0，C_1），即

$$C_0 + \frac{1}{1+i}C_1 \leqslant W \tag{2.2}$$

确定日期的商品市场与远期市场

还有第三种解释跨期预算约束（2.1）的方式。我们很熟悉的一个例子是，一位消费者不得不把他的收入用于购买例如啤酒和比萨两种产品时所面临的预算约束。每类商品都有一定单价并且将每种商品的数量乘上价格然后相加即可计算出消费总价值。消费者的预算约束表明他的消费总价值必须小于或等于收入。跨期预算约束（2.1）也可以用这种方式解释。假定将现期消费和未来消费视为两种不同的商品，并且假设存在可以使两种商品交换的市场。假设这些市场是完全竞争市场，消费者就可以以现行价格任意买卖这两种商品。通常，预算约束要求消费者平衡他在两类产品上的购买价值和开支。如果 p_0 与 p_1 分别代表现期消费与未来消费的价格，那么通常的预算约束可以写为

$$p_0 C_0 + p_1 C_1 \leqslant p_0 Y_0 + p_1 Y_1$$

假定我们使用时期 0 时的消费品作为**计价单位**，即用它来度量每种商品的价值。这样，由于时期 0 时 1 单位商品价值为 1（时期 0 的商品单位），所以现期消费的价格为 $p_0=1$。时期 1 的商品价值是多少呢？如果可以以利率 i 进行借贷，时期 1 的商品价格可以由**套利**决定。如果 $p_1 > \frac{1}{1+i}$，则任何人都可以通过以 p_1 的价格卖掉未来的 1 单位消费，利用所得购买 $\frac{1}{1+i}$ 单位的
32 即期消费，然后以利率 i 将 $\frac{1}{1+i}$ 单位的即期消费用来投资，以获得 $(1+i)\frac{1}{1+i}=1$ 单位的未来消费，从而获取无风险的套利利润。这种策略在时期 0 时产生 $p_1 - \frac{1}{1+i}$ 的利润并且没有额外成本，因为卖掉的未来消费由时期 0 的投资提供。这样的无风险利润与均衡不一致，因为任何人都可以使用这

一套利来创造无限的财富。因此，均衡时我们必须有 $p_1\leqslant\frac{1}{1+i}$。

如果 $p_1<\frac{1}{1+i}$，可作类似的讨论，可以通过借入$\frac{1}{1+i}$单位的现期消费，以价格 p_1 购买 1 单位的未来消费，在时期 1 用它归还贷款来获取无风险的套利利润$\frac{1}{1+i}-p_1>0$。因此，在均衡条件下，必须有 $p_1\geqslant 1/(1+i)$。

将两种套利观点综合考虑，我们可以得出，如果可以以利率 i 进行借贷，且现期消费是计价单位，与均衡相一致的价格仅有 $p_0=1$ 且 $p_1=\frac{1}{1+i}$。

将 $p_0=1$ 和 $p_1=\frac{1}{1+i}$代入上述预算约束，可以看到其与跨期预算约束（2.1）完全一致。以恒定利率进行借贷相当于即期和未来消费可以以一定价格（p_0，p_1）相互交换。在不同时期交付的物品是两种不同的商品。事实上，现期与未来的消费是具有不同价格的两种不同商品。以此而论，跨期预算约束仅仅是我们所熟悉的消费者预算约束的一种新的解释。

消费和储蓄

既然消费者在消费集（C_0，C_1）中的选择完全受跨期预算约束的影响，消费者的决策问题在于通过选择满足预算约束的消费束（C_0，C_1）来实现他的效用函数 $U(C_0, C_1)$ 的最大化。该决策问题用公式表述为：

$$\begin{aligned}&\max \quad U(C_0,C_1)\\&\text{s. t.} \quad C_0+\frac{1}{1+i}C_1=W\end{aligned}$$

注意，这里我们假设预算约束是等式而非不等式。由于消费者偏好更多地消费，所以不失一般性，我们假设消费者都会尽可能多地消费。图 2.2 中指出了这一最大化问题的解，即预算约束下的最优解位于无差异曲线和预算约束线的切点。

预算约束线的斜率是$-(1+i)$，无差异曲线在最优点的斜率为： *33*

$$-\frac{\frac{\partial U}{\partial C_0}(C_0^*,C_1^*)}{\frac{\partial U}{\partial C_1}(C_0^*,C_1^*)}$$

则相切时的条件可以表示为：

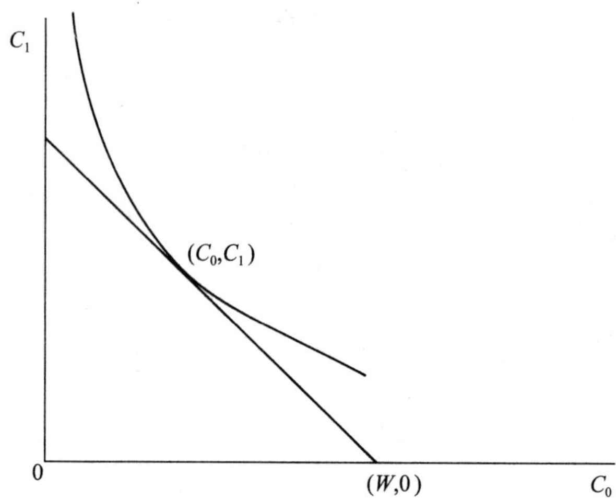

图 2.2　消费和储蓄

$$\frac{\dfrac{\partial U}{\partial C_0}(C_0^*, C_1^*)}{\dfrac{\partial U}{\partial C_1}(C_0^*, C_1^*)}=(1+i)$$

可以将一阶条件改写如下：

$$\frac{\partial U}{\partial C_0}(C_0^*, C_1^*)=(1+i)\frac{\partial U}{\partial C_1}(C_0^*, C_1^*)$$

公式左边是时期 0 消费的边际效用，右边是时期 1 消费 $1+i$ 单位的边际效用。时期 0 时 1 单位的商品可以被存储下来以为时期 1 提供 $1+i$ 单位的消费品。所以一阶条件表明消费者在时期 0 消费 1 单位商品与先将其储蓄，在时期 1 得到 $1+i$ 单位并将其消费掉是无差异的。

另外一种寻求最优解的方法是使用拉格朗日方法，即构建拉格朗日函数

$$\mathcal{L}(C_0, C_1, \lambda)=U(C_0, C_1)-\lambda\left(C_0+\frac{1}{1+i}C_1-W\right)$$

34 并通过 C_0、C_1 和拉格朗日乘数 λ 求拉格朗日函数的最大值。在（C_0^*，C_1^*，λ^*）取最大值的必要条件是 $\mathcal{L}(C_0, C_1, \lambda)$ 对这些变量的偏导数均为零。即：

$$\frac{\partial \mathcal{L}}{\partial C_0}=\frac{\partial U}{\partial C_0}(C_0^*, C_1^*)-\lambda^*=0$$

$$\frac{\partial \mathcal{L}}{\partial C_1}(C_0^*, C_1^*, \lambda^*) = \frac{\partial U}{\partial C_1}(C_0^*, C_1^*) - \frac{\lambda^*}{1+i} = 0$$

$$\frac{\partial \mathcal{L}}{\partial \lambda}(C_0^*, C_1^*, \lambda^*) = -\left(C_0^* + \frac{1}{1+i}C_1^* - W\right) = 0$$

前两式与之前得出的相切条件一致。这可以从等式中消去 λ^* 看出：

$$\frac{\partial U}{\partial C_0}(C_0^*, C_1^*) = \lambda^* = (1+i)\frac{\partial U}{\partial C_1}(C_0^*, C_1^*)$$

最后一个条件要求预算约束必须满足。

正如前文介绍，最优解（C_0^*，C_1^*）由相切条件和预算约束决定。

很明显，最优消费束（C_0^*，C_1^*）是消费者的财富 W 和利率 i 的函数。如果收入的形式是（W，0）而非（Y_0，Y_1），那么财富的价值相同，因此预算线也会相同。所以会选择相同的点（C_0^*，C_1^*）。事实上（Y_0，Y_1）能够移向预算线上的任何一点而不影响消费，只有储蓄或借款可能会改变。

另一方面，如果财富由 W 增长到 W'，会使预算线向外移动并且消费增加。图 2.3 例子的特别之处在于边际替代率沿通过原点的直线 OA 不变。预算线的斜率不变，所以本例中切点伴随着 W 的变动而在直线 OA 上移动。在这一特殊情形下，C_1^* 和 W 成比例。

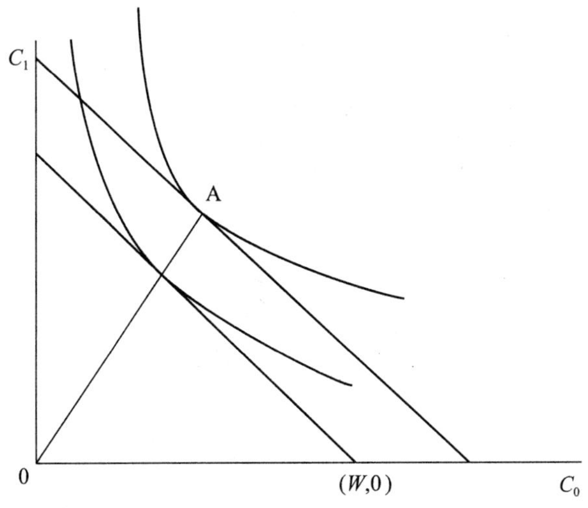

图 2.3　财富增长的效应

习题

1. 某位消费者拥有收入束（Y_0，Y_1）并且能够以利率 i 进行借贷。根
35 据表中的数据，判断消费束（C_0，C_1）是否在消费者的预算集内（即是否满足跨期预算约束）。

（C_0，C_1）	（Y_0，Y_1）	（$1+i$）
（10，25）	（15，15）	2
（18，11）	（15，15）	1.1
（18，11）	（15，15）	1.5
（10，25）	（15，15）	1.8

画图阐述每种情况下你的答案。

2. 某位消费者拥有收入束（Y_0，Y_1）=（100，50）并且能够以 $i=0.11$ 的利率进行借贷。他的偏好由相加可分效用函数（additively separable utility function）表示：

$$U(C_0,C_1)=\log C_0+0.9\log C_1$$

在 t 时期消费的边际效用为：

$$\frac{\mathrm{d}\log C_1}{\mathrm{d}C_1}=\frac{1}{C_t}$$

写出消费者的跨期预算约束和达到最优消费束必须满足的一阶条件。利用一阶条件和消费者的跨期预算约束找到使效用最大化的消费束（C_0^*，C_1^*）。时期 0 消费者将会储蓄多少？他的储蓄在时期 1 价值多少？验证在时期 1 他能够承担的最优消费量 C_1^*。

36 2.1.2 生产

正如我们借助熟悉的预算约束条件下效用最大化问题来研究消费者的跨期决策问题一样，我们可以借鉴利润或者价值最大化问题来分析企业的跨期决策问题。

假设一个企业可以在任何时期利用报酬递减的生产技术来生产同质的产品。时期 0 的产出表示为 Y_0，时期 1 的产出为 Y_1。Y_0 和 Y_1 的关系由图 2.4 中的生产可能性曲线表示。

注意生产可能性曲线的以下特征：

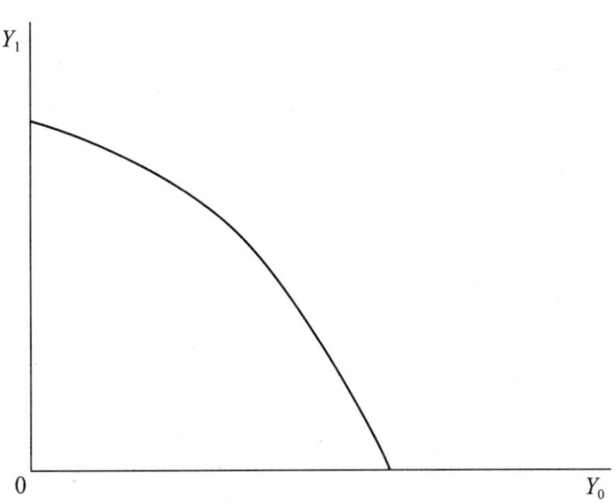

图 2.4　生产可能性曲线

● 曲线呈向右下方倾斜趋势，因为企业为了增加现在的产出，必须以减少明天的产出为代价；

● 曲线呈上凸状是因为收益递减——如果企业缩减现在的产出，那么减少的每单位现期产出所带来的未来产出增加值递减。

● 生产技术可以由转换函数（transformation function）$F(Y_0, Y_1)$ 表示。产出（Y_0，Y_1）只有在满足下列不等式时是可行的：

$$F(Y_0, Y_1) \leqslant 0$$

如果 Y_0 或者 Y_1 的增长导致 $F(Y_0, Y_1)$ 的值增长，那么就称 F 函数是**递增的**。如果对任意的产出束（Y_0，Y_1）和（Y_0'，Y_1'）以及任意的 $0<t<1$， 37

$$F(t(Y_0, Y_1)+(1-t)(Y_0', Y_1')) \leqslant tF(Y_0, Y_1)+(1-t)F(Y_0', Y_1')$$

则称 F 是**凸函数**。如果 F 递增，那么生产可能性曲线向下倾斜。如果函数 F 是凸的，生产可能性曲线就是上凸的。换句话说，如果（Y_0，Y_1）和（Y_0'，Y_1'）是可行的，在其两点连线间的任意一点均是可行的。

为了阐明转换曲线（transformation curve）的含义，假定企业在时期 0 开始利用过去的投资产出了 $\overline{Y}_0$ 单位，企业可以继续投资 K_0 单位并且出售掉剩余的 $Y_0=\overline{Y}_0-K_0$。现在 K_0 单位的投资可以在将来生产 $Y_1=G(K_0)$（假定企业处于困境中未来没有新的投资）。那么企业可以生产任意组合的现在和未来产品（Y_0，Y_1）以出售，只要组合满足 $Y_0 \leqslant \overline{Y}_0$ 与 $Y_1=G(\overline{Y}_0-Y_0)$。

转换曲线 $F(Y_0, Y_1)$ 可以定义为：

$$F(Y_0,Y_1)=Y_1-G(\overline{Y}_0-Y_0)$$

那么企业应该选择怎样的 Y_0 和 Y_1 产出组合呢？通常，有很多因素可以指导企业的决策，但是在某些特定环境下企业可以忽略掉这些因素并且只考虑企业的市场价值。针对这个理论，我们只需要回顾关于消费者决策的讨论。假定企业由一个股东拥有，其占有企业所有的产出并将其视为收入。如果消费者可以以利率 i 进行任意额度的借贷，他所关心的是他的财富，即收入束 (Y_0, Y_1) 的现值，而与收入束 (Y_0, Y_1) 确切的时间分布无关。所以，如果企业想要最大化股东的福利，它应该最大化股东的财富。为了更准确地阐明这个道理，假定企业唯一的业主经理（owner-manager）可以选择企业的生产计划 (Y_0, Y_1) 与消费束 (C_0, C_1) 来达到跨期预算约束下的效用最大化。可以将这个决策问题表述如下：

$$\begin{aligned} &\max \quad U(C_0,C_1) \\ &\text{s. t.} \quad F(Y_0,Y_1)\leqslant 0 \\ &C_0+\frac{1}{1+i}C_1\leqslant W\equiv Y_0+\frac{1}{1+i}Y_1 \end{aligned}$$

显然 (Y_0, Y_1) 的选择仅通过跨期预算约束影响效用，并且任何增加企业
38 产出束现值的因素均会使消费者达到一个更理想的消费束。因此，上述消费和产出的联合决策等价于下列两个过程。第一，企业最大化其产出现值：

$$\begin{aligned} &\max \quad W\equiv Y_0+\frac{1}{1+i}Y_1 \\ &\text{s. t.} \quad F(Y_0,Y_1)\leqslant 0 \end{aligned}$$

产出的现值也被称为**企业的市场价值**（market value of the firm），所以这个运算律（operational rule）也可表述为企业最大化其市场价值。那么在企业市场价值给定时，消费者最大化其效用：

$$\begin{aligned} &\max \quad U(C_0,C_1) \\ &\text{s. t.} \quad C_0+\frac{1}{1+i},C_1\leqslant W \end{aligned}$$

其中 $W=Y_0+\frac{1}{1+i}Y_1$。图 2.5 表明了单一股东情况下的原理。

事实上，以上观点可以拓展到具有不同时间偏好的多股东情况。一些

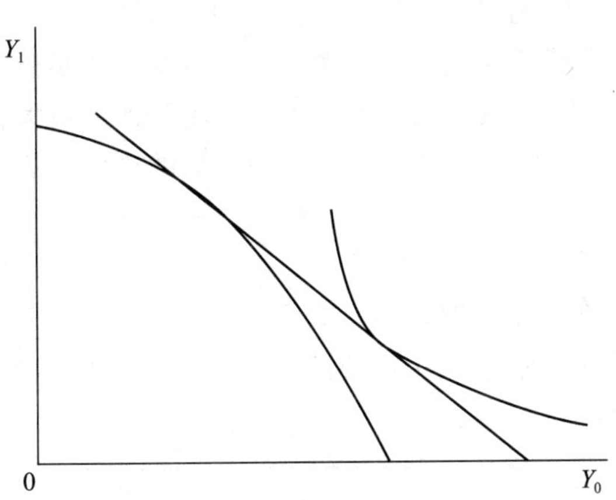

图 2.5　价值最大化与效用最大化

股东可能缺乏耐心并且想要现在消费更多，而另外一些可能更加耐心并且愿意推迟消费，但他们都会赞同能增加产出现期价值的生产上的改变，因为这会增加消费者财富。图 2.6 绘制了企业中两个占有相同份额的股东的情形。

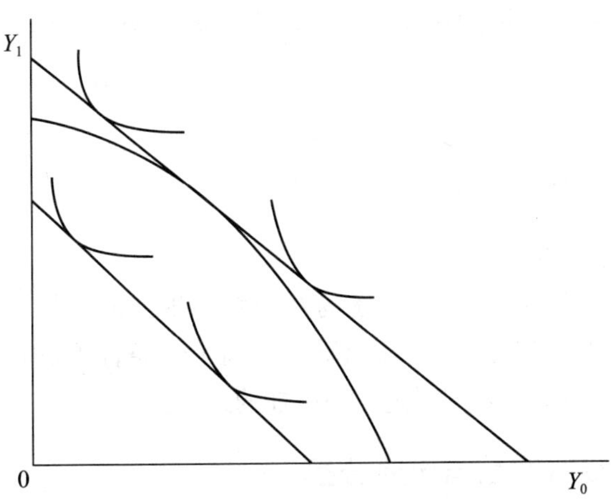

图 2.6　分离定理

他们拥有相同的预算约束，斜率为$-(1+i)$，即他们的预算约束平行于 39
与生产可能性边界（production possibility frontier）相切的最大化价值线。每个股东会选择消费预算约束下使效用达到最大化的商品束（C_0，C_1）。由于他们拥有用不同的无差异曲线表示的不同的时间偏好，每个股东会根据无差异曲线和预算线的切点选择一个不同的商品束。尽管如此，两位股东均赞同企业应该最大化其市场价值，因为市场价值的最大化会使股东的预算约束线达到最高。因为企业最大化市场价值的决策与股东最大化其效用的决策是相分离的，故称之为**分离定理**（the separation theorem）。

习题

3. 一个企业在时期 0 拥有 100 单位的商品。该企业拥有三个项目可以投资。每个项目需要时期 0I 单位的投入并且有时期 1Y_1 单位的产出。这些项目由下表表示：

项目	投资 I	产出 Y_1
1	20	30
2	30	48
3	50	70

当利率满足：$1+i=2$，1.5，1.1 时企业应该实施哪些项目？

40 假定企业可以实施部分项目，绘制企业的生产可能性曲线（Y_0 和 Y_1 的组合在技术上可行）。应用该图阐述贴现因素的变化是如何影响企业决策变动的。

2.2 不确定性

我们可以以相同的方式将传统的对消费和生产的分析扩展到跨期资源配置问题上，可以应用相同的理念研究不确定性条件下的风险分担。我们将借用一个简单的例子来阐明这个一般性的道理。

2.2.1 状态或有商品与风险分担

假定时间被分为两个时期，标记为 $t=0$，1。在时期 0（现在）存在一些关于未来的不确定因素。例如，某个人可能会对未来收入感到很不确定。我们用存在许多可能的**自然状态**来阐述这种不确定性。一种自然状态是对与个人决策相关的不确定的外生因素的完整描述。例如，天气对于种植农作物的农民来说可能是不确定的。农作物的产量取决于他对种植时间的安排，肥料的使用及天气等等。在这种情况下，我们认为天气就是自然状态。每一种状态都是对农作物生长期内天气的完整描述——雨量、气温等。农民决策的效果取决于一些可控参数（如种植时间）和自然状态。换句话说，一旦我们知道了农民的决策和自然状态，就能知道农作物的产量；但是即使是农民决定了所有可控的因素，由于状态是未知的，农作物的产量仍是不确定的。

下面我们假定个人收入是唯一的不确定因素，则收入是自然状态的函数。自然状态的值在时期 0 是未知的，在时期 1 就能确定它的值。简单地说，假定存在两种可能的状态 $s=H$，L，其中 H 代表“高”，L 代表“低”。

商品由于不同的物理特性、交付的日期及交付的状态而得以区分。因此，状态 H 时的消费与状态 L 时的消费分属不同的商品。如果一商品的交付受制于特殊的自然状态，我们称其为**状态或有商品**（contingent commodi- 41
ty）。通过这一定义，我们可以用状态或有商品束来描述收入和消费的不确定性。如果 Y_H 代表状态 H 时的未来收入，Y_L 代表在状态 L 时的收入，这一有序组合（Y_H，Y_L）则完全描绘了个人未来收入的不确定性。通过将（Y_H，Y_L）视作一束不同的（或有）商品，我们可以使用与不同物理特性的商品选择决策分析相同的方法来分析不确定情况下的选择。假设 $Y_H>Y_L$，即收入在状态 H 时较高。

关于不确定消费的个人偏好可以由状态或有商品束的效用函数来表示。用 $U(C_H$，$C_L)$ 代表消费者从状态或有商品束（C_H，C_L）中获得的效用，其中 C_H 代表状态 H 时的未来消费，C_L 代表状态 L 时的未来消费。之后介绍状态可能性的概念，区分个人的概率信念（probability belief）以及对风险的态度。这里的个人对于可能状态的概率信念和对于风险的态度都归入对状态或有商品束的偏好。

完全市场

有两种等价的方法可以达到有效风险分担，其中一种方法就是假定存在状态或有商品的**完全市场**。当经济中存在完全市场时称该经济为阿罗-德布鲁经济。在阿罗-德布鲁经济中，每个状态或有商品均存在一个市场和一个现行的价格，在该价格下，只要消费者愿意，他就可以在预算约束下尽可能多地进行商品交易。令 p_H 和 p_L 分别代表状态 H 和状态 L 时的状态或有商品的价格。消费者的收入由两类不同数量的状态或有商品组成，状态 H 时 Y_H 单位的商品和状态 L 时 Y_L 单位的商品。我们可以根据完全市场来给不确定的收入束定价，即消费者的财富是 $p_H Y_H + p_L Y_L$。于是代表消费支出必须少于或者等于其财富的消费者预算约束可表示为：

$$p_H C_H + p_L C_L \leqslant p_H Y_H + p_L Y_L$$

消费者可以负担任何满足其预算约束的状态或有商品束（C_H，C_L），他会在
42 约束下选择使效用 $U(C_H$，$C_L)$ 最大化的消费束。图 2.7 说明了这一消费者决策问题。

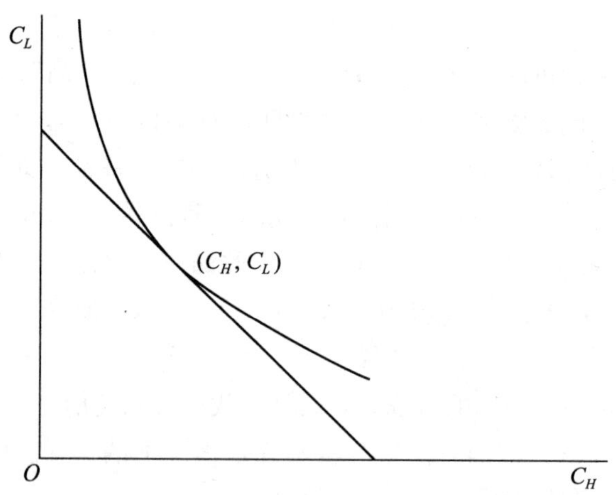

图 2.7　不确定条件下的效用最大化

阿罗证券（Arrow securities）

完全市场的假设虽然保证了风险的有效分担，但是假设每一种状态或有商品都可以在初始期进行交易并不现实，因为这样的状态或有商品的数量在现实中是巨大的，虽然在我们给出的简单例子中只有两个。幸运的是，存在另外一个在有效性上等价的形式可以应用，并且其对市场个数的要求更少。更确切地说，它要求证券和商品在任何时期均可以在现货市场上进行交易，但是现货市场的总量个数要远少于状态或有商品的总量个数。

另外一个分析风险分担的方法是利用**阿罗证券**（Arrow securities）的想法。我们定义给定状态下的阿罗证券为仅在此状态下支付为 1 单位货币（或者抽象的 1 单位账户），其他任意状态下的支付为 0 的证券。在上述例子中，存在两种阿罗证券，分别对应着状态 H 和状态 L。令 q_H 代表状态 H 阿罗证券的价格，q_L 代表状态 L 阿罗证券的价格。换句话说，q_H 代表在时期 1 仅在状态 H 下支付 1 单位账户的资产（1“美元”）的价格，q_L 代表在

时期 1 仅在状态 L 下支付 1 单位账户的资产的价格。一个消费者可以在时期 0 交易阿罗证券用以规避时期 1 的收入风险。用 Z_H 和 Z_L 分别代表状态 H 和 L 时对阿罗证券的超额需求。[①] 如果 $Z_s>0$ 则消费者为阿罗证券多头（要约购买），如果 $Z_s<0$ 消费者为空头（要约出售）。假定消费者在时期 0 没有收入（这个时期的存在仅仅是为了使个体在时期 1 规避风险），所以消费者需要卖掉一种证券来购买另一种证券以平衡预算。假设消费者选择了一个阿罗证券的组合 $Z=(Z_H，Z_L)$，那么在时期 1，状态已知，如果状态 H 发生，他的预算约束将会是：

$$\hat{p}_H C_H \leqslant \hat{p}_H Y_H + Z_H \tag{2.3}$$

如果状态 L 发生，他的预算约束将会是：

$$\hat{p}_L C_L \leqslant \hat{p}_L Y_L + Z_L \tag{2.4}$$

消费者会在时期 0 的预算约束 $q_H Z_H + q_L Z_L \leqslant 0$ 以及约束（2.3）与约束（2.4）的条件下，选择组合 Z 和消费束（C_H，C_L）以达到 $U(C_H，C_L)$ 的最大化。由于 $Z_H=\hat{p}_H(C_H-Y_H)$ 且 $Z_L=\hat{p}_L(C_L-Y_L)$，则时期 0 的预算约束等价于 $q_H\hat{p}_H(C_H-Y_H)+q_L\hat{p}_L(C_L-Y_L)\leqslant 0$ 或者

$$q_H\hat{p}_H C_H + q_L\hat{p}_L C_L \leqslant q_H\hat{p}_H Y_H + q_L\hat{p}_L Y_L$$

如果我们将其中的 $p_H=q_H\hat{p}_H$ 和 $p_L=q_L\hat{p}_L$ 当作状态或有商品的价格，C_H 和 C_L 为状态或有商品的需求，则上式看起来像标准的预算约束。

既然已经了解了如何用状态或有商品来阐明风险分担，我们就能够使用标准框架分析有效风险分担。图 2.8 埃奇沃斯（Edgeworth）盒状图中的坐标轴分别对应状态 H 与 L 时的消费。消费者在预算约束下最大化其效用的竞争性均衡导致了状态或有商品的有效配置，即有效的风险分担。

通常情况下，有效性的条件包括两个消费者的边际替代率相等，但是这里的解释有所不同。我们使两种状态下消费的边际替代率相同而非两种 44
不同的（实物）商品的边际替代率相同。这里的边际替代率会反映个体对于每种可能的状态的主观概率信念和对风险的态度。

① 每个代理人均从阿罗证券的净供给为 0 开始，之后在一个状态发行证券以支付在另一个状态时购买的证券。向量代表代理人对每个证券的净需求或者超额需求：如果证券的供给（等于负的超额需求）为正值，则 Z_s 为负；如果净需求为正，则 Z_s 为正。

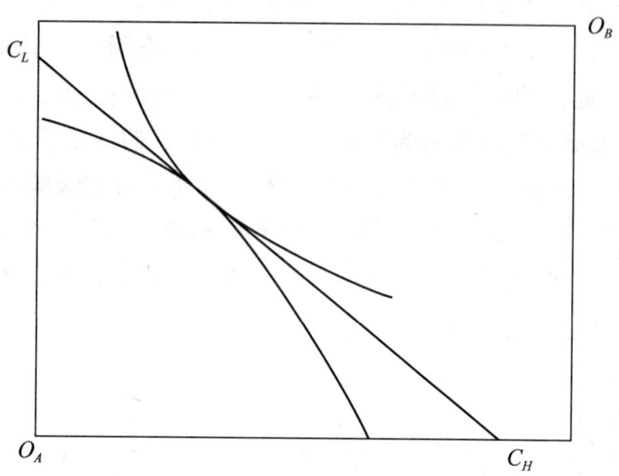

图 2.8　两个代理人时的有效风险分担

2.2.2　对风险的态度

我们将利用一种特别的效用函数，**冯·诺依曼-摩根斯坦**（von Neumann-Morgenstern）（VNM）效用函数，来分析个体对于风险的态度。标准的效用函数是定义在状态或有商品束上的，而 VNM 效用函数是定义在特定状态下的消费数量上的。冯·诺依曼和摩根斯坦指出，在某些条件下，理性的个体会做出使期望的 VNM 效用达到最大的行为。如果个体满足 VNM 理论的假设，他总会做出使其期望效用最大化的决策。为了解释这个理论的实际含义，令 $U(C)$ 代表时期 1 消费 C 单位商品的 VNM 效用，假设状态 s 发生的概率为 $\pi_s>0$，$s=H$，L，那么消费计划（C_H，C_L）的期望效用就表示为 $\pi_H U(C_H)+\pi_L U(C_L)$。我们之前遇到的消费者决策问题可以重新表述为：

$$\begin{aligned}\max \quad & \pi_H U(C_H)+\pi_L U(C_L)\\ \text{s.t.} \quad & q_H C_H+q_L C_L\leqslant q_H Y_H+q_L Y_L\end{aligned}$$

45 此问题解的一阶条件是：

$$\pi_s U'(C_s)=\mu q_s$$

这里 $s=H$，L，其中 $U'(C_s)$ 是状态 s 和 μ（预算约束下的拉格朗日乘数）时消费的边际效用，即为货币的边际效用。注意状态 s 下的边际消费效用

乘以状态 s 的概率（期望的边际效用）与此状态下消费的价格成比例。那么一阶条件可以理解为状态 s 时 1 单位消费的期望边际效用等于它的边际成本。

通常认为个人都是**风险厌恶**者，即人们规避风险除非接受风险能获得一定的好处。这一特征最明显的例子就是购买保险的倾向。我们可以将风险厌恶和个人对风险的态度用 VNM 效用函数进行描述。图 2.9 为 VNM 效用函数的图形。随着收入增加效用也在增加（边际消费效用为正），但是随着收入增长效用函数逐渐变平（消费的边际效用递减）。

当且仅当 VNM 效用函数严格凹时它的消费的边际效用递减。如果一个 VNM 效用函数对任意的消费水平 C 和 C'（$C\neq C'$）及 $0<t<1$，满足不等式

$$U(tC+(1-t)C')>tU(C)+(1-t)U(C') \tag{2.5}$$

则称该函数是**严格凹**的。

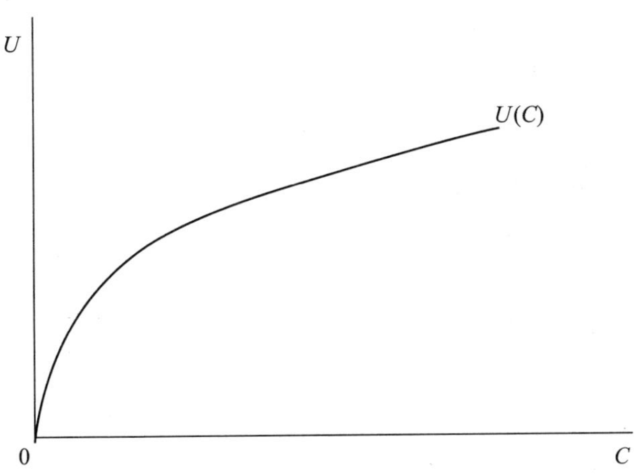

图 2.9　冯诺依曼-摩根斯坦效用函数

VNM 效用函数的凹性可以理解为对风险的态度。为了认识这一点，假 46
定某人获得一张彩票，以 t 的概率获得 C，$1-t$ 的概率获得 C'。如果他的 VNM 效用函数是严格凹的，他将更偏好彩票的期望值 $tC+(1-t)C'$，而非彩票本身。这是因为彩票的期望效用（不等式的右边）小于彩票期望值的效用。如果个人拥有递减的边际收入效用则效用函数将是严格凹的。满足递减的边际收入效用假设的个人被称为风险厌恶者。（画出递增边际收入效用的效用函数图形，比较这两种选择。满足此条件的个人被称为**风险偏好**

者)。

那么我们的结论是，面对风险收入分布和同样期望值的退化分布之间的选择，风险厌恶者总会选择没有风险的那一种。接下来，我们假设 VNM 效用函数是凹的，因此，个人为风险厌恶者。

风险厌恶与效用函数的弯曲度有关，尤其是与边际收入效用递减有关。从数学的角度来说，这意味着效用函数的二阶导数 $U''(C)$ 小于或等于零。如果能用 $U''(C)$ 度量风险厌恶将会是很理想的。然而，VNM 效用函数仅仅由仿射变换决定，即对任意常数 α 和 $\beta>0$，VNM 效用函数 $\alpha+\beta U$ 在反映对待风险的态度方面等价于 U。那么，我们必须寻找一种独立于 α 和 $\beta>0$ 的度量方法。两种度量方法是可行的，其中一个是绝对风险厌恶程度：

$$A(C)=-\frac{U''(C)}{U'(C)}$$

另一个是相对风险厌恶程度：

$$R(C)=-\frac{U''(C)C}{U'(C)}$$

在风险厌恶程度和个人对于承担风险所要求的风险补偿之间存在着一个简单的关系。假定某个人拥有财富 W 并且拥有玩以下彩票的权利。他以 0.5 的概率赢得小额的 h，有 0.5 的概率输掉 h。由于彩票的期望值为零，
47 个人的期望收入不会因彩票而改变。既然一个风险规避者会选择确定性的收入 W 而非拥有同样期望价值的不确定收入，他将拒绝玩此彩票。风险溢价 a 是他玩此彩票所必须得到的最小补偿数额，即，a 满足等式：

$$U(W)=\frac{1}{2}U(W+a-h)+\frac{1}{2}U(W+a+h)$$

将等式右边进行泰勒级数展开，如果 h 很小，

$$U(W)\approx U(W)+U'(W)a+\frac{1}{2}U''(W)h^2$$

则，

$$a\approx-\frac{U''(W)}{U'(W)}\frac{h^2}{2}=A(W)\frac{h^2}{2}$$

所以风险溢价 a 等于绝对风险厌恶程度与彩票方差（一种风险的度量）一半的乘积。如果彩票以等概率盈利或亏损 hW，可由相对风险厌恶度进行类似

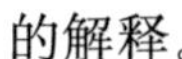

的解释。

如果绝对风险厌恶度是常数，VNM 效用函数一定为以下形式：

$$U(C)=-e^{-AC}$$

$A>0$ 是绝对风险厌恶度。如果相对风险厌恶度为常数并且不等于 1，则：

$$U(C)=\frac{1}{1-\sigma}C^{1-\sigma}$$

其中 $\sigma>0$ 是相对风险厌恶度，当 $\sigma=1$ 时这个公式不成立；然而，当 $\sigma\rightarrow 1$ 时效用函数定义为：

$$U(C)=\ln C$$

其中 $\ln C$ 代表 C 的自然对数。

相对或者绝对风险厌恶度越高，具有 VNM 效用函数 $U(C)$ 的个人的风险厌恶度越高。

2.2.3　保险与风险汇合

回到之前分析的有效风险分担的例子，我们能够应用消费者具有 VNM 48
效用函数的假设更确切地描绘有效风险分担。假设存在两个具有 VNM 效用函数 U_A 和 U_B 的个体 A 和 B，收入分布分别是（Y_{AH}，Y_{AL}）和（Y_{BH}，Y_{BL}）。如果给定两个状态下消费的有效分配 $\{(C_{AH},C_{AL}),(C_{BH},C_{BL})\}$，那么边际替代率之间的等式可以写为：

$$\frac{U_A'(C_{AH})}{U_A'(C_{AL})}=\frac{U_B'(C_{BH})}{U_B'(C_{BL})}$$

概率没有出现在这个等式中是因为假设 A 和 B 拥有相同的概率信念，同时出现在等式两边，所以相互抵消。

有意思的是如果某位消费者是**风险中性**的，考虑将会发生什么。我们说一个消费者如果有以下的 VNM 效用函数形式，那么他是风险中性的：

$$U(C)\equiv C$$

一个风险中性的消费者仅仅关心收入或消费的期望值。换句话说，他的期望效用就是消费的期望值。假定消费者是风险中性者，那么他的边际效用在任何状态下均等于 1。将此代入有效率条件，有：

$$\frac{U_A'(C_{AH})}{U_A'(C_{AL})}=1$$

这意味着 $C_{AH}=C_{AL}$。所有的风险都被风险中性者 B 吸收，留给消费者 A 一定量的消费。

风险中性是非常特殊的性质，但是在某些情况下风险厌恶者能够达到相同的效应。首先要更仔细地考虑最优消费分配是如何取决于收入的，注意有效恒等式表明当且仅当 $U'_B(C_{BH})<U'_B(C_{BL})$ 时有 $U'_A(C_{AH})<U'_A(C_{AL})$。由于消费的边际效用递减，这意味着当且仅当 $C_{BH}>C_{BL}$ 时 $C_{AH}>C_{AL}$。据此，我们很快可以得出最优消费分配只取决于二者的总收入。令
49 $Y_s=Y_{As}+Y_{Bs}$，其中 $s=H$，L。可行性要求在任意状态下总消费等于总收入：

$$C_{As}+C_{Bs}=Y_s$$

其中 $s=H$，L。因此，当且仅当总收入增加时才会有每个消费者消费量的增加。这个特性被称为两个消费者间的相互保险（coinsurance）：在他们的消费水平同时上升和下降的条件下，他们向对方提供保险。特别的，如果两个状态下的总收入相同 $Y_H=Y_L$，则 $C_{AH}=C_{AL}$ 并且 $C_{BH}=C_{BL}$。如果总收入恒定，无论个体收入如何浮动，消费分配都会恒定。

当只有两个消费者时，恒定的总收入取决于一个很不寻常的巧合：当 A 的收入增加时，B 的收入有同样幅度的减少。当存在大量的消费者时，只要假设不同的消费者之间的收入是相互**独立**的，通过大数定律同样的结果自然会产生。事实上，保险公司会这样做：它们将大量相互独立的风险集中起来，这样总产出基本恒定，那么它们能够保证每个个体得到一个恒定水平的消费。假定存在大量的消费者 $i=1, 2, \cdots$，他们的随机收入相互独立并且具有相同的概率分布：

$$Y_i=\begin{cases}Y_H & \text{以概率 } \pi_H \text{ 取得}\\ Y_L & \text{以概率 } \pi_L \text{ 取得}\end{cases}$$

大数定律保证了平均收入以概率 1 等于个体收入的期望值 $\bar{Y}=\pi_H Y_H+\pi_L Y_L$。保险公司能够保证每人一个恒定的消费水平，因为平均的总收入基本恒定。

2.2.4 资产组合选择

应用阿罗证券有效地分配收入风险是个体在不确定环境下决定如何进

行投资的资产组合选择问题的特例。通过考察两类证券的特殊情况，一个是无风险资产，另一个是风险资产，我们能够更深入地了解资产组合选择问题。

像之前一样，我们假定存在两个时期 $t=0$，1 和两种状态 $s=H$，L，并 50
且每个时期只消费一种商品。如果投资者在时期 0 拥有初始财富 $W_0>0$ 并且能够在两类资产中进行投资。一种是**无风险资产**，时期 0 在无风险资产上的每单位投资均会在时期 1 得到 1 单位商品，另一种是**风险资产**，时期 0 在风险资产上的每单位投资将会在时期 1 和状态 $s=H$，L 时得到 $R_s>0$ 单位的商品。我们假定投资者的风险偏好由 VNM 效用函数 $U(C)$ 表示，并且状态 s 的概率为 $\pi_s>0$，$s=H$，L。

投资者的资产组合可以用对风险资产投资占财富的比例 θ 表示。即，他的资产组合包括 θW_0 单位的风险资产和 $(1-\theta)W_0$ 单位的无风险资产。他未来的消费将取决于他的资产组合选择以及风险资产的回报。令 C_H 和 C_L 分别代表高和低状态时的消费。则：

$$C_s=R_s\theta W_0+(1-\theta)W_0$$

其中 $s=H$，L。投资者选择可以最大化其未来消费的期望效用的资产组合。则，他的决策问题是：

$$\begin{aligned}&\max_\theta \quad \pi_H U(C_H)+\pi_L U(C_L)\\&\text{s. t.} \quad C_s=R_s\theta W_0+(1-\theta)W_0,s=H,L\end{aligned}$$

将 C_H 和 C_L 代入目标函数，可得期望效用是 θ 的函数，记之为 $V(\theta)$。最优资产组合 $0<\theta^*<1$ 满足一阶条件 $V'(\theta^*)=0$，即：

$$\pi_H U'(C_H)(R_H-1)+\pi_L U'(C_L)(R_L-1)=0$$

最优选择见图 2.10。可达到的消费分配集（C_H，C_L）由两端点（W_0，W_0）和（$R_H W_0$，$R_L W_0$）之间的线段表示。如果投资者将全部财富投资于无风险资产 $\theta=0$，那么他在任意状态下的未来消费将会是 $C_H=C_L=W_0$。如果将全部财富投资于风险资产，那么他在高状态时的未来消费是 $R_H W_0$，低状态为 $R_L W_0$。如果将财富中的 θ 部分投资到风险资产中，他的消费束（C_H，C_L）是两端点的权重为 $1-\theta$ 和 θ 的凸组合。换句话说，通过风险资产的比例在 0 到 1 间的变化可以做出两端点之间的线段。

投资者的无差异曲线和消费曲线的切点即为最优的资产组合选择。相切条件即是上述一阶条件的几何表示。

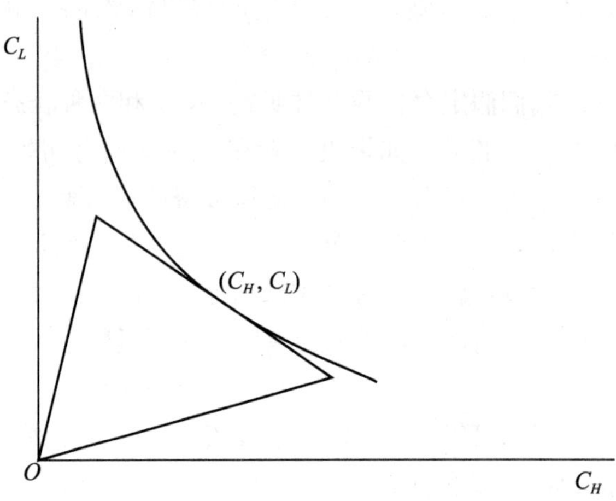

图 2.10　两种资产时的最优组合选择

51　根据投资者的风险偏好和回报率，最优资产组合可能全是无风险资产，全是风险资产，或者是二者的组合。探讨在何种情况下如上的每种可能性会出现是饶有兴趣的。为了研究这个问题，我们需要更多地了解无差异曲线和可行集的斜率。

可行集的斜率很容易计算。比较将所有收入投资于无风险资产的组合和全部投资于风险资产的组合，C_H 的变化量为 $\Delta C_H = W_0 - W_0 R_H$，$C_L$ 的变化量为 $\Delta C_L = W_0 - W_0 R_L$，则斜率为：

$$\frac{\Delta C_L}{\Delta C_H} = \frac{W_0 - W_0 R_L}{W_0 - W_0 R_H} = \frac{1 - R_L}{1 - R_H}$$

如果 $R_L < 1 < R_H$，则斜率为负。

一个无差异曲线是一组满足下列等式的类似于（C_H，C_L）点的集合：

$$\pi_H U(C_H) + \pi_L U(C_L) = \text{常数}$$

考虑无差异曲线上的一个微小移动（$\mathrm{d}C_H$，$\mathrm{d}C_L$），它必须满足等式

$$\pi_H U'(C_H)\mathrm{d}C_H + \pi_L U'(C_L)\mathrm{d}C_L = 0$$

“解”这个等式可以得出无差异曲线的斜率：

$$\frac{\mathrm{d}C_L}{\mathrm{d}C_H} = -\frac{\pi_H U'(C_H)}{\pi_L U'(C_L)}$$

现在我们来分析不同的可能性。对于内点解 $0<\theta^*<1$，无差异曲线的斜率必须等于可行集的斜率，或者说：

$$\frac{\pi_{\mathrm{H}}U'(C_H)}{\pi_{\mathrm{L}}U'(C_L)}=\frac{1-R_L}{R_H-1}$$

它的一个充分必要条件是在点（R_HW_0，R_LW_0）处，无差异曲线比可行集更平坦，在点（W_0，W_0）处无差异曲线更陡峭。即为：

$$\frac{\pi_HU'(W_0)}{\pi_LU'(W_0)}>\frac{1-R_L}{R_H-1}>\frac{\pi_{\mathrm{H}}U'(R_HW_0)}{\pi_{\mathrm{L}}U'(R_LW_0)}$$

左边的不等式可以简化为

$$\frac{\pi_{\mathrm{H}}}{\pi_L}>\frac{1-R_L}{R_H-1}$$

或者 $\pi_HR_H+\pi_LR_L>1$。换句话说，投资者会持有正的风险资产当且仅当风险资产的期望回报大于无风险资产的回报。这是有意义的，否则，承担风险就没有回报。不等式的右边意味着：

$$\frac{1-R_L}{R_H-1}>0$$

或者说 $R_L<1<R_H$。换言之，当风险资产在低状态下会产生资本损失时，投资者将会持有安全资产。否则，风险资产（总是支付更高的回报）占优于无风险资产。注意，即使风险资产有时会产生损失，投资者仍可能选择将所有财富投资于风险资产，这取决于其对风险的态度和风险—回报间的权衡。

2.3　流动性

流动性一词的使用在这里有两个含义。首先，如果资产可以比较容易地转化为消费品并且没有价值损失，我们称其为流动的；其次，如果消费者对于他们消费的时间不确定并且渴望持有流动资产，我们称这样的个体具有流动性偏好。

流动性资产

我们再次利用一个简单的例子来解释这个重要观点。把时间划分为三 *53*

部分，标记为 $t=0$，1，2。每一期均存在一种商品，既可以用于消费又可以用于投资。

消费者可以利用两种资产来提供未来的消费，一种是短期的流动资产，一种是长期的非流动资产。之后，分别简称为**短期**和**长期**资产。从投资技术的角度，每种资产的规模报酬不变。短期资产由时期 t1 单位的商品在时期 $t+1$ 转化为 1 单位商品的贮藏技术表示，$t=0$，1。而长期资产由时期 0 的 1 单位商品转化为时期 2 的 $R>1$ 单位商品的投资技术表示。我们假定长期资产的回报是确定的。这样的假定可以简化分析，并且使我们集中于另一个不确定性的来源，即个人时间偏好的不确定性。

资产到期的时间和回报之间有个权衡。长期资产的到期需要花费两个时期，但是回报更高；短期资产在一个时期后到期但是回报较少。这个权衡刻画了不同的到期债券的投资收益曲线的特点，可以看到短期到期的债权的回报比长期到期的要低。长期资产的高回报既可以看作是持有非流动资产所带来的不便性的回报，也可视为间接生产方式更高生产力的反映。

流动性偏好

我们将流动性偏好看作是时间偏好不确定性的结果。假设一个消费者在时期 0 拥有 1 单位商品的禀赋，在未来没有禀赋。所有的消费发生在未来时期 1 或时期 2 中的其中一期，但是消费者在时期 0 不能确定消费的确切日期。更确切地说，假设有两类消费者，**前期消费者**仅想在时期 1 消费，**后期消费者**仅想在时期 2 消费。在时期 0 消费者并不知道自己所属的类型，仅仅知道成为前期消费者或后期消费者的可能性。令 λ 代表成为前期消费者的可能性，$1-\lambda$ 代表成为后期消费者的可能性。消费者在时期 1 开始时获知自己是前期或后期消费者。

时间偏好的不确定性是经济学家建立所谓“流动性冲击”模型的简单方法，即未预期到的需求源自某一事件的发生而改变了其偏好。这样的事
54 件可能是一个突然的支出需求，或者未预期到的投资机会的到来，或者是早期扩张计划的未预期到的成本增加。我们可以用 λ 度量消费者流动性偏好的程度。其他因素不变时，他会期望自己的投资得到尽可能多的回报。但是如果他对消费的时间不确定，我们同样会关注流动性，即短期内实现资产价值的可能性。如果 λ 为 1，消费者流动性偏好会比较高，因为他不能等到时期 2 来获得长期资产的高回报。如果 λ 为 0，消费者将没有流动性

偏好，因为他持有长期资产不会带来任何不便。如果 λ 介于 0 和 1 之间，消费者对于消费时间的不确定性就产生了问题。如果消费者知道他自己是后期消费者，他会投资长期资产因为有较高的回报；如果知道自己是前期消费者，他会持有短期资产尽管相对回报较低。由于消费者对于自己的类型并不清楚，如果被证明是后期消费者，他会后悔持有短期资产，如果被证明是前期消费者，他同样会后悔持有长期资产。消费者所持有的最优组合取决于风险厌恶度、流动性偏好以及长期资产的回报（产出曲线的斜率）。

自给自足经济中的投资（Investment under autarky）

假定消费者拥有单期效用函数 $U(C)$，令 C_1 和 C_2 分别代表时期 1（如果他是前期消费者）和时期 2（如果他是后期消费者）的消费量。那么消费束的期望效用为：

$$\lambda U(C_1)+(1-\lambda)U(C_2)$$

每期的消费由时期 0 的资产组合选择决定。令 θ 代表投资在短期资产中的财富比例，回顾一下，他在时期 0 的初始禀赋为 1 单位商品，那么投资的短期资产为 θ，长期资产为 $1-\theta$。由于他无法消费长期资产的回报，那么他在时期 1 的消费为：

$$C_1=\theta$$

由于短期资产的回报可以在时期 1 重新投资于短期资产并且在时期 2 进行消费，所以时期 2 的消费为：

$$C_2=\theta+(1-\theta)R$$

注意除了 $\theta=1$ 时，均有 $C_1<C_2$，所以消费者面对一些风险，如果他是风险 55
厌恶者，与确定的消费期望值 $\bar{C}=\lambda C_1+(1-\lambda)C_2$ 的情况相比，他将会损失一定的期望效用。当然，如果他想完全规避风险，则会选择 $\theta=1$，但是代价是他的平均消费会降低。

消费者的决策问题是选择 θ 来最大化

$$\lambda U(\theta)+(1-\lambda)U(\theta+(1-\theta)R)$$

在内点解上，θ 的最优值满足：

$$\lambda U'(\theta)+(1-\lambda)U'(\theta+(1-\theta)R)(1-R)=0$$

例如，如果$U(C)=\ln C$，那么一阶条件变为

$$\frac{\lambda}{\theta}+\frac{(1-\lambda)}{\theta+(1-\theta)R}(1-R)=0$$

或者说

$$\theta=\frac{\lambda R}{R-1}$$

投入到短期资产中的财富将随着λ的增大而上升，随着R的增大而下降。注意，对任意的λ大于$1-1/R$，有$\theta=0$。

风险汇合

如前所述，只要消费者无法完全预见自己的类型，一定会后悔自己做出的未来消费需求的尝试。如果他对流动性冲击很有把握则情况会好些。假设存在大量的消费者，事前他们完全一样，并具有相同的流动性冲击，即成为前期消费者的概率均为λ。如果我们进一步假设流动性冲击是独立的，那么大数定律说明不存在总的不确定性。无论单个消费者发生什么，总人口中成为前期消费者的比例一定是λ。这提供了风险汇合和提供更好的回报和流动性组合的潜在可能。

为了认识这是如何做到的，假设某金融中介负责大量消费者禀赋的投
56 资问题并为他们提供消费。该金融中介在时期0获得禀赋，并且θ部分投资于短期资产，$1-\theta$部分投资于长期资产。在时期1为前期消费者提供C_1单位的消费，在时期2为后期消费者提供C_2单位的商品。金融中介和个人消费者之间主要的不同是金融中介不面临不确定性：确切地知道λ比例的客户将会是前期消费者。所以，它确切知道时期1和时期2的消费需求。在时期1金融中介需要提供人均λC_1，在时期2需要提供人均$(1-\lambda)C_2$。由于短期资产的回报低于长期资产，金融中介将持有最少量的短期资产以提供给时期1的前期消费者，即$\theta=\lambda C_1$，并且以长期资产的形式持有余下的资产组合。那么中介的计划是可行的，如果

$$\lambda C_1=\theta$$

并且，

$$(1-\lambda)C_2=(1-\theta)R$$

中介的决策问题是：

$$\begin{aligned}\max \quad & \lambda U(C_1)+(1-\lambda)U(C_2)\\ \text{s. t.} \quad & \lambda C_1=\theta\\ & (1-\lambda)C_2=(1-\theta)R\end{aligned}$$

如果将 C_1 和 C_2 代入目标函数，得到：

$$\lambda U\left(\frac{\theta}{\lambda}\right)+(1-\lambda)U\left(\frac{(1-\theta)R}{1-\lambda}\right)$$

且关于 θ 的最大化的一阶条件是

$$U'(C_1)-U'(C_2)R=0$$

注意，涉及的 λ 在等式中消掉了。在之前的例子中效用函数是 $U(C)=\ln C$，一阶条件意味着 $C_2=C_1R$，或者说

$$\theta=\lambda$$

2.4　结束语

本章介绍了与本书内容相关的金融和经济基本理论框架。如果读者想 57
要了解更多相关内容可以查阅相关教科书，例如马斯科莱尔等（Mas-Collel et al.，1995）。

参考文献

Mas-Collel，A.，M. Whinston，and J. Green（1995）. Microeconomic Theory，Oxford：Oxford University Press.

第 3 章　中介与危机

58　如第 1 章所述，除了 1945—1970 年间布雷顿森林（Bretton Woods）体系时期外，在过去的 150 年里，金融危机频繁发生。传统上有两条途径解释危机：第一种宣称危机来源于恐慌；第二种宣称危机源自经济基本面的恶化，即商业周期的一部分。两种观点均历史悠久。例如，弗里德曼和施沃兹（Friedman and Schwartz，1963）、金德尔伯格（Kindleberger，1978）认为许多银行危机起源于无保证的恐慌，大多数银行是因流动资金不足而非无力偿还债务而倒闭。米切尔（Mitchell，1941）及其他一些学者则提出另一观点，认为当存款人确信基本经济状况在不久的将来会恶化时，金融危机就易爆发。在这种情况下，存款人预期到银行违约而导致银行无法偿还自己的存款，因而现在就到银行提款。此时存款人预期银行无能力偿付存款而非流动资金不足。在本章，两种方法都会涉及。

尽管银行经济理论可追溯到 200 年前，但是直到最近，当代意义上的银行模型才在布赖恩特（Bryant，1980）及戴蒙德和迪布维格（Diamond and Dybvig，1983）开创性的论文中提出，这些论文的发表标志着现代银行经济理论的重要发展。尽管这些论文的目的在于解释银行挤兑问题，但具有同等重要意义的是它提供了银行有别于其他金融机构的微观经济解释。事实上，论文从四个方面对银行理论作出了贡献：

- 关于银行资产的**期限结构**，揭示了资产流动性低但收益高的特性；
- **流动偏好**理论，以此构建跨期消费不确定性的模型；
- 将银行表述为为存款人提供规避流动性（偏好）冲击**保险**的中介；
- 对存款人引发的银行挤兑进行了解释。在戴蒙德和迪布维格（1983）的论文中，银行挤兑是**自验预言或恐慌**的结果；在布赖恩特（1980）的论文中，银行挤兑是**经济基本面恶化**的结果。

本章第 3.1 节—3.4 节主要描述银行模型，该模型建立在布赖恩特 *59*
（1980）和戴蒙德和迪布维格（1983）模型基础上并将这些部分融合在一起（见第 2 章导入这些观点发展的部分）；第 3.5 节和第 3.6 节构建基于恐慌的危机模型；第 3.7 节构建基于经济基本面的危机模型；第 3.8 节介绍全局博弈方法在寻求唯一均衡解上的应用；第 3.9 节是文献回顾，第 3.10 节则为结束语。

3.1　流动性问题

众所周知，银行具有流动性负债和非流动性资产。换句话说，银行是借短贷长。这使得银行在突发的流动性需求（银行挤兑）面前是脆弱的。不仅如此，这种期限的不匹配反映了以下经济结构：消费者偏好短期流动性资产，但最有利可图的投资机会往往需要更长时间才有收益。银行是有效弥合内涵于技术的期限结构和流动性偏好之间的桥梁。

我们采用第 2 章引入的时期结构，假设有三个时期分别为 $t=0$，1，2。在每一时期，有单一的商品可用于消费和投资，并以此商品作为计价单位。

定义两类资产如下：

● 流动性资产（也称为短期资产），其技术规模报酬不变，在时期 t 投入 1 单位商品，则在时期 $t+1$ 期转化成 1 单位商品，$t=0$，1。

● 非流动性资产（也称为长期资产），其技术规模报酬不变，在时期 0 投入 1 单位商品，在时期 2 转化成 $R>1$ 单位商品；如果长期资产在时期 1 提前清算，则每单位只能变现 $r(0<r\leqslant 1)$ 单位商品。

在时期 0，存在大量的（严格意义上说是一个闭联集的）事前同质的经济代理人（消费者、存款人）①，每一位代理人在时期 0 具有 1 单位商品的禀赋，但在随后各时期什么也没有。为了将来的消费，代理人将不得不直接或间接地在长期资产和短期资产之间进行投资。

60 代理人的时间偏好在时期 1 开始时易受到随机冲击。代理人是一个前期消费者（只有时期 1 的消费才有价值）的概率为 λ；为后期消费者（只有时期 2 的消费才有价值）的概率为 $1-\lambda$。代理人的（随机）效用函数 $u(c_1, c_2)$ 为：

$$u(c_1,c_2)=\begin{cases}U(c_1) & \text{概率为 } \lambda \\ U(c_2) & \text{概率为 } 1-\lambda\end{cases}$$

在此 $c_t\geqslant 0$ 表示消费者在时期 $t=1$，2 的消费，$U(\cdot)$ 是新古典效用函数（递增，严格凹，两阶连续可导）。由于存在大量的代理人且他们的偏好冲击是独立事件，因此满足大数定律。这样可以假设前期消费者的比例是常数且等于成为前期消费者的概率。尽管每一个代理人是前期还是后期的类型不确定，但总人数中每一类型的比例是确定的，即前期消费者的比例为 λ，后期消费者的比例为 $1-\lambda$。

这一简单的例子可用来说明流动性偏好问题。如果某个代理人在时期 0 知道自己的类型，则他会投资于在其需要时正好能供给他消费的资产。例如，如果他是前期消费者，他会将其禀赋全部投资于短期资产，从而在时期 1 正好他想消费时带来 1 单位的收益；如果他是后期消费者，他的禀赋将全部投资于长期资产，这将产生更高的收益，在时期 2 恰好他意欲消费时带来 R 单位收益。然而问题恰恰是当他必须投资时却并不知道他什么时候需

① 用单位区间［0，1］表示代理人集合，区间内每一点代表不同代理人。将整个集合标准化为 1，则任何部分代理人的子集可通过勒贝格（Lebesgue）测度测定。大量的微不足道的代理人假设保证了完全竞争，即任何人都没有足够的市场势力来影响均衡交易条件。

要消费。如果他投资了短期资产但却为后期消费者，他将后悔没有投资于高产出的长期资产；如果他投资了长期资产但却为前期消费者，他将没有东西可供消费，显然也会后悔没有投资短期资产。即使他对两种资产进行混合投资，他仍然会有正概率的后悔。这就是资产期限和时间偏好之间的匹配问题，金融中介正是用来解决这一问题的。

3.2　市场均衡

在利用金融中介解决流动性问题之前，先来考虑一个市场解（Market Solution）。我们在第 2 章中提出投资期限和时间偏好的匹配问题时，曾假设代理人处于自给自足的状态，即他不能进行资产交易，不得不通过他自 61
己的投资组合产生的收益进行消费。自给自足的假设是不切实际的，代理人通常可以选择出售长期资产去实现这些资产的流动性价值。事实上，资产市场的一个主要目的就是为代理人持有的不同形式非流动性资产提供流动性。因此，考察长期资产能在市场上出售（清算）将发生什么，进而观察这是否就解决了资产期限和时间偏好匹配问题很有意义。

在本节，假设存在这样一个市场：当消费者在时期 1 发现自己的真实类型后可以在这个市场售出其所持有的长期资产。如果他发现自己是一个前期消费者，他可以以当前价格售出所持有的长期资产而消费收益。资产市场的存在将非流动性长期资产转化成流动性资产，从这层意义上说，只要有必要，长期资产可以以一个可预测的确定价格出售。

在时期 1 出售长期资产的可能性为规避流动性冲击提供了一定保险。当然，代理人的福利必须至少和他在自给自足时一样好甚至更好。然而，时期 1 的资产市场不会像时期 0 的完全或有债权市场（a complete set of contingent claims markct）做得那样好。例如，代理人可能希望依据他是前期消费者还是后期消费者来决定是否在时期 1 交付商品。可以看到，如果代理人能够在时期 0 获知他的类型之前交易这类或有债权（contingent claims），他就能构建一个最佳的风险合约。由于当前或有债券市场的缺失，从而导致代理人难于实现最佳结果。

在时期 0，投资者具有 1 单位商品禀赋，既可投资于短期资产也可投资于长期资产来保证未来的消费。假设他的投资组合（x，y）中有 x 单位长

期资产和 y 单位短期资产，在时期 0，他的预算约束为：

$$x+y\leqslant 1$$

在时期 1，他将发现自己是前期还是后期消费者。如果是前期消费者，他会清算他的投资组合并消费获得的收益。长期资产的价格为 P，代理人持有的短期资产确保他有 y 单位的商品，他所持有的长期资产可以售出获得 Px 单位的商品，则时期 1 他的消费通过预算约束给出：

$$c_1=y+Px$$

如果代理人是后期消费者，他将希望重新调整他的资产组合。在计算后期
62 消费者的最优消费时，不失一般性，假设他总是选择在时期 1 将所有财富投资于长期资产，这是因为（介于时期 1 和时期 2 之间的）短期资产的收益弱劣于长期资产的收益。对这一点进行证明：如果该命题不成立，即意味着短期资产的收益大于长期资产的收益。因此无人愿意在时期 1 持有长期资产，这样资产市场不能出清。结果均衡时要么两种资产的收益率相等，要么长期资产占优短期资产（即时期 1 无人持有短期资产）。这一命题意味着均衡时 $P\leqslant R$。对于后期消费者而言，时期 1 只持有长期资产是他的弱优选择。后期消费者起初持有 x 单位的长期资产加上他将短期资产的收益转换成 y/P 单位的长期资产，则他持有的长期资产数量为 $x+y/P$。这样在时期 2 他的消费为：

$$c_2=\left(x+\frac{y}{P}\right)R$$

对于投资者而言，在时期 0，他的目标是选择资产组合（x，y）来最大化他的期望效用：$\lambda U(y+Px)+(1-\lambda)U\left(\left(x+\frac{y}{P}\right)R\right)$。

在时期 1，长期资产的均衡价格须满足 $P=1$，因而投资者的决策可以简化。为了证明 $P=1$，我们用反证法。假设 $P>1$，这样长期资产占优短期资产，在时期 0 时，则无人愿意持有短期资产。在时期 1，前期消费者将不得不出售长期资产，但是无人愿意购买，因此价格跌为 $P=0$，与假设矛盾；另一方面，假设 $P<1$，短期资产占优长期资产，在时期 0 时，无人愿意持有长期资产。前期消费者在时期 1 消费短期资产收益，后期消费者试图购买

长期资产以获取收益$\frac{1}{P}R=R/P>R$，但是无人拥有长期资产，则价格会抬升到 $P=R$，与假设矛盾。因此均衡时，两类资产在时期 1 具有相同的收益，可完全替代，代理人的资产组合可以任意选择。这样，代理人的消费在时期 1 为：

$$c_1=x+Py=x+y=1$$

在时期 2 为：

$$c_2=\left(x+\frac{y}{P}\right)R=(x+y)R=R$$

这样，均衡时的期望效用为： 63

$$\lambda U(1)+(1-\lambda)U(R)$$

以这个福利水平作为衡量银行体系提供规避流动性（偏好）冲击保险的价值基准。

市场的价值

很显然，投资者进入到资产市场，其福利水平至少要等于自给自足条件下的福利水平。一般来说，应该更好于自给自足条件下的福利水平。我们通过将市场均衡下的配置 $(c_1,c_2)=(1,R)$ 和自给自足下可行配置集进行比较来证明这一点。

如第 2 章所提及的，如果消费者无法进入资产市场而被迫停留在自给自足状态，前期消费者的消费等于他投资 y 单位的短期资产，后期消费者的消费等于他投资长期资产获得 $Rx=R(1-y)$ 单位的收益再加上他投资 y 单位的短期资产，这些短期资产在下一期可以再投资于短期资产。因此对于 y 介于 0，1 之间的可能取值来说，可行消费束呈现如下形式：

$$c_1=y$$
$$c_2=y+R(1-y)$$

消费约束集用图 3.1 表示。

如图所示，当 $y=1$，$c_1=1$ 时前期消费者获得最大价值，$y=0$，$c_2=R$ 64
时后期消费者获得最大价值，市场均衡配置 $(c_1,c_2)=(1,R)$ 优于自给自足条件下每一可得的配置。即在两种情形下，每一时期市场均衡配置均可以有更多的消费，因而资产市场的准入确实提高了期望效用。

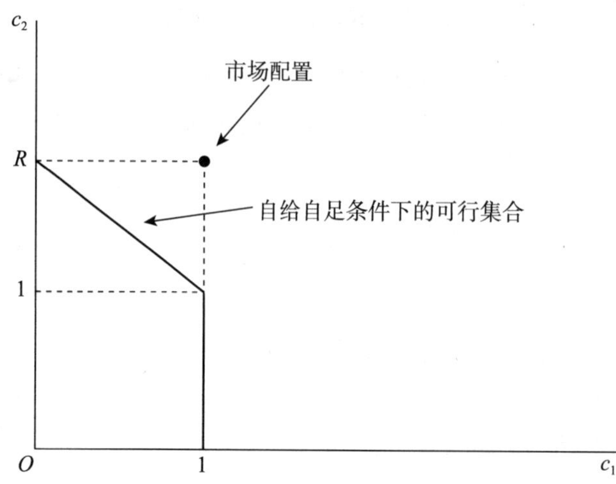

图 3.1　市场均衡配置与自给自足条件下可行集合的比较

3.3　有效解

市场通过允许投资者将其持有的长期资产以价格 $P=1$ 转换成时期 1 的消费而提供流动性。由于资产市场是完全竞争的，投资者可以以均衡价格买卖任意数量的资产。从价格对资产交易数量不敏感这层意义上看，市场是**完全流动**的。然而，这实际上证明了流动性的提供是无效率的，后面将会详细探讨原因。在这里简要说明的是以上描述的市场是不完全的。特别的，在时期 0 不存在一个使投资者购买商品然后**根据时期 1 他的类型而决定交付**的市场。如果这样的市场存在，均衡将会完全不同。

在此，定义流动性效率标准，该标准的福利水平可以通过一个掌控经济中所有配置决定的中央计划者来实现。首先假设该计划者具有经济的完全信息（包括在时期 1 区分谁是前期消费者谁是后期消费者的能力），到后面将放宽这个重要的假设条件。

中央计划者选择了人均 x 数量投资于长期资产和人均 y 数量投资于短期资产，而后他选择前期消费者在时期 1 的人均消费为 c_1，后期消费者在时期 2 的人均消费为 c_2。中央计划者不受任何均衡条件的限制，仅受限于他选择的配置必须是切实可行的。在时期 0，可得性条件仅仅是人均总投资必须等于人均禀赋：

$$x+y=1 \tag{3.1}$$

在时期 1，可得性条件是人均总消费必须小于或等于短期资产的收益。由于前期消费者的比例为 λ，每人允许消费 c_1，人均消费（全部人口意义上的人均）是 λc_1，则可得性条件是： 65

$$\lambda c_1 \leqslant y \tag{3.2}$$

如果此不等式严格成立，一些商品可以再投资到短期资产并在时期 2 被消费，因而时期 2 可获得的（人均意义上的）总量为 $Rx+(y-\lambda c_1)$。时期 2 人均（总人口意义上的人均）总消费为 $(1-\lambda)c_2$，因为后期消费者的比例为 $1-\lambda$，每人允许消费 c_2，可得性条件为：

$$(1-\lambda)c_2 \leqslant Rx+(y-\lambda c_1)$$

该式也可写为

$$\lambda c_1+(1-\lambda)c_2 \leqslant Rx+y \tag{3.3}$$

计划者的目标是选择投资组合（x，y）和消费配置（c_1，c_2）以最大化典型投资者的期望效用：

$$\lambda U(c_1)+(1-\lambda)U(c_2)$$

且须满足可得性条件（3.1）～条件（3.3）。

这看上去是个有一定难度的问题，如果我们利用一些小常识是可以进行简化的。首先，任何短期资产从时期 1 延长到时期 2 都不是最优的。假设 $y>\lambda c_1$，则时期 1 结束后会剩下一些商品，于是可以在时期 0 减少投资于短期资产的数量，如减少 ε 单位的短期资产转而增加 ε 单位的长期资产。到时期 2，短期资产减少了 ε 单位而长期资产增加了 ε 单位，可获得的商品净变化是 $R\varepsilon-\varepsilon=(R-1)\varepsilon>0$。于是可以在不影响前期消费者的消费水平下增加后期消费者的消费水平，但这在最优的计划中不可能发生。因而在任何最优的计划中必然有 $\lambda c_1=y$ 及 $(1-\lambda)c_2=Rx$，一旦 x 和 y 决定了，最优的消费配置也就依据等式决定：

$$c_1=\frac{y}{\lambda}$$

$$c_2=\frac{Rx}{1-\lambda}$$

66 （注意 y 是总人口意义上的短期人均资产收益，c_1 是典型前期消费者的消费，因此 c_1 比 y 大。同样的，典型后期消费者的消费 c_2 大于总人口意义上的人均长期资产收益）。将这些消费表达式代入目标函数，时期 0 的可得性条件写成 $x=1-y$，可以发现计划者的问题可以归结为，在区间［0，1］中选择 y 以最大化下式：

$$\lambda U\left(\frac{y}{\lambda}\right)+(1-\lambda)U\left(\frac{R(1-y)}{1-\lambda}\right) \tag{3.4}$$

忽略可能的边界解 $y=0$ 或 $y=1$，最优选择 y 可以从函数（3.4）的导数等于零时求得。对函数求导并令导数等于零，则：

$$U'\left(\frac{y}{\lambda}\right)-U'\left(\frac{R(1-y)}{1-\lambda}\right)R=0$$

或在消费水平上替代，

$$U'(c_1)=U'(c_2)R \tag{3.5}$$

从该一阶条件中能发现许多饶有兴趣的洞见。首先，λ 的值在等式中并没有出现：对目标函数求导后剔离了 λ。对这个结果的直观解释是 λ 在目标函数与可行条件中是对称出现的。λ 递增意味着前期消费者在目标函数中占的比重增加，同时也意味着需要更多的人均资产来满足他们，这两种作用互相抵消从而最优的消费水平保持不变。

市场解的无效率

第二点需要注意的是关于市场解的效率问题。图 3.2 显示了计划者的可行的消费配置集合。对于在区间［0，1］的每一个选择 y，消费配置通过以下等式决定：

$$c_1=\frac{y}{\lambda}$$

$$c_2=\frac{R(1-y)}{1-\lambda}$$

67 $y=1$ 时前期消费者的消费实现最大化，此时 $(c_1, c_2)=(1/\lambda, 0)$。同样的，$y=0$ 时后期消费者的消费实现最大化，此时 $(c_1, c_2)=(0, R/(1-\lambda))$。由于消费是 y 的线性函数，任何一点都可以在连结点 $(1/\lambda, 0)$ 和点 $(0, R/(1-\lambda))$ 的线段上取得。这个可行性边界标示在图上，消费者的无差异曲线和可行性边界的切点就是富有效率的点。依据消费者的偏好不同，

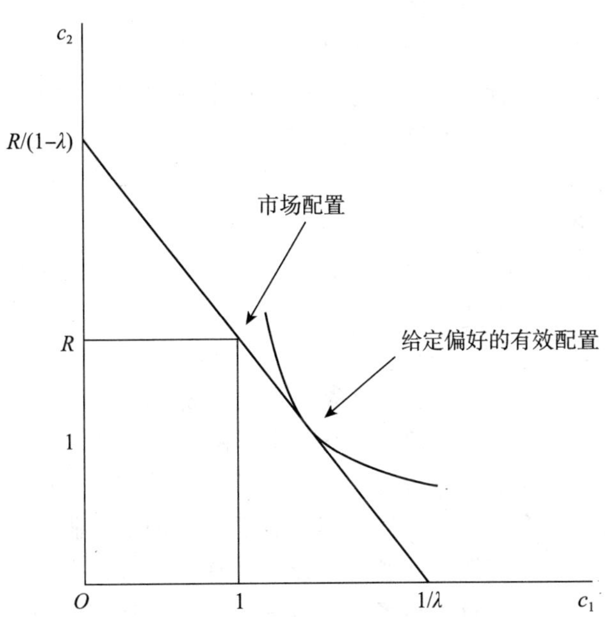

图 3.2　市场配置与有效配置的比较

这一切点可以在可行性边界上任何一处。

市场均衡配置发生在可行性边界上，令 $y=\lambda$ 我们可以得到：

$$(c_1,c_2)=\left(\frac{y}{\lambda},\frac{R(1-y)}{1-\lambda}\right)=(1,R)$$

这种配置也可能有效率，但通常情况下并不是这样。假设由于某种机缘，市场均衡配置恰好与计划者的计划配置相同，则一阶条件（3.5）变为：

$$U'(1)=U'(R)R$$

在某些特殊情况下，这个条件能满足。例如，假设投资者具有对数效用函 68
数 $U(c)=\ln c$，于是 $U'(c)=1/c$。用这个表达式替换前面的等式，等式左边变为 $U'(1)=1$，等式右边变为 $U'(R)R=(1/R)R=1$。在这种特殊的情形下，市场提供的流动性是富有效率的：中央计划者不比市场做得更好。但对于其他的效用函数，这种情况就不会发生。比如，假设投资者的效用函数是常数相对风险厌恶系数的效用函数

$$U(c)=\frac{1}{1-\sigma}c^{1-\sigma}$$

这里 $\sigma>0$ 是相对风险厌恶系数。则 $U'(c)=c^{-\sigma}$，代入到有效率的必要条件，等式左边变成 $U'(1)=1$，等式的右边变为 $U'(R)R=R^{-\sigma}R=R^{1-\sigma}$。除非 $\sigma=1$（此时对应为对数的情形），否则 $R^{1-\sigma}\neq1$，计划者选择的配置必然不同于市场均衡配置。对于任何不等于 1 的风险规避系数，计划者实现的期望效用严格优于市场实现的期望效用。

流动性保险

从一阶条件（3.5）中得出的第三个见解是关于流动性冲击的保险供给，也就是说，事关前期消费者。即便是在有效配置下，消费者仍面临消费的不确定性。一阶条件 $U'(c_1)=RU'(c_2)$ 意味着 $c_1<c_2$，消费者的消费水平根据他是后期消费者还是前期消费者而提高或降低。

在市场均衡配置下前期消费者获得 1 单位消费，后期消费者获得 $R>1$ 单位消费，很显然前期消费者劣于后期消费者。风险厌恶型投资者更愿意像前期消费者那样多消费或像后期消费者那样少消费。假设他的消费期望价值保持不变，一个有趣的问题是，计划者是否通过减少消费的波动来规避流动性冲击，也即相对于市场解决方案中的提高前期消费者的消费，降低后期消费者的消费。在图 3.2 中，位于市场配置右边的消费配置都满足 $c_1>1$和 $c_2<R$，这即是说，在这些配置中消费的波动性比在市场配置条件下要低。另一方面，这些配置的期望消费比较低。有意思的是，可以考虑在何种条件下最优的存款合约可以使消费者在时期 1 产生比市场解条件下更
69 多的消费，即让前期消费者和后期消费者共同享受长期资产带来的高收益。将预算约束代入一阶条件中可以得到等式：

$$U'\left(\frac{y}{\lambda}\right)=RU'\left(\frac{1-y}{1-\lambda}R\right)$$

如果 $y=\lambda$，这个条件可以简化成 $U'(1)=RU'(R)$，则 $c_1=y/\lambda>1$ 及 $c_2=R(1-y)/(1-\lambda)<R$ 成立的充分必要条件为：

$$U'(1)>RU'(R)$$

一个充分条件是 $cU'(c)$ 随 c 递减，意味着相对风险厌恶系数大于 1：

$$\eta(c)\equiv-\frac{cU''(c)}{U'(c)}>1$$

如果不等式正相反，即 $\eta(c)<1$，相比于标准状况，前期消费者获得更少消费而后期消费者获得更多消费，即：

$$c_1=\frac{y}{\lambda}<1$$

$$c_2=\frac{R(1-y)}{(1-\lambda)}>R$$

这些结果的直观解释是，对数效用函数具有等于 1 的相对风险厌恶系数，它是两种不同情况的分水岭。如果相对风险厌恶系数等于 1（就像在自然对数情形下），市场的结果富有效率，特别的，市场提供了最优的流动性；如果相对风险厌恶系数大于 1，市场提供的流动性的效率就低，富有效率的配置应该通过提高前期消费者的消费和降低后期消费者的消费来提供更多的保证。如果相对风险厌恶系数低于 1，则存在矛盾的地方，相对于通过降低前期消费者的消费而提高后期消费者的消费来获得效率而言，流动性过多了。

最后的结果警示我们这样一个事实：保险是昂贵的，为了向前期消费者提供更多的消费，必须持有更多的短期资产，长期资产因此就会更少。由于长期资产的收益高于短期资产的收益，计划者的投资组合中短期资产的提高降低了两个时期的平均消费。只要相对风险厌恶系数大于 1，保险带来的利益大于成本，至少开始是这样。如果相对风险厌恶系数小于 1，更高价值的保险带来的利益低于成本，而事实上，高效率的配置要求计划者提 70
高投资者的风险负担，目的在于获得持有长期资产的高收益。

为什么在市场解中投资者持有的投资组合是错误的？他们的投资组合决策是根据长期资产市场价格 $P=1$ 作出的，而这个价格是在时期 0 投资者必须愿意持有两种资产的条件下决定的，市场没有揭示出投资者根据自己的类型而对资产愿意支付的费用，因此，这个价格既没有反映出作为前期消费者有能力卖出长期资产的价值，也没有反映出作为后期消费者有能力买入长期资产的价值。

完全市场

我们在前面提到（第 3.2 节）引入市场的可能性，该市场允许个体消费者在时期 0 交易时拥有依据时期 1 的类型——前期或后期——而定的或有要求权。这一市场的存在使得市场能够获取与中央计划者相同的风险配置和投资组合。不同于没有或有商品市场条件下的经济模型，在具有个人类型或有商品的市场条件下，经济须向市场发送每一资产准确价值（特别是流动性的价值）的信号才能保证富有效率的配置的实现。为证明这一点，假设个体可以以价格 q_1 购买 1 单位如果在时期 1 他是前期消费者前提下的时期 1 的商品，以价格 q_2 购买 1 单位如果在时期 1 他是后期消费者前提下时期 1 的商品。注意这些价格是依据时期 0 商品价值来衡量的。通常，隐含的时期 2 商品的价格（依据时期 1 商品而得）是 $p=P/R$，则消费者在时期 0 的预算约束是

$$q_1\lambda c_1+q_2 p(1-\lambda)c_2\leqslant 1 \tag{3.6}$$

不等式左边代表了期望消费的当前（时期 0）价值（由于不存在总体不确定性，每一消费者只需支付在每一时期他所需求的商品的期望值）。时期 1 他以 λ 的概率需求 c_1 单位消费，λc_1 的现值是 $q_1\lambda c_1$。同样的，时期 2 他以 $1-\lambda$ 的概率需求 c_2 单位的消费，$(1-\lambda)c_2$ 的现值是 $q_2 p(1-\lambda)c_2$。

消费者选择（c_1，c_2）以最大化 $\lambda U(c_1)+(1-\lambda)U(c_2)$ 并受条件（3.6）的约束。其解满足如下的一阶条件：

$$\lambda U'(c_1)=\mu q_1\lambda$$

和

$$(1-\lambda)U'(c_2)=\mu q_2 p(1-\lambda)$$

71 在此，$\mu>0$ 是约束的拉格朗日乘数，则有：

$$\frac{U'(c_1)}{U'(c_2)}=\frac{q_1}{q_2 p}$$

由于技术上投资规模收益不变，均衡时价格必须满足两个无套利条件：为在时期 1 提供 1 单位商品，必须在时期 0 投资 1 单位短期资产。当且仅当 $q_1=1$ 时，投资短期资产获得零利润；同样的，为在时期 2 提供 1 单位商品，时期 0 需要投资 $1/R$ 单位于长期资产。当且仅当 $pq_2=1/R$ 时，投资长期资产获得零利润。这意味着有效的风险分担条件为：

$$\frac{U'(c_1)}{U'(c_2)}=R$$

私人信息和激励相容

到目前为止，我们都是假设计划者是无所不知的，包括在时期 1 知晓投资者是前期消费者还是后期消费者，这就使得计划者能为前期消费者和后期消费者安排不同水平的消费。由于投资者的时间偏好可能是私人信息，因此计划者知晓投资者类型的假设限制性太强。如果放宽该假设条件，则将面临这样一个问题：既然时间偏好是私人信息，计划者要怎样去发现谁

是前期消费者谁是后期消费者？当且仅当消费者不具有说谎的激励时，计划者才可以确信消费者揭示的类型就是他们的真实类型。换句话说，由计划者选择的配置必须是激励相容的。

容易证明本案中最优配置具备激励相容性。首先，前期消费者没有时机将自己伪装成后期消费者，因为后期消费者是在时期 2 获得 c_2 消费，而前期消费者只在时期 1 消费才具有价值，等待时期 2 获得 c_2 消费必然会使前期消费者状况变得更差；后期消费者则可能带来更多的问题，他可以伪装成前期消费者，在时期 1 获得 c_1 并采用短期资产形式将其储存到时期 2。当后期消费者获得至少和前期消费者一样多的消费时，他没有动机去伪装自己的偏好。这意味着当且仅当满足以下条件，配置才具有激励相容性：

$$c_1 \leqslant c_2 \tag{3.7}$$

值得庆幸的是，由于 $R>1$ 且 $U''(c)<0$，在计划者最大化问题的一阶条件 72
（等式（3.5））中隐含了 $c_1<c_2$，因而最优配置自动满足激励相容。

能实现典型投资者最优福利水平，且服从激励约束条件（3.7）式的配置被称为激励有效。在此情况下，由于激励相容在最优点并不是约束有效的，因而激励有效配置与最优配置是相同的。

尽管激励相容条件不影响最优的风险分担配置，但私人信息在我们随后给出的对银行的解释中起着重要的作用。特别的，银行实际上不具备区分前期消费者和后期消费者的能力，这使得所有的消费者可以在时期 1 到银行提款。这正是银行挤兑模型中一个至关重要的因素。

3.4　银行解

银行可以通过汇合存款者的投资为规避偏好冲击提供保险，帮助前期消费者分享长期资产的更高收益。时期 0，银行从每一位代理人那里获得 1 单位商品禀赋，投资于资产组合（x，y），该资产组合由 x 单位的长期资产和 y 单位的短期资产构成。由于不存在总体不确定性，银行可以为每一消费者提供非随机的消费组合（c_1，c_2），其中 c_1 是前期消费者的消费量，c_2 是后期消费者的消费量。我们可以将（c_1，c_2）理解为存款合约，此合约规定存款者有权在时期 1 提款 c_1，或在时期 2 提款 c_2，但不能两者兼有。

假设银行业是自由进入的，银行之间的竞争使得它们要在零利润（可行）约束条件下实现代表性存款人的事前期望效用最大化。实际上，银行在此完全处于前一节所探讨的中央计划者的地位。时期 0，银行面临预算约束：

$$x+y\leqslant 1 \tag{3.8}$$

时期 1，银行面临预算约束：

$$\lambda c_1\leqslant y \tag{3.9}$$

如前面所提到的，通过持有短期资产的形式将时期 1 的消费转移到时期 2 并
73 非最优的，时期 2 的预算约束可以表示为：

$$(1-\lambda)c_2\leqslant Rx \tag{3.10}$$

银行的问题就可以正式地表述为在预算约束条件（3.8）～条件（3.10）下最大化典型存款人的预期效用：

$$\lambda U(c_1)+(1-\lambda)U(c_2)$$

在这我们并没有明确加上激励相容约束条件，这是因为如前所述，无约束条件下的最大化问题的解能自动满足激励约束条件：

$$c_1\leqslant c_2$$

因此银行能为其客户达到最优配置。有必要在这审视一下对银行行为的解释，是如何实现了在本章开头提到的银行理论四要素中的三个要素：

- 提出了银行资产**期限结构**的模型，即低流动性则高收益。在本案中，存在两类银行资产：流动性高的短期资产，产生的收益为 1；流动性低的长期资产，产生的收益为 $R>1$。
- 提出了**流动性偏好**理论，该流动性偏好被构建成不确定性跨期消费的模型。由于投资者在决定投资时无法确定自己什么时候需要消费，因此产生了消费与资产期限不匹配的问题。
- 将银行表述成为投资者规避流动性（偏好）冲击提供保险的中介。投资者将自己的资源汇合到银行，并接受依取款日期而定的消费量形式的保险合约，从而获得比在自给自足条件下或在资产市场中更好的流动性组合及更高的投资收益。

在上节所推导的有效的配置可以运用在银行配置上，这里不再赘述。

相反，我们要关注银行为达到最优风险分担而设立的安排所特有的脆弱性。

3.5　银行挤兑

在本章开头提到过布赖恩特（1980）及戴蒙德和迪布维格（1983）开 74
创性的论文对银行理论具有四个贡献，我们已经探讨了前三个，现在分析第四个贡献，即对银行挤兑进行解释。在这一节中将拓展由恐慌或自验预言导致银行挤兑的模型，随后将考虑银行挤兑是源自经济周期过程中基本面力量所导致的结果。

假设银行的最优存款合约为（c_1，c_2），最优资产组合为（x，y）。当不存在总体不确定性时，假设时期 1 只有前期消费者提款，所有后期消费者都在时期 2 提款，资产组合（x，y）恰好提供了每一时期适量的流动性，从银行最大化其目标——典型存款人的福利水平，及前期消费者和后期消费者及时取款最大化其消费的意义上说，这达到了均衡。

到目前为止，我们将长期资产视为完全不流动的：无法转化成时期 1 的消费。假设存在一种**变现技术**（liquidation technology）可以实现长期投资在时期 1 提前清算。更确切地说，假设：

- 如果长期资产在时期 1 提前清算，则每单位长期资产带来 $r(0\leqslant r\leqslant 1)$ 单位的商品。

在长期资产可以提前变现但每单位损失为 $R-r$ 的假设下，如果进一步假设为了满足客户在时期 1 的提款需求，银行被要求清算自己的所有资产，此时会有另一个均衡。对此进行证明：假设所有存款人，无论他是前期消费者还是后期消费者，都决定在时期 1 取款，则时期 1 银行资产的清算价值为：

$$rx+y\leqslant x+y=1$$

则时期 1 银行给它的所有存款人的支付低于或等于 1 单位。一旦 $c_1>rx+y$，银行资不抵债，只能支付承诺数量的一部分。更为严重的，为了满足提前提款者的需求，银行的所有资产在时期 1 就将用完，任何等待下一期再提款的人将一无所获。考虑到这些，如果一个后期消费者认为其他所有人都会在时期 1 提款，则此后期消费者的最优选择就是在时期 1 提款并将收益留存

到时期 2。结果，银行挤兑成为均衡。下面的支付矩阵阐述了协调博弈的两
75 个均衡解，行代表的是单个后期消费者的决策，列代表的是所有其他后期消费者的决策（注意：此博弈不是 2×2 博弈；列代表的是所有其他后期消费者的决策而不是仅一个后期消费者的行动）。有序对中的两个数分别代表了某个特定后期消费者（第一个数）和其他任一个后期消费者（后一个数）的收益。

	挤兑	不挤兑
挤兑	$(rx+y, rx+y)$	(c_1, c_2)
不挤兑	$(0, rx+y)$	(c_2, c_2)

很显然，当

$$0<rx+y<c_1<c_2$$

时，（挤兑，挤兑）是一个均衡解，（不挤兑，不挤兑）是另一个均衡解。

前面关于银行挤兑的分析是在银行为满足时期 1 的流动性需求，而清算其所有资产这一假设基础上进行的，这可能是法律限制的结果。例如，银行监管当局颁布的银行破产法或规章可能要求如果任何请求没得到满足，银行必须停业，清算其资产并分发给银行的债权人。戴蒙德-迪布维格模型（Diamond-Dybvig model）的一些批评家们认为可以通过暂停兑换来阻止银行挤兑。如果银行暂停兑换（例如它们拒绝存款人提款），一旦提款的比例等于前期消费者的比例，则后期消费者没有提款的激励。后期消费者知道银行将不清算长期资产，从而第二阶段有足够的资金支付更高的承诺。如果该代理人在中间阶段加入到挤兑银行的队伍中去，他的状况将变得比等到最后时期再提款更差。

为应答通过暂停兑换来解决银行挤兑问题的批评，戴蒙德和迪布维格（1983）提出了序贯服务约束。在这一假设下，存款人一个接一个地接近银行出纳员取到 c_1 的款项，直到银行再无能力满足更多的需求。序贯服务约束有两方面影响：使得银行耗尽资源；激励存款人因希望走在队伍前列而尽早挤兑。银行无法采用暂停兑换来阻止挤兑，因为银行发现不了正在进行的挤兑，一旦发现了欲阻止却为时已晚。

76 另一点值得注意的是，仅当银行知道前期消费者的比例时，暂停兑换才能解决银行挤兑问题。如果前期消费者的比例是随机的，且不被银行所

知，银行通常不能通过暂停兑换来实现最优配置。

3.6　银行挤兑均衡

戴蒙德和迪布维格依据流动负债和非流动资产来分析银行安排的脆弱性，但没能提供一个对银行部门均衡的完全解释。相反，他们假设在时期 0 选择银行资产组合（x，y）和存款合约（c_1，c_2）是希望最优配置将会实现。换句话说，如果在时期 1 发生了银行挤兑，在时期 0 是完全没有预期到的。假定时期 0 的决策给定，可以定义时期 1 发生银行挤兑的均衡，但这与在时期 0 开始就已经预期到发生银行挤兑的均衡不是一回事。如果银行预期到了银行挤兑的可能性，则在时期 0 决策将会不同，进而影响到时期 1 银行挤兑发生的概率甚至是可能性。我们需要的是对银行挤兑的均衡解释，该挤兑描述了所有三个时期的一致决策。在本节，我们提供一个连贯一致的银行挤兑解释，即时期 0 的决策是均衡的一部分。在描述全部的内容之前，我们先构建一些银行挤兑均衡的事实或性质。

银行挤兑的不可预知性

在对银行挤兑进行解释时，首先需要注意的是银行挤兑发生的概率不可能为 1。如果在时期 0 银行挤兑是确定的，银行知道每 1 单位的商品投入长期资产，在时期 1 价值为 r 单位，只要 $r<1$，投资长期资产必然比投资短期资产差，则银行根本就不投资长期资产；如果 $r=1$，两类资产完全相同。在任一情况下，最优的存款合约就是（c_1，c_2）=(1，1)。没有任何动因可引发银行挤兑：不管后期消费者挤兑与否，他都获得相同的消费。因此作出最好的期望就是银行挤兑发生的概率为正且严格小于 1。

太阳黑子的作用

银行挤兑的不确定性为我们的理论注入了新的元素。在当前模型中， 77
总的经济基础因素如资产收益、前期消费者的比例等不存在不确定性。从挤兑并不是由冲击模型基本面的因素来解释这层意义上说，我们所考虑的不确定性在此是内生的。该怎样来解释这种不确定性？对银行挤兑的传统解释通常采用“羊群行为（Mob Psychology）”，现代将其解释为由被称作“太阳黑子”的外来变量促进了个体间的不协调而产生的结果。第 5 章将进一步探讨两类不确定性的区别。在这里，只要注意不确定性无法用外生的冲击来解释，但却是构成均衡的必要因素，即每一消费者都最大化他的期望效用，市场达到出清。

首先，假设时期 1 银行挤兑发生的概率为 $\pi(0<\pi<1)$。更具体些，假设一些随机变量（太阳黑子），这些随机变量具有高或低两个值，概率分别为 π 和 $1-\pi$。当现实中随机变量的值是高的，存款人到银行挤兑；如果值是低的，则不挤兑。注意，随机变量对偏好和资产收益不产生直接影响，它仅仅是一个协调存款人决策的方式。存款人根据太阳黑子的值来改变行为是合理的，这仅仅因为他们期望每一个人都这样做。

银行挤兑不确定下的银行行为

对时期 1 银行挤兑的预期改变了银行在时期 0 的行为。通常银行必须选择资产组合 (x, y) 提供存款合约 (c_1, c_2)，但只有预期到消费流 (c_1, c_2) 仅在银行具有偿付能力前提下才将实现时才是如此。另一方面，当银行挤兑发生时，典型的存款人在时期 1 将获得流动性资产组合的价值 $rx+y$，这意味着：

- 以概率 π 发生银行挤兑，无论什么类型的存款人，其消费为 $rx+y$；
- 以概率 $(1-\pi)\lambda$ 不发生银行挤兑且存款人的类型为前期消费者，时期 1 的消费为 c_1；
- 以概率 $(1-\pi)(1-\lambda)$ 不发生银行挤兑且存款人的类型为后期消费者，时期 2 的消费为 c_2。

图 3.3 标示了预期到挤兑时银行决策的结果。

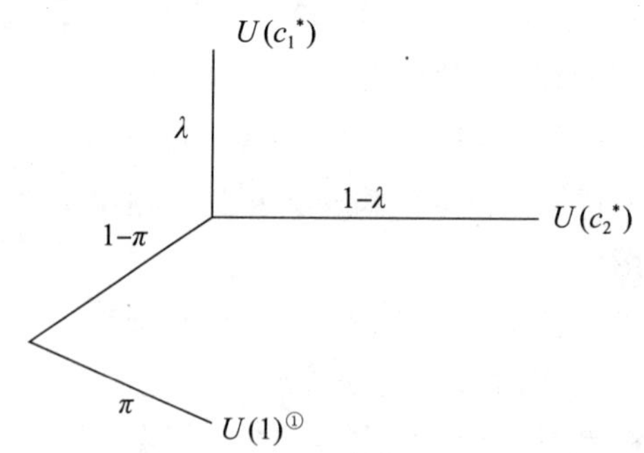

图 3.3　以概率 $\pi>0$ 预期到挤兑时的均衡结果

① 此处 $U(1)$ 应为 $U(y^*+rx^*)$。只有当 $r=1$ 时，可以证明 $y^*+rx^*=1$。——译者注

最优资产组合

以 c_1 表示银行具有偿付能力时前期消费者的收益，(x, y) 表示资产组合，典型存款人的预期效用可以表示为： 78

$$\pi U(y+rx)+(1-\pi)\{\lambda U(c_1)+(1-\lambda)U(c_2)\}$$

假设 y 增加一个很小的值 $\varepsilon>0$ 而 x 减少同样的值，则 λc_1 增加 ε 单位而 $(1-\lambda)c_2$ 减少 ε 单位，这就确保每一期可得性约束能得到满足。期望效用相应变为：

$$\pi U'(y+rx)(1-r)\varepsilon+(1-\pi)\{U'(c_1)-U'(c_2)R\}\varepsilon+o(\varepsilon)$$

因而最优的资产组合必须满足一阶条件：

$$\pi U'(y+rx)(1-r)+(1-\pi)U'(c_1)=(1-\pi)U'(c_2)R$$

如果 $\pi=0$，则简化成常见的条件形式 $U'(c_1)=U'(c_2)R$。这些关系表示在图 3.4 的曲线图上。后一条件在 y^* 处达到，前一条件在 y^{**} 处达到。因而，挤兑的可能性增加了 y 增加 1 单位的边际价值（如果 $r<1$，在银行破产的状态下短期资产的收益高于长期资产的收益），进而增加了资产组合中短期资产的数量。

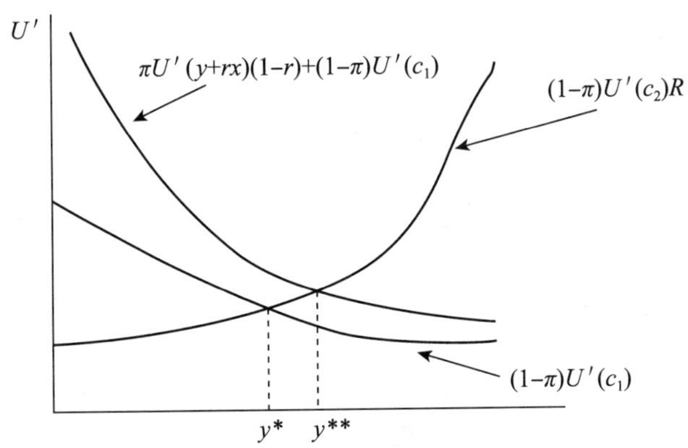

图 3.4　银行挤兑可能发生时最优资产组合的确定

最优存款合约

我们的下一个任务就是证明当存款合约被用来解决银行决策问题时，银行挤兑有可能发生。为实现期望效用最大，银行必须选择存款合约 (c_1^*, c_2^*) 以满足一阶条件：

$$U'(c_1^*)=RU'(c_2^*) \tag{3.11}$$

79 这个常见的用于描述最优问题的条件，在决定银行是否易受挤兑影响上起着至关重要的作用。

如前所示，如果相对风险厌恶系数大于1，则一阶条件（3.11）的解必须满足不等式：

$$c_1>1$$

这个条件暗示了存在挤兑的可能性。如果所有的存款人都试图在时期1提款，总消费需求 $c_1^*>1$，但清算所有长期资产后所能提供的最大值为1，然而时期2为零，因此存款人加入到挤兑中比等到时期2再提款更好。

接下来，我们假设代理人的偏好满足以下条件：

- 相对风险厌恶系数大于1，即：

$$-\frac{U''(c)c}{U'(c)}>1, \forall c>0$$

为简化对均衡的表述，我们只考虑提前清算时长期资产收益与短期资产收益一样多的特殊情形。换句话说，

- 时期1长期资产的清算价值为 $r=1$。

80 这意味着长期资产优于短期资产。不失一般性，我们可以据此推断银行的全部资产组合均投资于长期资产。

如果发生银行挤兑，银行资产组合的清算价值为1单位商品，因此每个存款人的消费也是1单位商品。如果银行具有偿付能力，存款人获得承诺的消费表示为（c_1，c_2）。由于这些数量仅在银行具有偿付能力的条件下才能实现，通过选择可以实现在银行具有偿付能力条件下的典型消费者最大期望效用。存款合约必须是如下决策问题的解：

$$\begin{aligned} \max \quad & \lambda U(c_1)+(1-\pi)U(c_2) \\ \text{s.t.} \quad & R\lambda c_1+(1-\lambda)c_2\leqslant R \end{aligned}$$

预算约束之所以采用此形式，是因为银行承诺给予前期消费者的数量总计为 λc_1 单位，这就要求银行在时期1清算 λc_1 单位的长期资产，余下 $1-\lambda c_1$ 单位长期资产在时期2产生 $R(1-\lambda c_1)$ 单位消费。因此可以分配给后期消费者的最大量为 $(1-\lambda)c_2$，必定小于或等于 $R(1-\lambda c_1)$。实际上，时期1 1单位的消费等值于时期2的 R 单位消费。

无挤兑均衡

到目前为止，我们假设挤兑发生的概率为 π，银行选择最优存款合约时将其视为已知条件。然而银行可以通过选择一个足够“安全”的合约来规避挤兑。需要重提的是，对时期 1 挤兑均衡存在问题的探讨是在 $c_1>1$ 的假设基础上进行的。因此，如果所有后期消费者在时期 1 都加入挤兑银行的队伍，银行绝不可能向每人提供 c_1 单位商品。事实上，银行将被迫清算其所有资产。即使这样，银行也只能支付每一提款人 1 单位商品，也即它的资产组合的清算价值。更重要的是，由于银行资产在时期 1 就耗尽，任何等到时期 2 才提款的人将一无所获。

银行必须选择一个能满足附加约束条件 $c_1\leqslant 1$ 的存款合约，以消除存款人加入挤兑的激励。为此求解下式：

$$\begin{aligned} \max \quad & \lambda U(c_1)+(1-\pi)U(c_2) \\ \text{s. t.} \quad & R\lambda c_1+(1-\lambda)c_2\leqslant R \\ & c_1\leqslant 1 \end{aligned}$$

得到解 $(c_1^{**}, c_2^{**})=(1, R)$。在此情形下，银行将能够在时期 1 给予每 81
人其承诺的支付 c_1，并且如果任一后期消费者都等到时期 2 提款，则有足够的结余用于支付他们至少 $R>1$ 的款项。更确切地说，如果 $1-\varepsilon$ 的存款人在时期 1 提款，银行被迫清算 $1-\varepsilon$ 单位的长期资产，剩下 ε 单位的长期资产用于余下的后期消费者的支付，则时期 2 提款的消费者每人将获得 $\varepsilon R/\varepsilon=R>1$。

有和无挤兑的机制特征

如果银行预期到挤兑的概率为 π，存款人的消费为 1 单位的概率为 π 而无论其类型。无挤兑的概率为 $1-\pi$，存款人是前期消费者的概率为 λ 且其消费为 c_1^*；存款人为后期消费者的概率为 $1-\lambda$ 并且其消费为 c_2^*。图 3.3 标出了可能的结果。典型存款人的期望效用函数为：

$$\pi U(1)+(1-\pi)\{\lambda U(c_1^*)+(1-\lambda)U(c_2^*)\}$$

在给定挤兑的概率为 π 的条件下，我们已经证明银行选择的资产组合 $(x, y)=(1, 0)$ 及存款合约 (c_1^*, c_2^*) 能实现其最大化目标。

另外，如果银行选择一个能规避所有挤兑的存款合约，则典型存款人的期望效用为：

$$\lambda U(c_1^{**})+(1-\lambda)U(c_2^{**})=\lambda U(1)+(1-\lambda)U(R)$$

对银行而言，是规避挤兑更优还是接受概率为 π 的挤兑风险更优，则要取决于在两种情形下的期望效用对比。确切地说，如果：

$$\pi U(1)+(1-\pi)\{\lambda U(c_1^*)+(1-\lambda)U(c_2^*)\} <\lambda U(1)+(1-\lambda)U(R)$$ ①

则规避挤兑更好。注意不等式左边是存款人下面两种情况下效用的凸组合：当银行违约时，效用为 $U(1)$；当银行有偿付能力时，存款人的期望效用为 $\lambda U(c_1^*)+(1-\lambda)U(c_2^*)$。而安全策略下的期望效用 $\lambda U(1)+(1-\lambda)U(R)$ 则介于两者之间：

$$U(1)<\lambda U(1)+(1-\lambda)U(R)<\lambda U(c_1^*)+(1-\lambda)U(c_2^*)$$

82 这样，则存在唯一的值 $0<\pi_0<1$ 使得：

$$\pi_0 U(1)+(1-\pi_0)\{\lambda U(c_1^*)+(1-\lambda)U(c_2^*)\} =\lambda U(1)+(1-\lambda)U(R)$$

若 $\pi=\pi_0$，则银行的两个策略是无差异的。显然，若 $\pi<\pi_0$，银行偏好挤兑；若 $\pi>\pi_0$，银行偏好无挤兑。这两个区域在图 3.5 上标示出来。

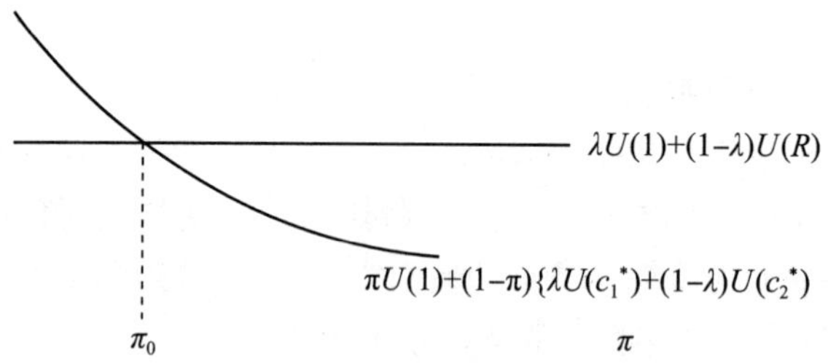

图 3.5　π 支持（或不支持）挤兑的区域的决定

我们已经证明：只要银行挤兑的概率足够小，则存在一个银行愿意承担挤兑风险的均衡，这是因为规避挤兑的成本高于收益。在此情况下，若

---

① 原著上为 $\pi U(1)+(1-\pi)\{\lambda U(c_1^*)+(1-\lambda)U(c_2^*)\}>\lambda U(1)+(1-\lambda)U(R)$，疑误。——译者注

太阳黑子呈现高值，则将发生挤兑，但是，发生的概率有一个上限（低于 1）。若挤兑的概率太高，银行将采取措施阻止挤兑，存款人将发现在正确时期提款是最优的选择。

值得注意的是我们并没有指定太阳黑子是什么，它可以是任意被公开观察到的以 $\pi<\pi_0$ 概率取某一特定值的随机变量。如果存在这样的变量，存款人原则上可以在此变量上协调从而产生银行挤兑均衡。

3.7　银行挤兑的经济周期观点

以上几节描绘了戴蒙德-迪布维格模型对银行挤兑的解释，他们认为非本质的不确定性起着至关重要的作用。在此框架中，银行挤兑发生的原因是后期消费者的信念。若所有后期消费者都相信挤兑将发生，则在中间时 83
期他们都会去提款；若他们相信挤兑不会发生，则他们将等到最后时期再去提款。在这两种情况下，信念具有自验证性。在上一节，我们使用太阳黑子这一术语来解释如何协调。银行挤兑的传统观念通常认为“羊群心理”是银行挤兑或“恐慌”的动机。银行挤兑源于恐慌的观点由来已久，但这并不是唯一的观点。关于银行挤兑的另一观点是，银行挤兑是经济周期中自然成长起来的薄弱基本面因素的结果。经济衰退会降低银行的资产价值，提高了银行将来违约的可能性。如果存款人获得经济即将衰退的信息，他们将预测到银行方面的财务困难而试图提取自己的资金，这种试图将促成危机。根据这个解释，危机不是随机事件，而是对经济形势演变的合理回应。换句话说，危机是经济周期不可分割的部分。

在第 1 章，我们简要地讨论了从 1865—1914 年间国家银行体系时代美国的金融危机。戈顿（1988）利用这一时期的数据进行了实证研究，以区分银行危机的太阳黑子观点和经济周期观点。他发现证据支持银行恐慌可用经济周期进行预测的观点，这一发现难以与危机是“随机”事件的观点协调。表 3.1 显示了美国国家银行体系时代的经济不景气和危机，同时也显示了相应的现金/存款比例变动的百分比以及总量 GDP（以同时期生铁产量的变化为代理变量）。以生铁产量变化衡量的 5 个最严重的衰退都伴随有危机，在 11 个周期中，危机共计发生 7 次。戈顿以衰退的商业债务作为主要的经济指标，发现危机是可预测的事件：一旦这个主要的经济指标达到一定限度，恐慌跟着发生。这个由戈顿发现的程式化的事实表明：至少在美国国家银行体系时代，银行危机与经济周期而不是与某些非本质随机变量密切相关。卡洛莫里斯和戈顿（Calomiris and Gorton，1991）考虑了这个时期更广泛的证据，得出数据不支持"太阳黑子"观点所认为的银行恐慌是随机事件这一看法。此外，他们发现在他们关注的5个时段，恐慌前期股票价格下降的幅度最大。

表 3.1 **国家银行体系时代的恐慌**

NBER 周期波峰-波谷	恐慌日期	%Δ（现金/存款）*	%Δ 生铁产量 †
1983.10—1879.3	1873.9	14.53	−51.0
1882.3—1885.5	1884.6	8.80	−14.0
1887.3—1888.4	没有恐慌	3.00	−9.40
1890.7—1891.5	1890.11	9.00	−34.0
1893.1—1894.6	1893.5	16.00	−29.00
1895.12—1897.6	1896.10	14.30	−4.0
1899.6—1900.12	没有恐慌	2.78	−6.7
1902.9—1904.8	没有恐慌	−4.13	−8.7
1907.5—1908.6	1907.10	11.45	−46.5
1910.1—1912.1	没有恐慌	−2.64	−21.7
1913.1—1914.12	1914.8	10.39	−47.1

* 恐慌日期的比率和上一年平均比率的变动百分比。

† 波峰期和波谷期对比。

资料来源：戈顿（Gorton，1988），表1，第233页。

在这一节，我们调整模型以采纳经济基本因素或经济周期的银行危机
84 观点。特别的，我们用收益具有风险这一假设替代长期资本具有确定的收益的假设，沿用艾伦和盖尔（Allen and Gale，1998）（也即布赖恩特（1980））提出的方法进行分析。

● 长期资产为规模报酬不变的技术。时期0的1单位商品的投入在时期2以 π_H 的概率转化为 R_H 单位的商品，以概率 π_L 转换成 R_L 单位的商品。如果长期资产提前清算，则时期1 1单位长期资产变现为 r 单位商品。假设

$$R_H > R_L > r > 0$$

在时期0，金融中介获得典型消费者1单位的存款，并将其投资于资产

组合，由 y 单位的短期安全资产和 x 单位的长期风险资产构成。预算约束条件为：

$$x+y\leqslant 1$$

作为交换，金融中介向消费者提供合约承诺：若消费者在时期 1 提款则获得 c_1 单位的消费；若他在时期 2 提款则获得 c_2 单位的消费。如前面一样，我们假设金融中介无法观察到消费者的类型（如前期还是后期），因而无法签订合约。一个更严格的要求是金融中介无法根据自然状态（或相当于风险资产的收益）来签订存款合约。

自由进入以及中介间的竞争使得他们必须最大化客户的期望效用，这 85
就意味着均衡时金融中介获得的利润为零。特别的，这要求消费者在时期 2 获得余留资产的全部价值。由于资产的最终价值不确定，金融中介将许诺很高价值，这必将在时期 2 耗尽资产的价值。不失一般性，我们假设 $c_2=\infty$。接下来，我们可以用单一的参数 $c_1=d$ 来表示存款合约，d 代表时期 1 存款的面值。

以资产随机回报形式引入风险并不排除戴蒙德-迪布维格的基于自验期望或太阳黑子协调的银行挤兑现象。事实上，戴蒙德-迪布维格模型是当前模型的特例，在模型中 $R_H=R_L$。为了区别关于银行挤兑的这一解释，我们可以通过假定并只考虑本质银行挤兑（即不可避免的挤兑）从而排除戴蒙德-迪布维格现象。不严格地说，假设既存在一个无挤兑的均衡，同时也存在一个或多个有挤兑的均衡，则我们只关注无挤兑的均衡而不是有挤兑的均衡。

假设银行已经选择了资产组合（x，y）及在时期 0 的存款合约 d，在时期 1 预算约束要求：

$$\lambda d\leqslant y$$

不失一般性，假设金融中介总是选择（x，y）及 d 来满足此约束。否则，金融中介将总是在时期 1 被迫违约而 d 的值变得毫无意义。因此在无挤兑的条件下，后期消费者的消费将表示为：

$$(1-\lambda)c_{2s}=R_s(1-y)+y-\lambda d$$

当且仅当 $c_{2s}\geqslant d$ 或者

$$d\leqslant R_s(1-y)+y$$

时，与无挤兑相一致。后一个不等式称作激励约束。如果这个不等式被满足，则存在一个均衡，在此均衡中后期消费者等到时期 2 去提款。由于我们只承认本质挤兑，银行挤兑的充分必要条件就是这个激励约束不被满足，即：

$$d>R_s(1-y)+y$$

86 由于$R_H>R_L$，这个条件说明除非在 L 状态下也存在一个本质挤兑，否则在 H 状态下绝对没有本质挤兑。d 值没必要选得如此高以至于挤兑总是发生。于是我们可以将关注点集中到 L 状态下挤兑发生的情形，这时有三种情形需要考虑。第一种情形，激励约束没有任何约束力，破产不可能出现；第二种情形，破产有可能发生，但是银行找到最佳的存款合约和资产组合选择以使激励约束（恰好）满足，此时的均衡没有破产；第三种情形，扭转存款合约和资产组合的选择成本太高以至于银行发现在低资本收益状态下破产是最佳选择。

情形一：均衡时激励约束无约束力

在此情形下，我们在没有激励约束条件下求解金融中介的决策问题，然后检查该约束条件是否具有约束力。金融中介选择两个变量即资产组合 y 和存款合约 d 来最大化存款人的期望效用。假设不存在银行挤兑，存款人是前期消费者的概率为 λ，不管何种状态均获得 d；存款人是后期消费者的概率为 $1-\lambda$，此时他的消费取决于风险资产的收益。状态 s 下的总消费等于风险资产的收益加上前期消费者获得其份额后短期资产回报的剩余部分，即 $R_s(1-y)+y-\lambda d$。典型的后期消费者的消费恰好是这个数除以后期消费者个数 $1-\lambda$，因此期望效用为：

$$\lambda U(d)+(1-\lambda)\left\{\pi_H U\left(\frac{R_H(1-y)+y-\lambda d}{1-\lambda}\right)+\pi_L U\left(\frac{R_L(1-y)+y-\lambda d}{1-\lambda}\right)\right\}$$

该式的最大化受可行条件 $0\leqslant y\leqslant 1$ 和 $\lambda d\leqslant y$ 的约束。

假设最优的资产组合要求对两种资产都投资，即 $0<y<1$，最优选择 (y, d) 由一阶充分必要条件给出。在条件 $\lambda d\leqslant y$ 下将目标函数对 d 求导，则最优存款合约的一阶条件是：

$$U'(d)-\left\{\pi_H U'\left(\frac{R_H(1-y)+y-\lambda d}{1-\lambda}\right)+\pi_L U'\left(\frac{R_L(1-y)+y-\lambda d}{1-\lambda}\right)\right\}\geqslant 0$$

87 当 $\lambda d<y$ 时取等号。在条件 $\lambda d\leqslant y$ 下将目标函数对 y 求导，则最优资产组

合的一阶条件是：

$$\pi_H U'\left(\frac{R_H(1-y)+y-\lambda d}{1-\lambda}\right)(1-R_H)+\pi_L U'\left(\frac{R_L(1-y)+y-\lambda d}{1-\lambda}\right)(1-R_L)\leqslant 0$$

当 $\lambda d<y$ 时取等号。如果（y^*，d^*）是以上不等式的解，在 L 状态激励约束得到满足的前提下，（y^*，d^*）是一个均衡解：

$$d^*\leqslant R_L(1-y^*)+y^*$$

对应于（y^*，d^*），以 U^* 代表期望效用的最大值。

图 3.6 标示了银行提供的消费，这显示每一时期每一状态下的消费是长期资产的函数。如果低状态的收益 R_L 足够高，即 $R_L=R_L^*$，则激励约束毫无约束力。在每一状态 $s=H$，L 下前期消费者获得 $c_{1s}=d=y/\lambda$ 单位消费，后期消费者获得 $c_{2s}=R_s(1-y)/(1-\lambda)$ 单位消费。

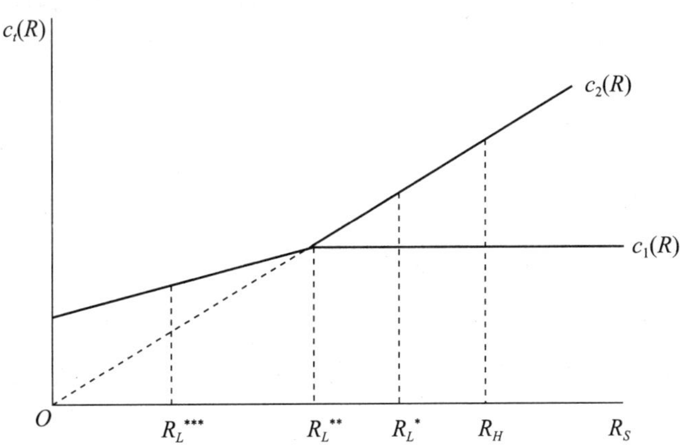

图 3.6　每一时期每一状态下，消费是长期资产收益 R_s 的函数的（$s=H$，L）示意图

如果以上放宽了条件的问题的解不满足激励约束，则存在两种可能：要么金融中介选择一份合约满足激励约束，即这份合约本身就被它约束；要么金融中介选择的合约在低状态下违反激励约束，此时，合约在低状态 88
下违约。

情形二：均衡时激励约束具有约束力

假设（y^*，d^*）不满足激励约束，如果中介选择不违约，则决策问题就是在可得性约束 $0\leqslant y\leqslant 1$ 和 $\lambda d\leqslant y$ 以及激励约束

$$c_{2s}=\frac{R_s(1-y)+y-\lambda d}{1-\lambda}\geqslant d,\ s=H,L$$

条件下选择（y，d），使下式最大化：

$$\lambda U(d)+(1-\lambda)\{\pi_H U(c_H)+\pi_L U(c_L)\}$$

只有在低状态 $s=L$ 下，激励约束才具有约束力。将 $c_{2L}=d$ 代入，期望效用的表达式可以写成：

$$\lambda U(d)+(1-\lambda)\left\{\pi_H U\left(\frac{R_H(1-y)+y-\lambda d}{1-\lambda}\right)+\pi_L U(d)\right\}$$

在此，具有约束力的激励约束假设意味着：

$$d\equiv R_L(1-y)+y$$

由于 d 通过 y 的选择决定，最优的合约完全由单个的一阶条件决定。将 d 代入到目标函数可以得到：

$$\{\lambda+(1-\lambda)\pi_L\}U(R_L(1-y)+y)+(1-\lambda)\pi_H U\left(\frac{(R_H-\lambda R_L)(1-y)+(1-\lambda)y}{1-\lambda}\right)$$

注意到必须同时满足可行约束 $\lambda d\leqslant y$，我们将其作为目标函数最大化的约束条件，则关于 y 的一阶条件形式为：

$$\{\lambda+(1-\lambda)\pi_L\}U'(d)(1-R_L)+$$
$$(1-\lambda)\pi_H U'\left(\frac{(R_H-\lambda R_L)(1-y)+(1-\lambda)y}{1-\lambda}\right)\left(\frac{-R_H+\lambda R_L+1-\lambda}{1-\lambda}\right)\leqslant 0$$

89 或者为：

$$\{\lambda+(1-\lambda)\pi_L\}U'(d)(1-R_L)+$$
$$\pi_H U'\left(\frac{R_H(1-y)+y-\lambda d}{1-\lambda}\right)(-R_H+\lambda R_L+1-\lambda)\leqslant 0$$

当 $\lambda d<y$ 时取等号。用（y^{**}，d^{**}）代表该问题的解，U^{**} 代表相应的最大期望效用。

这个情形也在图 3.6 中表示出来。如果 $R_L=R_L^{**}$，则激励约束具有约束力，在低状态下前期消费者的消费与后期消费者的消费相同：$c_{1L}=c_{2L}=d=y+R_L(1-y)$；在高状态下，与通常一样，$c_{1H}=d$，$c_{2H}=R_H(1-y)/(1-\lambda)$。

情形三：均衡时激励约束被违反

再一次假设（y^*，d^*）无法满足激励约束，如果在低状态下违约，则存款人的期望效用为：

$$\pi_H\left\{\lambda U(d)+(1-\lambda)U\left(\frac{R_H(1-y)+y-\lambda d}{1-\lambda}\right)\right\}+\pi_L U(r(1-y)+y)$$

在这种情形下，表示 d 和 y 的选择的一阶条件形式为：

$$\pi_H\left\{\lambda U'(d)-\lambda U'\left(\frac{R_H(1-y)+y-\lambda d}{1-\lambda}\right)\right\}\geqslant 0$$

当 $\lambda d<y$ 时取等号，且

$$\pi_H U'\left(\frac{R_H(1-y)+y-\lambda d}{1-\lambda}\right)(1-R_H)+\pi_L U'(r(1-y)+y)(1-R_L)\leqslant 0$$

当 $\lambda d<y$ 时取等号。用（y^{***}，d^{***}）代表该问题的解，U^{***} 代表相应的最大期望效用。

这个情形也在图 3.6 中表示出来，如果 $R_L=R_L^{***}$，则在低状态下破产发生，前期消费者的消费与后期消费者的消费相同：$c_{1L}=c_{2L}=y+R_L(1-y)<d$；在高状态下，与通常一样，$c_{1H}=d$，$c_{2H}=R_H(1-y)/(1-\lambda)$。仅当

$$d^{***}>R_L(1-y)+y$$

时，存在均衡解，且 90

$$U^{***}>U^{**}$$

第一个条件保证了激励约束被违反，所以金融中介必定在状态 L 下违约。第二个条件保证了违约优于偿债，否则银行将偏好于（d^{**}，y^{**}），从而不存在违约。

3.8　寻找唯一均衡的全局博弈方法

第 3.6 节展示了太阳黑子方法如何对银行挤兑均衡进行完整的描述。这个方法的弱点在于没有解释为什么需要用太阳黑子作为一个协调方式，实际上没有解释是什么触发了危机。如果希望应用该理论为政策做出分析，这尤其是个问题。

卡尔森和范达姆（Carlsson and van Damme，1993）证明，引入少量不对称信息是如何消除协调博弈中的多个均衡解的。他们将这个具有经济基本因素不对称信息的博弈称为全局博弈。他们的研究证明多个均衡解的存在取决于博弈方具有博弈经济基本因素的共同知识。引入噪音确保经济基本因素不再是共同知识从而阻止了协调，而这正是导致多个均衡的本质因素。莫里斯和席恩（Morris and Shin，1998）采用该方法构建货币危机模型，罗奇和维弗斯（Rochet and Vives，2004）以及戈尔茨坦和包兹纳（Goldstein and Pauzner，2005）采用同样的技术研究银行危机。本节，我们呈现一个全局博弈方法简单的例子，该例子由艾伦和莫里斯（Allen and Morris，2001）提出。

某个银行有两个存款人，存款人 i 的类型为 ℓ_i。如果 ℓ_i 小于 1，则存款人是前期消费者，需从银行提取他的资金；如果 ℓ_i 大于或等于 1，他是后期消费者，没有流动性需求。在此情形下，他采取行动使期望收益最大。如果存款人从银行提出资金，他获得担保的支付 $\omega>0$；如果两存款人将资金保存在银行，则两人都获得 ρ，在此

$$\omega<\rho<2\omega$$

如果一存款人将资金保存在银行而另一存款人提款，提款的存款人获得零支付。

91 注意流动性需求有四种状态：两人均为前期消费者，具有流动性需求；只有存款人 1 是前期消费者具有流动性需求；只有存款人 2 是前期消费者具有流动性需求；两人均为后期消费者没有流动性需求。如果经济基本因素是共同知识——至少一个存款人是前期消费者，则唯一的均衡是两存款人均提款。但是如果两人都是后期消费者是共同知识，他们进行协调博弈，该博弈支付如下（第一个数代表在横行选择策略的博弈方的支付，第二个数代表在纵列选择策略的博弈方的支付）。

	保存	提款
保存	(ρ, ρ)	$(0, \omega)$
提款	$(\omega, 0)$	(ω, ω)

这个协调博弈的一个重要的特点是：当只有一人提前提款时总支付少于两人都提前提款的总支付。在某些情形下这可能发生，例如，当所有人都提款，银行可能倒闭；但是当一些人将其货币保存在银行，那么银行继

续营业会引致额外的成本并且银行资产会浪费的更多。

在没有一个投资者是前期消费者的共同知识条件下，这个博弈有两个均衡：两人均保存或者两人均提款。接下来我们将考虑这样的情境：没有一人是前期消费者；两人都知道没有一人是前期消费者，两人都知道两人知道这些，依此类推，直到任何高的阶层。但尽管如此，没有人是早期消费者不是共同知识。我们将证明在这样的情境下，唯一的均衡就是两存款人都提款。换句话说，除了经济基本因素以外，关于别人信念的信念，或如他们所谓的更高阶的信念也决定了结果。

考虑如下情境：存款人的类型 ℓ_1 和 ℓ_2 高度相关。特别的，假设随机变量 T 是取自在非负数上的一个平滑分布，每个 ℓ_i 在区间［$T-\varepsilon$，$T+\varepsilon$］服从均匀分布，ε 很小且 $\varepsilon>0$。给定这个类型的概率分布，类型的区别不仅表现在经济基本因素上而且表现在对其他存款人经济基本因素的信念上，等等。

进一步解释，前面提到过当 ℓ_i 小于1时，存款人是前期消费者。但是当两存款人知道两个 ℓ_i 都大于或等于1时，会认为他们就是后期消费者吗？只有在两个 ℓ_i 都大于 $1+2\varepsilon$ 时才成立，这是因为两个博弈方知道其他人的 ℓ_i 与
自己的 ℓ_i 相差 2ε 之内。例如假设 $\varepsilon=0.1$，存款人1的 $\ell_1=1.1$，他可以推断 92
T 在范围1.0～1.2内，进而 ℓ_2 在范围0.9～1.3内，仅当 $\ell_1\geqslant1.2$ 时，存款人1才知道存款人2是后期消费者。

什么条件下两投资者知道两投资者都知道两个 ℓ_i 大于或等于1呢？只有在两个 ℓ_i 都大于 $1+4\varepsilon$ 条件下。进一步分析，假设 $\varepsilon=0.1$，存款人1的 $\ell_1=1.3$，他可以推断出 T 在范围1.2～1.4内，进而存款人2的信号在范围1.1～1.5内。然而，如果存款人2的 $\ell_2=1.1$，正如以上的过程，则他推定存款人1的 ℓ_1 在范围0.9～1.3之间是正概率。仅当存款人1的信号大于或等于 $1+4\varepsilon$ 时，才可避免这种可能，两人才能知道两人都知道两人是后期消费者。

随着信念阶数的走高，范围也随之增加，因而两存款人是后期消费者、无流动性需求从来不可能是共同知识。

高阶信念意味着什么呢？最简单的，考虑当 ε 十分小时将会发生什么。此时，由于 T 是平滑分布的，在每种情况下当 $\varepsilon\rightarrow0$ 时其他存款者具有更高或更低的 ℓ_i 的概率趋于0.5（见图3.7）。下面将采用0.5。另一种方法是假设 T 是均匀分布的，此时即便偏离了 $\varepsilon\rightarrow0$ 的极限，概率依然确切无误地等于0.5。见Morris and Shin（2003）。

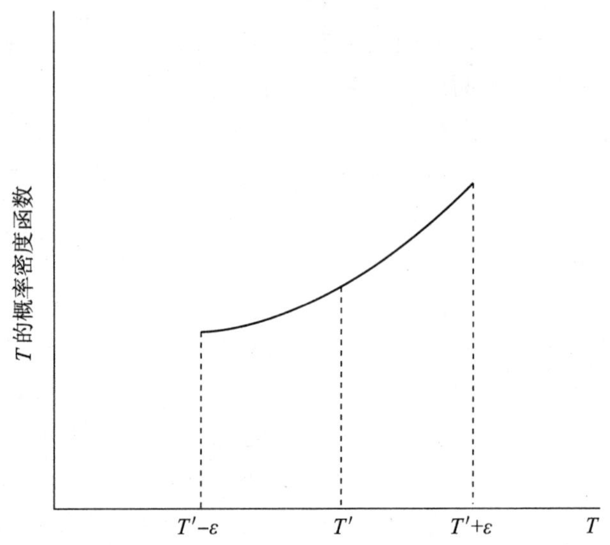

图 3.7　$\varepsilon\to 0$ 时高于或低于 0.5 的其他存款人 ℓ_i 的概率

均衡时存款人如何行动？首先，如果 $\ell_i<1$，存款人是前期消费者，每一存款人将提款。如果 $\ell_i\geqslant 1$ 又将如何呢？给定 $\ell_i<1$ 时某人是前期消费者以及 $\ell_i\geqslant 1$ 时是后期消费者的模型结构，存款人采取的最自然的策略就是当
93 $\ell_i>k$（其中 $k\geqslant 1$）时选择保存策略，否则提款。假设存款人 1 采用此策略，
考虑当 $\ell_2=k$ 时会发生什么？给定以上关于 ε 很小，T 取自平稳分布的假设，存款人 2 推断出 $\ell_1<k$ 以及存款人 1 将提款的概率为 0.5，并且 $\ell_1\geqslant 1$ 以及他将保存的概率为 0.5。存款人 2 采用保存策略获得的支付为：

$$=0.5\times\rho+0.5\times 0=0.5\rho$$

采用提款策略获得支付为：

$$=0.5\times\omega+0.5\times\omega=\omega$$

由于假设 $\rho<2\omega$ 或者表示为 $0.5\rho<\omega$，则存款人 2 也将提款。事实上，如果 ℓ_2 小于某些停止点 k^* 时存款人 2 的最佳反应是提款，这些停止点 k^* 严格大于 k，且在 k^* 上保存和提款的期望支付相等。由于两个存款人处于对称的位置，同样可以证明存款人 1 的停止点高于 k^*。这与前面矛盾，两人均保存不是均衡。实际上，对很小的 ε，两代理人总是提款的均衡是唯一的。给定其他人提款，提款总是最优的选择。

之所以能消除均衡中两人都采用保存策略，其依据的是 $\rho<2\omega$ 的假设。如果这个不等式正相反，则应用与上面同样的逻辑思路可以证明唯一的均衡是两人均保存。于是，多重均衡又被消除了。

在以上的分析中，消除某个均衡依据的是存款人采取转换策略，即低于某个水平他们提款、高于某个水平他们保存。注意其他一些类型的多重均衡在这里无法消除。需要充分了解全局博弈的读者，见莫里斯和席恩（Morris and Shin，2003）的著作。

采用全局博弈的方法来保证均衡的唯一性具有理论意义。它精确地指定危机发生的参数值，并对影响模型的因素进行比较静态分析，这正是政策分析的基本分析工具。然而除了逻辑上的一致性外，实际上还需要经验证据来证明这一方法的有效性。目前经验分析的文献十分有限。在货币危机背景下，结果与全局博弈方法相当的一致（见 Prati and Sbracia，2002；Tillman，2004；Bannier，2005）。

3.9　文献回顾

关于银行危机的文献有很多。巴塔卡亚和撒克（Bhattacharya and Tha- 94
kor，1993）、弗雷克泽斯和罗奇（Freixas and Rochet，1997）以及戈顿和温顿（Gorton and Winton，2003）进行过精彩的综述，本文仅作简要回顾。

布赖恩特（1980）及戴蒙德和迪布维格（1983）构建了分析银行危机的第一个模型。两篇论文都假设消费者具有随机的流动需求，显示存款合约能为这类风险提供保险。戴蒙德和迪布维格（1983）认为银行挤兑产生于太阳黑子，而布赖恩特（1980）则认为银行挤兑来源于总贷款风险以及关于贷款支付的不对称信息。两篇文章都支持存款保险，戴蒙德和迪布维格讨论了存款保险能无成本地消除坏的均衡，因为它去除了后期消费者提前提款的激励，因而均衡时提供保险无须成本。在布赖恩特的模型中，因为消除了收集昂贵但并非社会有用信息的动机，存款保险是可取的。

继戴蒙德和迪布维格之后，有大量基于恐慌的挤兑文献集中对其所应用模型的假设条件进行研究。科恩（Cone，1983）和杰克林（Jacklin，1987）指出限制存款人的交易机会是有必要的，否则银行将与金融市场竞争从而消除它们能够提供的保险。

正如我们所见，在一个重要的方面上，基于恐慌的银行挤兑的可能性取决于序贯服务（或者先来先服务）的约束。若不是这样，可以通过暂停兑换阻止挤兑的发生。许多文章试图证明序贯服务约束是内生的而不是求助于法律限制。华莱士（Wallace，1988）假设需求流动性的人口比例是随机的，同时还假设代理人空间相互分离，但却总是与银行相联系，这些因素意味着序贯服务约束是最优的。然而戴蒙德和迪布维格证明得到存款保险是最优的，在华莱士的模型中却不成立。在华莱士模型的基础上，查瑞（Chari，1989）表明如果银行同业市场没有生效，由于在美国国家银行体系时代不同类型的规制限制，则会发生银行恐慌。然而，如果具有一个运转良好的银行同业市场，挤兑就不会发生。卡洛莫里斯和卡恩（Calomiris and Kahn，1991）探讨了由于提供了存款人监控银行管理者的激励，存款合约，连同序贯服务约束可以是最优选择。戴蒙德和瑞詹（Diamond and
95 Rajan，2001）证明如果能确保银行不向从银行借款的企业家加收租金，则由活期存款和序贯服务约束产生的挤兑可能性可以是可以接受的。

第二类金融危机的起因涉及经济周期的聚合风险，布赖恩特（1980）模型属于这一类。他假定总贷款风险以及关于这种风险结果的不对称信息导致了一些存款人产生了挤兑的激励。在戈顿（1985）的模型中，存款人接收到一个关于银行资产价值的噪音信号。如果信号表示价值很低，则引起恐慌，有偿付能力的银行暂停兑换，支付一个确认成本并向投资者证明。查瑞和贾根纳森（Chari and Jagannathan，1988）关注了信号提取问题，即部分人口观察到将来受益的信号，其他人必然试图从观察到的提款现象来推断是这些群体接收到不利的信号，还是流动性需求恰好就很高。查瑞和贾根纳森证明了不仅前景很差时，而且流动性需求变得很高时都会发生恐慌。杰克林和巴塔卡亚（Jacklin and Bhattacharya，1988）也考虑了一个一些存款人接收到风险的临时信号的模型。他们证明与证券相比，银行存款的最优性取决于风险投资的特性。黑尔维格（Hellwig，1994）考虑了随机的再投资率模型，证明风险通过前期提款和后期提款而产生。阿朗索（Alonso，1996）用数值例子证明挤兑发生的合约可能优于确保挤兑不发生的合约，因为它们促进了风险分担。如前面所探讨的，艾伦和盖尔（Allen and Gale，1998）构建了对称信息条件下经济周期风险的模型。在该模型中未来前景能被每个人观察到却不能被契约化，当未来前景很差时挤兑就会发生。

如在第 3.6 节提及的，银行挤兑文献中的一个关键问题是均衡的选择。戴蒙德和迪布维格提出（除了其他事件）用太阳黑子来充当协调器，但没有构建完整的模型。波斯特尔韦特和维弗斯（Postlewaite and Vives，1987）构建了一个不依赖于太阳黑子的模型，产生了唯一均衡。在货币危机的背景下，莫里斯和席恩（1998）显示了如何应用卡尔森和范达姆（1993）的全局博弈方法来确保均衡的唯一性。通过显示危机的可能性是怎样取决于经济的基本因素，他们的研究将基于恐慌和基于经济基本因素的方法联系在一起。莫里斯和席恩（2003）提供了一个对全局博弈绝佳的概述。艾伦和莫里斯（2001）构建了一个简单的例子来展示这些观点如何被应用到银行危机中。罗奇和维弗斯（2004）运用他们的全局博弈方法得到的唯一均衡来进行政策分析，他们探讨了事前的偿付能力和流动率的规制以及事后的由中央银行提供的流动性的作用。戈尔茨坦和包兹纳 96
（2005）利用全局博弈方法展现基于恐慌挤兑的概率如何内生化并与银行合约的参数相关。

大量文献对银行危机进行实证检验，在这仅简要地提及。斯普拉格（Sprague，1910）的论文是对国家银行体系时代危机的经典研究，该文受托于国家货币委员会，作为在经历 1907 年的严重危机后期望在美国建立中央银行的调查的一部分。弗里德曼和施瓦茨（Friedman and Schwartz，1963）撰写了 1867—1960 年美国的全面货币史，除此之外，他们探讨了银行恐慌可能严重影响实体经济。20 世纪 30 年代前期的银行恐慌导致银行业迅速遭到重创，极大地影响了产出。弗里德曼和施瓦茨认为危机基于恐慌，并且将危机前相关宏观经济时间序列数据不存在明显的下滑作为证据。戈顿（1988）证实国家银行体系时代的银行危机可以通过基于衰退经济的债务这一主导指标来预测。卡洛莫里斯和戈顿（Calomiris and Gorton，1991）为危机是基于基本经济因素而非基于恐慌提供了广泛的证据。威克（Wicker，1980，1996）证实尽管缺乏美国的国家宏观经济时间序列的金融崩溃数据，在弗里德曼和施瓦茨认定的 20 世纪 30 年代前期的四个危机中，前两个危机存在大区域冲击，他将危机进一步归因为这些冲击。卡洛莫里斯和梅森（Calomiris and Mason，2003）利用批量数据对这四个危机进行详细的计量分析，并得出前三个危机基于基本经济因素，第四个危机是基于恐慌的结论。

3.10 结束语

在许多国家的不同历史时期，银行危机是一个重要的现象。本章在布赖恩特（1980）以及戴蒙德和迪布维格（1983）的基础上，构建了一个框架来分析这些危机。这一框架包含了两种方法：第一种是基于恐慌的危机，第二种是基于经济周期糟糕的基本要素的危机。现有文献中存在的重大争论之一就是哪一种方法是分析危机的“正确”方法。正如我们所见，有证据证明两者是经验相关的，没必要像一些文献那样将注意力限制在一个或另一个上，两者都很重要。

参考文献

97 Allen，F. and D. Gale（1998）．“Optimal Financial Crises，” *Journal of Finance* 53，1245－1284.

Allen，F. and S. Morris（2001）．“Finance Applications of Game Theory，” in K. Chatterjee and W. Samuelson（eds），*Advances in Business Applications of Game Theory*，Boston：Kluwer Academic Publishers，17－48.

Alonso，I.（1996）．“On Avoiding Bank Runs，” *Journal of Monetary Economics* 37，73－87.

Bannier，C.（2005）．“The Role of Information Disclosure and Uncertainty in the 1994/95 Mexican Peso Crisis：Empirical Evidence，” *Review of International Economics*，forthcoming.

Bhattacharya，S. and A. Thakor（1993）．“Contemporary Banking Theory，” *Journal of Financial Intermediation* 3，2－50.

Bryant，J.（1980）．“A Model of Reserves，Bank Runs，and Deposit Insurance，” *Journal of Banking and Finance* 4，335－344.

Calomiris，C. and G. Gorton（1991）．“The Origins of Banking Panics，Models，Facts，and Bank Regulation，” in R. Hubbard（ed），*Financial Markets and Financial Crises*，Chicago，IL：University of Chicago

Press.

Calomiris, C. and C. Kahn (1991). "The Role of Demandable Debt in Structuring Optimal Banking Arrangements," *American Economic Review* 81, 497-513.

Calomiris, C. and J. Mason (2003). "Fundamentals, Panics, and Bank Distress During the Depression," *American Economic Review* 93, 1615-1647.

Carlsson, H. and E. van Damme (1993). "Global Games and Equilibrium Selection," *Econometrica* 61, 989-1018.

Chari, V. (1989). "Banking Without Deposit Insurance or Bank Panics: Lessons From a Model of the U. S. National Banking System," *Federal Reserve Bank of Minneapolis Quarterly Review* 13 (Summer), 3-19.

Chari, V. and R. Jagannathan (1988). "Banking Panics, Information, and Rational Expectations Equilibrium," *Journal of Finance* 43, 749-60.

Cone, K. (1983). *Regulation of Depository Institutions*, Ph. D Dissertation, Stanford University.

Diamond, D. and P. Dybvig (1983). "Bank Runs, Deposit Insurance, and Liquidity," *Journal of Political Economy* 91, 401-419.

Diamond, D. and R. Rajan (2001). Liquidity Risk, Liquidity Creation and Financial Fragility: A Theory of Banking," *Journal of Political Economy* 109, 2431-2465.

Freixas, X. and J. Rochet (1997). *Microeconomics of Banking*. Cambridge: MIT Press.

Friedman, M. and A. Schwartz (1963). *A Monetary History of the United States*, 1867—1960, Princeton, NJ: Princeton University Press.

Goldstein, I. and A. Pauzner (2005). "Demand-Deposit Contracts and the Probability of Bank Runs," *Journal of Finance* 60, 1293-1327.

Gorton, G. (1985). "Bank Suspension of Convertibility," *Journal of Monetary Economics* 15, 177-193.

Gorton, G. (1988). "Banking Panics and Business Cycles," *Oxford Economic Papers* 40, 751-781.

Gorton, G. and A. Winton (2003). "Financial Intermediation," in
G. Constantinides, M. Harris, and R. Stulz (eds), *Handbook of the E-* 98

conomics of Finance, Volume 1A, Chapter 8, Amsterdam: North Holland, 431 - 552.

Hellwig, M. (1994). "Liquidity Provision, Banking, and the Allocation of Interest Rate Risk," *European Economic Review* 38, 1363 - 1389.

Jacklin, C. (1987). "Demand Deposits, Trading Restrictions, and Risk Sharing," in E. Prescott and N. Wallace (eds), *Contractual Arrangements for Intertemporal Trade*, Minneapolis, MN: University of Minnesota Press, 26 - 47.

Jacklin, C. and S. Bhattacharya (1988). "Distinguishing Panics and Information-Based Bank Runs: Welfare and Policy Implications," *Journal of Political Economy* 96, 568 - 592.

Kindleberger, C. (1978). *Manias, Panics, and Crashes: A History of Financial Crises*, New York: Basic Books.

Mitchell, W. (1941). *Business Cycles and Their Causes*, Berkeley: University of California Press.

Morris, S. and H. Shin (1998). "Unique Equilibrium in a Model of Self-Fulfilling Currency Attacks," *American Economic Review* 88, 587 - 597.

Morris, S. and H. Shin (2003). "Global Games: Theory and Applications," in M. Dewatripont, L. Hansen and S. Turnovsky (eds), *Advances in Economics and Econometrics: Theory and Applications, Eighth World Congress* Volume I, 56 - 114.

Postlewaite, A. and X. Vives (1987). "Bank Runs as an Equilibrium Phenomenon," *Journal of Political Economy* 95, 485 - 491.

Prati, A. and M. Sbracia (2002). "Currency Crises and Uncertainty About Fundamentals," IMF Working Paper 02/3.

Rochet, J. and X. Vives (2004). "Coordination Failures and the Lender of Last Resort: Was Bagehot Right after All?" *Journal of the European Economic Association* 2, 1116 - 1147.

Sprague, O. (1910). *A History of Crises Under the National Banking System*, National Monetary Commission, Washington DC, US Government Printing Office.

Tillman, P. (2004). "Disparate Information and the Probability of Currency Crises: Empirical Evidence," *Economics Letters* 84, 61-68.

Wallace, N. (1988). "Another Attempt to Explain an Illiquid Banking System: The Diamond and Dybvig Model with Sequential Service Taken Seriously," *Federal Reserve Bank of Minneapolis Quarterly Review* 12 (Fall), 3-16.

Wicker, E. (1980). "A Reconsideration of the Causes of the Banking Panic of 1930," *Journal of Economic History* 40, 571-583.

Wicker, E. (1996). *The Banking Panics of the Great Depression*, Cambridge: Cambridge University Press.

第4章 资产市场

99 在上一章，我们将中介机构作为流动资金的提供方和风险分担方考察了它的作用。这种分析是基于中介机构是在孤立运作的假设下进行的，即没有别的金融机构和金融市场。相反，在本章，我们只将注意力集中在资产市场，并假设没有金融机构。在以后的章节中，我们将使用在这两章中建立的分析框架，探讨金融中介机构和金融市场共存，且二者相互作用下的经济模型。金融市场使中介机构可以对冲风险，并通过变卖资产获得流动资金，但这损益参半。在某些情况下，市场会使金融机构实现更好的风险分担，但在其他情况下会导致更高的不稳定性。为了理解市场为什么会使中介机构不稳定，我们首先要了解市场流动性和资产价格波动之间的关系。这个问题本身就很有意义。在下一章我们将对金融体系的稳定性作更清晰的说明。

4.1　市场参与

在股票市场中最引人注目的事情之一是价格波动的幅度。任意一天中，单支股票价格最高变动幅度超过 25%是很正常的，整个市场的变动是 1%～2%。1987 年 10 月的某天，股票市场单日跌了 1/3。这些巨大的资产价格变动会引发金融动荡。在当今金融机构进行各种复杂的风险管理的金融体系中尤其如此。因此，理解金融资产价格波动是理解金融危机的一个重要组成部分。本章我们只关注资产市场。下一章，我们将会了解金融市场和金融机构的相互作用，探讨在本章考察的效应如何导致了金融体系的脆弱性。

为什么股票价格如此易变？传统的解释认为价格波动是由对未来收益 100
束和贴现率的新信息的获得导致的。许多证据表明信息是资产价格变动的重要因素（法马（Fama），1970；默顿（Merton），1987），但这是否是唯一因素是争论的热点。1987 年大崩溃（Crash of 1987）是一个非常有意思的例子。尽管当天并没有新信息，而股票价格却大幅跌落。勒罗伊、波特（Leroy and Porter，1981）和谢勒（Shiller，1981）指出，股票价格表现为过度波动（excess volatility）：这种过度波动超出了由收益束和贴现率的信息所能作出的预期幅度。许多学者认为，股价过度波动的研究发现是由于使用了一些不恰当的计量方法（默顿（1987），韦斯特（West，1998））。但是，随后的研究工作避免了这些问题仍然得出了股价过度波动存在的结论（Campbell and Shiller（1988a，b）；Leroy and Parke（1992））。

流动性交易是资产价格波动的另一种解释。由于多种原因，金融机构、公司、个人会有一些突然的现金需求，于是他们变卖资产以满足这些需求。如果这种流动性需求不相关联，则可以在大市场中相互抵消，因而形成的影响不大。类似的，在大市场中，一方可能希望其他方大量吸收流动性。在本章第 4.1～4.2 节中，我们建立了一个简单的资产价格波动模型。在这个模型中，由于市场中的流动性供给很少，少量的流动性交易会导致大幅的资产价格波动。

第 4.1～4.2 节中的模型是基于完全参与（complete participation），即

每一个潜在交易方都可无限制地进入市场，并且积极参与。然而完全参与这个假设并没有在广泛的实证分析中得到证实。本章第4.3节我们将讨论受限的市场参与（limited market participation）。事实上大部分的投资者并没有通过持有不同类别的资产实现投资多样化。金和利普（King and Leape，1984）分析了1978年关于6 010个平均财产接近250 000美元的家庭的调查数据。他们将资产分为36个门类，发现中位数是8（即大部分家庭拥有8种不同类别的资产）。曼昆和泽尔蒂斯（Mankiw and Zeldes，1991）发现只有少部分的消费者持有股票。更令人吃惊的是，即使在有大量的流动性资产的消费者中，也只有较少的一部分持有股票；那些持有其他种类的流动资产超过100 000美元的人中却只有47.7%持有股票。吉索等（Guiso et al.，2002）汇总了许多国家直接或间接持有的股票数。表4.1总结了统计结果，可以看到所有的国家股份持有量都在增长，尤其是非直接持有的。但是股份持有量还是很低，特别是在德国和意大利，在这些地方公开交易的公司很少。

表4.1　　家庭财产投资于风险资产的比例

年份	美国	英国	荷兰	德国	意大利
1983	19.1	8.9	n.a.	9.7	n.a.
1989	16.8	22.6	n.a.	10.3	4.5
1995	15.2	23.4	11.5	10.5	4.0
1998	19.2	21.6	15.4	n.a.	7.3
直接和间接持有股票					
1983	n.a.	n.a.	n.a.	11.2	n.a.
1989	31.6	n.a.	n.a.	12.4	10.5
1995	40.4	n.a.	29.4	15.6	14.0
1998	48.9	31.4	35.1	n.a.	18.7

资料来源：吉索等（Guiso et al.，2002），表1.4，p.9。

101 其他的一些研究发现，投资者在股权投资组合方面的多样化也是有限的。布卢姆等（Blume et al.，1974）发现了一种衡量投资组合多样性的方法，将个人资产组合中股票的比例纳入了考虑的范畴。通过这种方法，他们发现平均的多样化程度相当于拥有两只等比重股票的投资组合。布卢姆和弗兰德（Blume and Friend，1978）提供了关于投资缺乏多样性的细节性证据。他们发现大部分投资者的资产组合里只包括1～2支股票，几乎没有超过10支的。这种现象并不能被投资者大多数都持有共同基金的观点所解释。金和利普（King and Leape，1984）的研究发现，因为投资者的财富中只有1%投资于共同基金市场，相比较而言，其中22.3%直接投资了股票。布卢姆等（Blume et al.，1974）、布卢姆和弗兰德（Blume and Friend，1978）的研究起始于较早的时期，尽管当时共同基金的持有量已经有所增长，但其持有量占财富的比例似乎更小。

受限市场参与的一个合理解释是进入市场有固定的启动成本。为了能够在市场中积极参与，投资者首先要投入资源来学习市场的基本特征，比如资产回报率的分布等等，以及怎样监测到随着时间发生的变化。布伦南（Brennan，1975）已经指出，由于有这种固定的进入成本，只有投资有限数目的资产才是值得的。金和利普（King and Leape，1984）找到了与这种模型相适应的证据。哈利阿索和伯陶特（Haliassos and Bertaut，1995）、伯陶特（Bertaut，1998）、维星-乔根森（Vissing-Jorgensen，2002）从理论和实践的角度表明固定的参与成本（fixed participation cost）与股票所有权的模式具有一致性。

当然，我们不仅仅关注个人、机构在总财富的投资中也占有重要的地 102
位。投资经理们一样面临着进入市场的固定参与成本。要想在市场运作中成功，必须具备专业知识，这使得那些试图投资于各种金融市场的投资经理往往不如专注于某些市场的投资经理表现得好。另外，代理问题限制了广泛的市场参与。投资者担心机构可能会拿自己的钱冒不良风险，所以对机构可以投资于特定类别资产的金额加了限制。有限的资本意味着机构在它们所参与市场中的交易量也被限制了。为了简单起见，我们将把所有的投资者，包括个人和机构，均看作是个人投资者在用自己的钱投资。

受限参与本身并不足以解释价格过度波动。依据定义，在没有大的价格波动的情况下，如果市场能够吸收流动性资金，那么这个市场是有流动性的。资产价格波动需要的是市场的非流动性。在我们的模型里，市场的流动性不取决于参与投资者的数量，就是说不取决于市场本身的密度。相反的，我们假设市场总是“厚”的，即市场中总是存在大量的交易者。这时，流动性取决于市场参与者所持有的现金数量：这是指在短时间内可得到的用来从突然有流动性需求的投资者、流动性交易方（liquidity traders）手中购买股票的现金数。如果有大量的市场现金（cash in the market），流动性交易很容易就被吸收，对价格的影响很小；反之如果市场现金较少，一个小的冲击就会对价格产生大的影响。

市场流动性对资产定价的影响在均衡定价核上体现得最为明显。均衡时，风险资产的价格等于两个量中的较小者。这两个量中的第一个是未来收益的贴现值。有效市场假说认为，有价证券的价格等于预期的未来收益贴现值。只要市场中不存在流动性短缺，有效市场假说在我们的模型中是成立的。但当市场中出现流动性短缺时，资产价格取决于市场中的现金量。更具体地说，资产价格等于市场中的可用流动资金数额与资产供给量之比。在此情况下，我们使用市场现金来定价（cash-in-the-market pricing），和有效市场标准公式相比，资产价格被低估，收益过多。

市场中的现金的量也依赖于我们理论中的第二个重要特征，即市场参与者的流动性偏好（liquidity preference）。市场参与者的平均流动性偏好越强，短期资产在投资组合中平均值就越高，市场吸收流动性交易且没有大
103 的价格波动的能力就越强。建立了投资者流动性偏好和资产价格波动之间的关系，就可以知道市场参与者如何影响市场中的价格波动幅度。市场中的现金量和流动性交易量都取决于谁准备参与到市场中。因此，正如我们所见到的，参与决策是一种途径，通过这个途径价格波动的巨大的内生变化会受到影响。

第 4.3 节的主要结论是证明多重帕累托排序均衡（multiple Pareto-ranked equilibria）的存在。在有受限参与的均衡里，价格波动很大。在完全参与（帕累托占优）的均衡里，价格波动较小。

4.2 模　型

和通常一样，假设有三期，$t=0$，1，2，每期只有一个单一的商品。有两种资产，分别是短期资产（short asset）和长期资产（long asset）。

● 短期资产是一种储存技术（storage technology）：时期 t 投资 1 单位商品在短期资产上，则在时期 $t+1$ 转换为 1 单位商品，其中 $t=0$，1。

● 长期资产是一种两期的生产性投资技术（productive investment technology）：时期 0 投资 1 单位商品在长期资产上，在时期 2 则转换为 $R>1$ 单位的商品。

假设两种资产的回报都是确定的。这个模型可以轻易地扩展到资产收

益不确定的情况下（Allen and Gale，1994），但这里我们想集中于其他不确定的变量。

资产市场包括大量的，严格来说，一个闭联集①的事前同质的消费者。在 $t=0$ 时，每个消费者有 1 单位商品禀赋，在 $t=1$，2 时什么也没有。$t=0$ 时，消费者不消费，而将其商品禀赋投资于短期资产和长期资产的组合，以便在 $t=1$，2 时消费。

每个消费者在时期 1 会知道他是早期消费者（early consumer）还是后期消费者（later consumer），早期消费者只注重时期 1 的消费，后期消费者只注重时期 2 的消费。如果一个消费者期望在他是早期消费者时，在时期 1 104
获得 c_1 单位的消费，在他是后期消费者时，在时期 2 获得 c_2 单位的消费，他的效用就是一个随机变量。

$$u(c_1,c_2)=\begin{cases}U(c_1) & \text{以概率 } \lambda \\ U(c_2) & \text{以概率 } 1-\lambda\end{cases}$$

在此，效用函数 $U(c)$ 符合新古典性质，即 $U'(c)>0$ 且 $U''(c)\leqslant 0$。每个消费者是早期消费者的概率为 $\lambda>0$。唯一的总体不确定性是流动性需求。我们假设 λ 是随机变量。简单起见，假设 λ 有两个值：

$$\lambda=\begin{cases}\lambda_H & \text{以概率 } \pi \\ \lambda_L & \text{以概率 } 1-\pi\end{cases}$$

其中 $0<\lambda_L<\lambda_H<1$。

在 $t=0$ 时，个体知道模型和 λ 的先验分布。在时期 1 时，他们知道 λ 的真实值以及自己是早期还是后期消费者。

4.3　均　衡

一个典型消费者在 $t=0$ 期做决定时，他不知道将来会发生状态 H 还是状态 L，也不知道自己是早期消费者还是后期消费者；但他知道这些事件的

---

① 我们用区间 [0，1] 代表参与者的集合，在该区间上，每一点代表不同的参与者。通过标准化使整个参与者集合的测度为 1，利用勒贝格（Lebesgue）测度来测量每一个参与者子集合的比例。有大量的参与者的假设保证了市场是完全竞争性的，即参与者没有任何市场势力影响交易的均衡。

概率，并在作决定时将它们纳入考虑的范围。更具体地说，他知道基本上会有四种结果，他要么是状态 H 下的早期消费者，要么是状态 H 下的后期消费者，要么是状态 L 下的早期消费者，要么是状态 L 下的后期消费者。每一种状态 $s=H$，L 发生的概率分别为 1/2，在每一种状态下，消费者是早期消费者的概率是 λ_s，是后期消费者的概率是 $1-\lambda_s$。这四种情况的概率见表 4.2。

表 4.2　　个人结果的概率分布

	早期	后期
状态 H	$\frac{1}{2}\lambda_H$	$\frac{1}{2}(1-\lambda_H)$
状态 L	$\frac{1}{2}\lambda_L$	$\frac{1}{2}(1-\lambda_L)$

105 尽管只有一种商品，但我们可以通过它们所属的时期和状态来区分。因为所有的消费发生在时期 1 和时期 2，有两种自然状态，H 和 L，这样有四种或有商品（contingent commodity），每一种或有商品由一有序对（t，s）表示，其中时期 $t=1$，2；状态 $s=H$，L。一个消费者的消费集里包括不同数量的四种或有商品（contingent commodity）。记 $c=(c_{1H},\ c_{2H},\ c_{1L},\ c_{2L})$ 为均衡时的消费束。c_{ts} 表示在第 t 期状态为 s 时的消费，即或有商品（contingent commodity）在（t，s）上的消费。图 4.1 表示了个体消费者的各种状况，及与之相关的消费。

消费束 $c=(c_{1H},\ c_{2H},\ c_{1L},\ c_{2L})$ 的期望效用由下面的式子给出：

$$\frac{1}{2}\{\lambda_H U(c_{1H})+(1-\lambda_H)U(c_{2H})\}+\frac{1}{2}\{\lambda_L U(c_{1L})+(1-\lambda_L)U(c_{2L})\}$$

如果某个体是早期消费者且状态为 H，那么他消费 c_{1H}，获得效用 $U(c_{1H})$。这种情况发生的概率是 $\frac{1}{2}\lambda_H$。上式中第一项表示个体作为早期消费者在状态 H 下的期望效用。同理可知其他项的意义。消费者的所有决定被假定为最大化其期望效用。

一个典型消费者的消费束取决于他在 $t=0$ 时的投资组合决定和未来时期资产的价格。假设消费者投资 $x\geqslant 0$ 单位的长期资产，$y\geqslant 0$ 单位的短期资产，且 $x+y=1$。消费者的投资组合会在时期 1 产生 y 单位商品，在时期 2 产生 $(1-y)R$ 单位的商品。

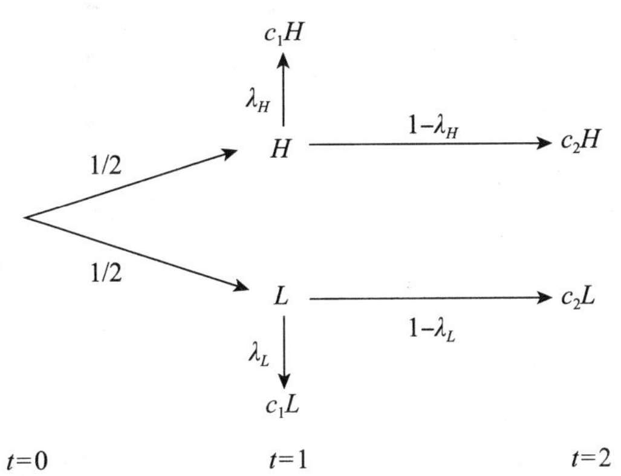

图 4.1　资产市场模型的信息结构

早期消费者想在时期 1 消费尽可能多的商品，后期消费者想在时期 2 消费尽 106 可能多的商品。我们假设时期 1 存在一个资产市场。长期资产的价格由时期 1 的商品来度量，用 P_s 表示，$s=H$，L，时期 1 在状态 s 下的投资组合现值是

$$w_{1s}=y+p_s x \tag{4.1}$$

注意，如果长期资产的价格是 P_s，则未来消费用当前消费来表示的隐含价格是 $p_s=P_s/R$。投资者的财富如果用时期 2 消费来表示是

$$\frac{w_{1s}}{p_s}=\left(\frac{y}{P_s}+x\right)R \tag{4.2}$$

图 4.2 表明在各个时期和状态下一个典型的消费决定情况。注意到消费取决于 $t=0$ 时所做的投资组合的决定，即投资于 x 和 y 的数量，以及每种状态下资产的价格。因为消费者接受给定的价格，所以一旦他选定了投资组合（x，y），也就决定了他的消费（根据可能发生的状态）。

资产市场模型的均衡可以分两步来求解。首先，给定 $t=0$ 时做出的投资组合决定，解出时期 1 各状态下资产的价格。其次，对任意一组价格（P_H，P_L），我们可以解出时期 0 的最优投资组合，即最大化期望效用的资产组合（x，y）。为了确保找到了均衡解，需要检验一下以上两步是否一致，即时期 0 选择的投资组合将导致时期 1 的预期价格，且这些预期价 107 格将会导致时期 0 有同样的投资组合选择。我们从时期 1 的市场出清开始分析。

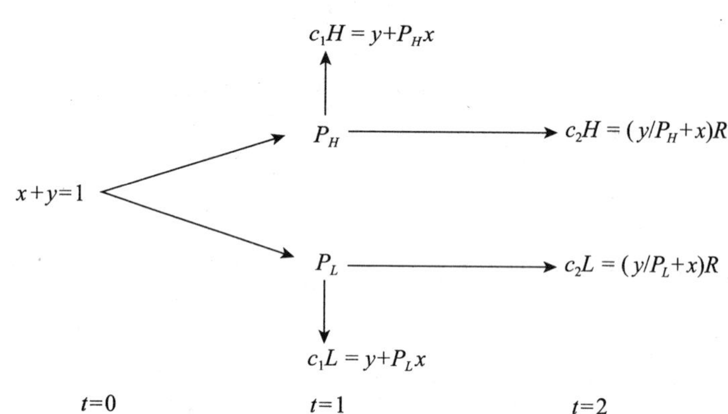

图 4.2　资产市场模型的信息结构

4.3.1　时期 1 的市场出清

假设所有的消费者在 $t=0$ 时选择了同样的投资组合（x，y）。预算约束保证 $x+y=1$，所以在下面的分析中我们用 $1-y$ 表示对长期资产的投资。因为真正的状态已知，且应用的分析方法在两种状态下是一样的。我们可以不考虑状态 s，用 P 表示长期资产的价格，λ 表示早期消费者的比例。

价格 P 由供给和需求决定。长期资产的供给来源于早期消费者，早期消费者想要变现其所有长期资产以便在时期 1 尽可能多地进行消费。特别的，无论价格如何，早期消费者都将无弹性地提供他们持有的长期投资。所以供给曲线是垂直的，其供给数量为

$$S=\lambda(1-y)$$

这是因为有 λ 比例的早期消费者，每人有 $1-y$ 单位的长期投资。

对长期资产的需求来源于后期消费者，但是对长期资产的需求要比长期资产的供给更难以捉摸。由于后期消费者要到时期 2 才会消费，所以他们要做出在时期 1 和时期 2 之间持有哪种资产的重要决定。因为真实的状态在时期 1 已没有不确定性，这样两种资产的回报是确定的。时期 1 投资 1 单位于短期资产，时期 2 会产生 1 单位的商品。1 单位商品在时期 1 能买到 $1/P$ 单位的长期资产，且会在时期 2 产生 R/P 单位的商品。消费者会持有带来最多回报的资产。有三种情况要考虑。

1. 如果 $R/P<1$，长期资产的回报比短期资产的少，则在时期 1 和时期

2之间没有人愿意持有长期资产。

2. 如果 $R/P=1$，在时期1持有短期和长期资产带来的回报是相等的。后期消费者在时期1持有两种资产是无差异的。

3. 如果 $R/P>1$，持有一期长期资产的回报要比持有短期资产的回报 108
高。没有人会在时期1和时期2之间选择持有短期资产。

在第一种情况下，对长期资产的需求为0。在第二种情况下，对长期资产的需求是完全弹性的，至少，最大的数目为后期消费者能够购买的数目。在第三种情况下，后期消费者只想持有长期资产，他们会无弹性地提供所持有的短期资产来换取长期资产。因为有 $1-\lambda$ 比例的后期消费者，他们每人持有 y 单位短期资产，短期资产的总供给为 $(1-\lambda)y$。如果长期资产价格是 P，则对长期资产的净需求是

$$D^*(P)=\frac{(1-\lambda)y}{P}$$

因此需求曲线函数为

$$D(P)=\begin{cases} 0 & P>R \\ [0,D^*(R)] & P=R \\ D^*(P) & P<R \end{cases}$$

图4.3显示了长期资产的需求曲线和供给曲线。有两种情况需要考虑，如果 $S\leqslant D^*(R)$，供给和需求的交点在需求曲线完全弹性处，且均衡价格是 $P=R$。如果 $S>D^*(R)$，交点在需求曲线向下倾斜的部分，且价格满足 $S=D^*(P)$。代入 S 和 $D^*(P)$ 的值，我们可以看到 P 由下列等式决定：

$$\lambda(1-y)=\frac{(1-\lambda)y}{P}$$

或者

$$P=\frac{(1-\lambda)y}{\lambda(1-y)}$$

将它们合并后

$$P=\min\left\{R,\frac{(1-\lambda)y}{\lambda(1-y)}\right\} \tag{4.3}$$

这个定价模型解释了流动性对资产定价的影响。当流动性充足时，长期资 109

产的价格由未来收益流的贴现值决定，贴现率由短期资产回报率，即机会成本决定。当流动性不足时，长期资产的价格由市场中的现金决定。早期消费者把他们持有的全部长期资产换成由后期消费者持有短期资产决定的消费品。

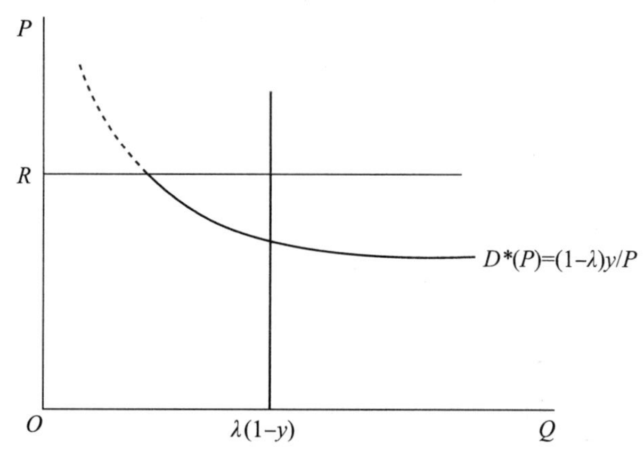

图 4.3　$t=1$ 时，长期资产的供给和需求①

4.3.2　资产组合选择

现在考虑 $t=0$ 时消费者的投资决定。给定时期 1 各状态下的资产价格 P_H 和 P_L，投资者会选择投资组合（y，$1-y$）来最大化他们的期望效用：

$$E\left[\lambda_s U(w_s)+(1-\lambda_s)U\left(\frac{w_s}{p_s}\right)\right] \tag{4.4}$$

其中，$w_s=y+P_s(1-y)$，$p_s\equiv\dfrac{P_s}{R}$ 。

均衡是由一组资产价格（P_H，P_L）及组合选择 y 构成的，价格由等式（4.3）给出，投资组合在给定价格下由最大化（4.4）式给出。

4.4　市场现金定价（Cash-in-the-market-pricing）

110　通过上面得出的模型，我们知道流动性偏好是如何影响资产价格的。

① 原著中此图有错，在 $P>R$ 时，$D(P)=0$。——译者注

无总体不确定性的情形

首先考虑无总体不确定性的情况，即 $\lambda_H=\lambda_L$。由于两种状态是相同的，我们可以合理假定在两种状态下的资产价格一致，即 $P_H=P_L=P$。正如上一章所述，当资产价格 P 没有不确定性时，唯一可能的均衡价格是 $P=1$。而 P 等于其他的价格时，两种资产中的一种会被另一种占优，在时期 0 时被占优的资产不会被持有，那么时期 1 资产市场就不会出清。

当 $P=1$，这两种资产在 $t=0$ 时有相同的回报，投资者在时期 1 的财富与 $t=0$ 时的投资选择无关。如果他是一个早期消费者，他在时期 1 的消费为

$$c_1=y+P(1-y)=1$$

如果他是一个后期消费者，他在时期 2 的消费为

$$c_2=\left(1-y+\frac{y}{P}\right)R=R$$

如果在短期资产上的平均投资满足 $y=\lambda$，那么这种消费分配是可行的。那么

$$\lambda c_1=\lambda=y$$

和

$$(1-\lambda)c_2=(1-y)R$$

都要满足要求。

总体不确定性的情形

现在假定存在关于流动性需求的总体不确定性，用 λ_s 表示。这隐含着在此情况下有非零的资产价格变动，即

$$P_H<P_L$$

从价格等式（4.3）及 $\lambda_H>\lambda_L$，我们看到只有当 $P_H=P_L=R$ 时，才有 111
$P_H<P_L$。这在图 4.4 中可以看出。

$P_H=P_L=R$ 表明没有人会在 $t=0$ 时持有短期资产。因为长期资产占优于短期资产（投资 1 单位在长期资产值上，时期 1 可以获得 $R>1$ 单位的商品）。但如果 $t=0$ 时没有人持有短期资产，时期 1 的长期资产价格将为 0。这种矛盾说明当市场出清时，必须满足 $P_H<P_L$。只有 $P_H<1$ 时，短期资产

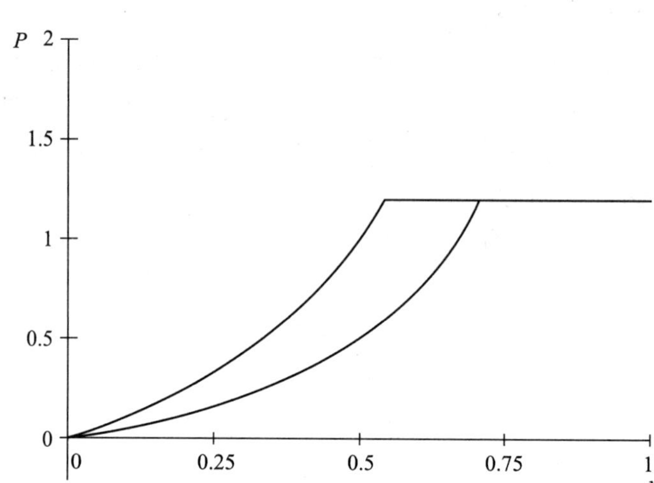

图 4.4　价格是 y 的函数，这里参数分别为 $R=1.2$，$\lambda_L=0.5$，$\lambda_H=0.67$

才不会被占优。

比较静态分析

假设在两种状态下都是市场现金定价，即

$$P_s=\frac{(1-\lambda_s)y}{\lambda_s(1-y)}$$

在此，状态 $s=H$，L。那么

$$\frac{P_H}{P_L}=\frac{(1-\lambda_H)\lambda_L}{\lambda_H(1-\lambda_L)} \tag{4.5}$$

从这个等式，我们可以得到许多关于流动性冲击对资产价格波动影响的比较静态性质。

112　为了解释可能性，考虑一个流动性冲击的单参数族（a single parameter family）是非常有用的：

$$\lambda_H-0.5=0.5-\lambda_L=\varepsilon$$

则

$$\frac{P_H}{P_L}=\frac{(0.5-\varepsilon)^2}{(0.5+\varepsilon)^2}$$

解的情况如图 4.5 所示。

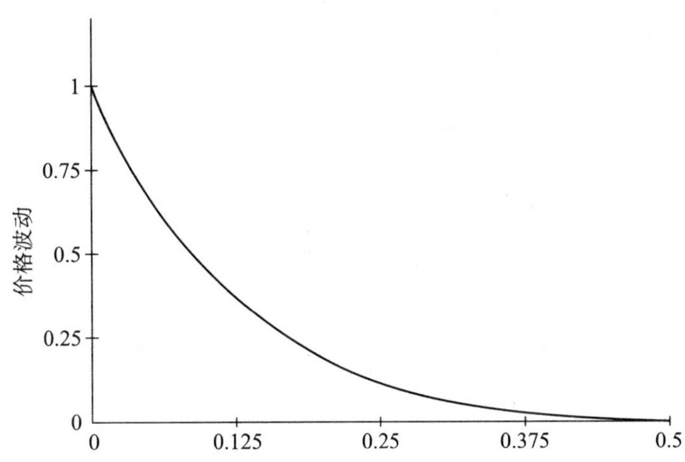

图 4.5　价格波动 P_H/P_L 作为流动性冲击参数 ε 的函数

要解释这张图表，我们必须记住假设前提是在两种状态下都是市场现金定价。随着 $\lambda_H-\lambda_L$ 差值的增大，P_H/P_L 趋近于 0，$P_L=R$ 很有可能会成立。无论如何，这给出了一个关于流动性冲击怎样导致大幅度的资产价格波动的极好的例子。

为了检验此结论，我们在一个特殊情况下计算一个完全均衡。在这个例子里，消费者具有对数效用函数 $U(c)=\ln c$。表 4.3 表示了当 $R=1.2$，且两种状态出现的可能性一样时的均衡价格和投资组合。

表 4.3　　总体不确定性对价格的影响：$\pi=0.5$，$R=1.2$，$U(c)=\ln(c)$

λ_H	λ_L	P_H	P_L	y
0.5	0.5	1	1	0.5
0.51	0.49	0.961	1.041	0.5
0.53	0.47	0.887	1.128	0.5
0.545	0.455	0.834	1.200	0.5
0.6	0.4	0.830	1.2	0.555
0.9	0.1	0.810	1.2	0.879

当 λ_H 和 λ_L 相差不大时（ε 较小），在两种状态下都是市场现金定价。
但当 $\lambda_H-\lambda_L$ 足够大时（$\varepsilon=0.1$），低状态（low state）下的价格达到其上界 113
$P_L=R$。投资者增加对短期资产的投资，相对于两种状态下都是市场现金定价的情况而言，这种流动性的增加意味着此时价格波动的增加被抑制了。

总体流动性需求的变化对价格波动的影响取决于市场中现金的数量。如果相对于市场中流动性需求量的变动而言，市场参与者持有的现金量较大，则价格波动不会太大。在表 4.3 所描述的例子中，短期资产被大量持有，此时只有大的总体流动性需求变动才能导致大的价格波动。如果市场参与者持有的现金较少，那么即使是很小的流动性需求的绝对变动（changes in absolute liquidity needs）也能对价格产生较大的影响。表 4.4 阐释了这种现象。

表 4.4　市场中现金有限时总体不确定性对价格的影响：$\pi=0.1$，$R=1.2$，$U(c)=\ln(c)$

λ_H	λ_L	p_H	p_L	y
0.05	0.05	1	1	0.05
0.055	0.045	0.828	1.023	0.046
0.06	0.04	0.687	1.052	0.042
0.075	0.025	0.388	1.200	0.030
0.09	0.01	0.384	1.2	0.037

在此例中，我们假设高状态（high state）比低状态发生的可能性小得多。对相同的 ε 值，此变化会大幅降低市场中的流动性。结果是，一个给定的流动性需求的绝对变化对价格波动的影响变大了。注意，我们曾得出结论，当 $P_L=R$ 时，总体不确定性的变化不再对资产价格波动产生太大的影响。

114 另一个有趣的问题是当 λ_H 和 λ_L 都变小时会发生什么。如果成为一个早期消费者的可能性在两种情况下都小，我们应该预见到消费者会倾向于更多地投资于长期投资，较少投资于短期投资。这提高了即使流动性需求 $\lambda_H-\lambda_L$ 只有很小的变动，也会对价格产生较大影响的可能。再次考虑含有冲击的单参数族是非常有用的：

$$\lambda_S=\begin{cases}k\varepsilon & \text{如果 } s=H\\ \varepsilon & \text{如果 } s=L\end{cases}$$

这里 $k\geqslant 1$。将此值代入（4.5）式中得

$$\frac{P_H}{P_L}=\frac{(1-k\varepsilon)\varepsilon}{k\varepsilon(1-\varepsilon)}=\frac{1-k\varepsilon}{k(1-\varepsilon)}$$

那么

$$\lim_{\varepsilon\to 0}\frac{P_H}{P_L}=\frac{1}{k}$$

同样的，如果 k 变得很大，上界 $P_L=R$ 可能会达到，但即使如此我们可以看出由 $\lambda_H-\lambda_L=(k-1)\varepsilon$ 来衡量的流动性需求变化很小，价格的波动也会很大。

4.5　受限参与

在上节，我们阐释了影响价格波动的不是流动性需求的绝对变动，而是相对于流动性供给的流动性需求的变动。如果相对于流动性供给来说流动性需求变动很大，那么价格就会有明显的波动。即使是一个任意小的流动性冲击，这种结果也可能会成立。在这一节，我们将这些观点进一步延伸。我们引入参与市场的固定成本。为了在市场中表现得积极主动，投资者必须投入资源去了解市场的基本特征，比如交易规则，资产回报的分布及怎样随着时间推移掌握变化等。当存在参与成本时，资产价格的波动仅取决于参与者的流动性供给，而不是所有的投资者的流动性供给。如果市场参与者不提供大量流动性资金，市场将会有资产价格较大波动的特征，
即使经济中的其他人有意愿提供流动性资金。这就可能导致多重均衡，这 115
些均衡之间因市场参与程度和市场流动性程度的不同而互不相同。

我们假设在经济中有两类投资者。A 类是积极的，他们更有可能参与到市场中来。他们是早期消费者的可能性较小，因此流动性偏好弱，与第二类投资者相比有更低的风险厌恶程度。B 类投资者更保守一些，不大愿意参与到市场中来。他们成为早期消费者的可能性较大，因此流动性偏好强，有更高的风险厌恶程度。

当市场参与成本足够低时，可实现完全参与（full participation）。所有的投资者均进入到市场中来，流动性资金的均值很高，资产价格不会过度波动。随着市场参与成本的提高，新的均衡产生了。当参与成本很高时，没有人参与到市场中。对于中间程度的参与市场成本来说存在一个受限参与均衡（limited-participation equilibrium），只有积极的投资者愿意参与到市场中。由于市场被流动性偏好低的投资者控制，他们仅持有少量的短期

资产，即使流动性交易者的比例有很小的变动都会引起大的价格波动。在经济体中有高流动性资产的投资者，他们持有大量流动性资金，这些资金可以在一定程度上减轻价格的波动，但他们选择了不进入市场，至少在短期内是这样。

这两种类型的均衡对短期流动性冲击的反应完全不同。在受限参与均衡中，市场中只有一种类型的投资者，正如上一节所提到的即使冲击很小也可能引起相当大的价格波动。在全部参与均衡中，高流动性偏好投资者提供的流动性资金吸收了小的流动性交易，所以小的总体不确定性预示着小的价格波动。比较两个均衡，受限参与均衡具有放大价格波动的作用。

我们也可以产生多重均衡：对于一个不可忽略的市场参与成本，受限参与和完全参与均衡并存。如果预期价格有高波动性，则 B 类投资者将不会参与到市场中。结果市场将被持有非流动资产组合的 A 类投资者控制，市场将缺乏流动性，产生预期的波动。这时波动信念变得自我验证。另一方面，如果预期市场是稳定的，那么 A、B 类型的投资者都会参与，市场就有流动性，因为普通投资者持有更多流动性投资组合，对稳定的预期也会产生自我验证的作用。

116 多重均衡的存在增加了协调失灵（coordination failure）的可能性。比较两种均衡，其中一种的波动性低于另一种。对于一些参数值，均衡间的不同使我们可以对这两种均衡做帕累托排序。对于 B 类投资者而言，完全参与更好一些，因为他们本来可以选择不进入但却参与到了市场中。除非有反常的收入效应，波动的减少也使 A 类投资者受益。一般来说，金融资产价格比其他价格更具波动性的事实可能是也可能不是社会所希望的。尽管如此，如果存在一个低波动性的帕累托偏好均衡（Pareto-preferred equilibrium），我们可以说，高波动性反映了市场的失灵。

4.5.1 模型

我们先对模型进行一个简单的描述，和上节一样该模型有三个时期 $t=0$，1，2。

- 有两种类型的消费者/投资者 $i=A$，B，并且每类都是一个闭联集。i 类消费者的总数用 $N_i>0$ 表示。
- 消费者有常规的戴蒙德-迪布维格偏好（Diamond-Dybvig preferences），即他们是早期消费者的概率是 λ_i，是后期消费者的概率是 $1-\lambda_i$。

$$u_i(c_1,c_2)=\begin{cases}U_i(c_1) & 以概率\ \lambda_i \\ U_i(c_2) & 以概率\ 1-\lambda_i\end{cases}$$

其中 $0<\lambda_i<1$；$i=A$，B。他们在时期 1 知道自己是早期还是后期消费者。

● 假设 B 类比 A 类更厌恶风险。

● 每一个投资者在 $t=0$ 时有 1 单位商品的禀赋，后面的各期什么也没有。

● 每一期有一个单一的商品和两种资产：

——在时期 t 每投资 1 单位在短期资产上，时期 $t+1$ 会产生 1 单位商品。每个投资者选择短期资产的数量用 y_i 表示；

——时期 0 每投资 1 单位在长期资产上，时期 2 会产生 $R>1$ 单位的商品，i 类投资者选择长期资产的数量用 x_i 表示。

● 投资者可以没有成本地投资于短期资产。但是投资者必须付出一个固定成本为 $e\geqslant 0$ 单位的效用（utils）才可进入长期资产市场并进行投资交易。

4.5.2　均衡

个人决策

一个典型投资者面临的决策树由图 4.6 给出。因为两类投资者做的决策 117
基本上是一样的，所以这一节我们略去下脚标 i。

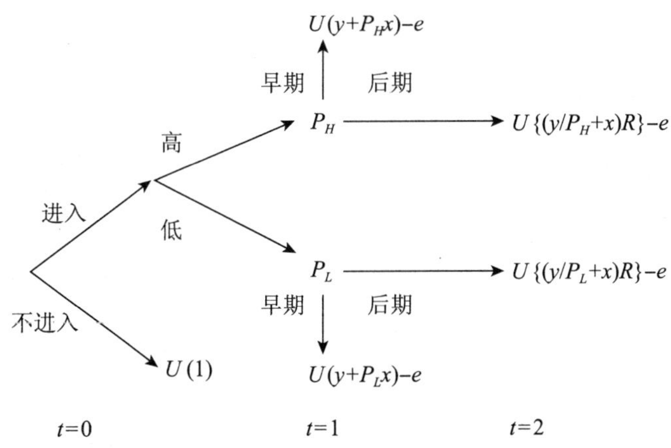

图 4.6　消费者的参与决策树

在时期 0，一个投资者首先决定是否进入资产市场。如果决定不进入市场，他就只能投资在短期资产上。因为短期资产的回报是 1，无论是早期还是后期消费者，他的消费等于最初禀赋，即 $c=1$，效用是 $U(1)$。如果他决定进入市场，必须付出进入费用 e，然后将其禀赋分开，投资 x 单位在长期资产上，投资 y 单位在短期资产上。

在时期 1，投资者知道真实的自然状态，也知道自己是早期还是后期消费者。如果是早期消费者，他就会把他的资产组合变现，然后消费。如果在状态 $s=H$、L 下，长期资产的价格是 P_s，那么早期消费者的净效用是 $U(y+P_sx)-e$。反之，如果他是后期消费者，他将转存（roll over）自己的资产，直到最后一期再消费，得到的净效用是 $U\left(\left(\frac{y}{P_s}+x\right)R\right)-e$。

假定投资者决定进入市场，他选择组合（x，y）以最大化期望收益，在每一种状态下接受给定的价格 P_H 和 P_L。使用 $x=1-y$，我们可以写下
118 他的决策问题：

$$U^*(P_H,P_L)=\max_{0\leqslant y\leqslant 1}E\left\{\lambda_s U(y+P_s(1-y))-e+(1-\lambda_s)U\left(\left(\frac{y}{P_s}+(1-y)\right)R\right)\right\}$$

投资者进入市场是最优的，如果

$$U^*(P_H,P_L)\geqslant U(1)$$

时期 1 市场出清

用 n_i 代表进入市场的 i 类投资者的数目，用 y_i 表示选择进入市场的 i 类投资者所做的投资组合选择。市场出清的条件和只有一类投资人的模型基本一样。因为在两种状态下的讨论是一样的，我们接下来略去下脚标 s.

两种类型的早期消费者都会无弹性地提供他们持有的长期资产。i 类型进入市场的消费者总数为 n_i，进入市场的 i 类型早期消费者数目需要乘以 λ_i，这里 λ_i 是进入市场的早期消费者的比例。每个 i 类型的进入市场的早期消费者提供 $1-y_i$ 单位的长期资产，长期资产的总供给为

$$S=n_A\lambda_A(1-y_A)+n_B\lambda_B(1-y_B)$$

如果 $P=R$，在时期 1 和时期 2 之间，后期消费者持有短期或长期资产是无差异的。如果 $P<R$，则长期资产占优短期资产，后期消费者将无弹性地提供他们持有的短期资产来交换长期资产。对长期资产的总需求为

$$D^*(P)=\frac{n_A(1-\lambda_A)y_A+n_B(1-\lambda_B)y_B}{P}$$

因为有 $n_i(1-\lambda_i)$ 个 i 类型的后期消费者，且每一个会购买$\frac{y_i}{P}$单位的长期资产。

满足 $S=D^*(P)$ 的价格由 Y/S 给出，其中

$$Y=n_A(1-\lambda_A)y_A+n_B(1-\lambda_B)y_B$$

是早期消费者提供的短期资产，S 是后期消费者提供的长期资产。一般来说，长期资产的价格是 R 和 Y/S 中的较小者，即 119

$$P=\min\left\{R,\frac{Y}{S}\right\}$$

这个等式在每种状态下都满足。因为流动性需求不同，所以两种状态下的价格不同，即在每个状态下每种类型投资者的 λ_{is} 的值不同。

均衡条件

为了描述均衡，我们需要详述以下因素：

- 决定进入的投资者，由 n_A 和 n_B 表示；
- 投资者的投资组合选择，由 y_A 和 y_B 表示；
- 均衡价格由 P_H 和 P_L 表示。

正如上面所示的，均衡价格必须满足下面的等式

$$P_s=\min\left\{R,\frac{Y_s}{S_s}\right\}$$

其中

$$S_s=n_A\lambda_{As}(1-y_A)+n_B\lambda_{Bs}(1-y_B)$$

与

$$Y_s=n_A(1-\lambda_{As})y_A+n_B(1-\lambda_{Bs})y_B$$

对于每一个 $s=H$，L 成立；对于每个类型 i，投资组合 y_i 是下列问题的解 U^*：

$$(P_H,P_L)=\max_{0\leqslant y\leqslant 1}E\left\{\lambda_{is}U(y+P_s(1-y))-e+(1-\lambda_{is})\left(U\left(\frac{y}{P_s}+(1-y)\right)R\right)\right\}$$

满足下列条件的进入市场的决策必定是最优的：

$$U_i{}^*(P_H,P_L)>U_i(1)\Rightarrow n_i=N_i$$

与

$$U_i^*(P_H,P_L)<U_i(1)\Rightarrow n_i=0$$

4.5.3 完全参与均衡

120 完全参与均衡是指每一个投资者都选择进入资产市场，即 $n_A=N_A$ 且 $n_B=N_B$。

假设进入市场没有成本，即 $e=0$，则完全参与是最优的。事实上，是严格最优的。要明白这一点，需要考虑下面的策略。在时期 0，投资者全部投资于短期资产，即 $y=1$。如果投资者是早期消费者，时期 1 他把短期资产的回报用于消费；反之，投资者在时期 1 将投资于长期资产，时期 2 再消费其投资回报。此策略的期望效用是$\frac{1}{2}\left\{\lambda_{iH}U_i(1)+(1-\lambda_{iH})U_i\left(\frac{R}{P_H}\right)\right\}+\frac{1}{2}\left\{\lambda_{iL}U_i(1)+(1-\lambda_{iL})U_i\left(\frac{R}{P_L}\right)\right\}$。由于已知 $P_s\leqslant R$，$s=H$，L，期望效用至少是 $U(1)$。但是，在所有状态 $s=H$，L 时，不可能有 $P_s=R$，因为一旦有这种情况发生，短期资产被占优，没有人会持有短期资产，则时期 1 长期资产价格将是 0。所以在任何均衡中 $P_s<R$ 至少在 $s=H$，L 的一种状态下成立。但是这就意味着后期消费者在某些状态下消费会严格大于 1。因此，$U_i^*(P_H,P_L)>U_i(1)$。

如果进入成本为 0 时参与是严格最优的，则当进入成本 $e>0$ 充分小时，进入市场也是严格最优的选择。因此，我们证明了下面的命题。

命题 1 对于任意足够小的进入成本 $e>0$，在均衡 $\{(n_A,y_A),(n_B,y_B),(P_H,P_L)\}$ 上一定是全部参与，即

$$n_A=N_A \quad 和 \quad n_B=N_B$$

4.5.4 完全参与和资产价格波动

为了进一步解释完全参与均衡的性质，我们使用一个例子。在这个例子中，A 类投资者有一个随机流动性冲击，而 B 类投资者无随机流动性冲击：

$$\lambda_{As}=\begin{cases}k>0 & 如果\ s=H\\ 0 & 如果\ s=L\end{cases}$$

与

$$\lambda_{BH}=\lambda_{BL}=\lambda_B$$

如果是全部参与，定价公式要求 $P_s=\min\{R, Y_s/S_s\}$。现在随着 $k\to 0$，121
则 $\lambda_{AH}\to 0$，A 类投资者开始越来越确定自己会是后期消费者，即 $y_A\to 0$，因此

$$\frac{Y_s}{S_s}\to\frac{(1-\lambda_B)y_B}{\lambda_B x_B}=\overline{Q}$$

记极限为 $\overline{Q}$，这里 $\overline{Q}$ 是一个常数，因为 λ_B 是常数。取极限，$P_s=\min\{R, \overline{Q}\}$。注意到对所有的 s，$R>1$。所以 $\overline{Q}>1$ 隐含着对任意 s 有 $P_s>1$。这表明在时期 0 短期资产被长期资产占优，因此没有人会持有短期资产；但这与均衡不相容。另一方面，如果 $\overline{Q}<1$，则对任意 s 有 $P_s<1$ 。这意味着在时期 0 短期资产占优于长期资产，这也与均衡不相容。因此，

$$P_s=\overline{Q}=1 \qquad s=H,L$$

因此，当 A_s 类型的流动性冲击变小时，B_s 可以吸收这些冲击，对价格没有影响。

同样的道理，可以看到当 $N_B\to\infty$，且 N_A 为常数时，P_s 会趋向于同样的极限，同样的结果会成立。随着 B_s 类型投资者的增多，相对于流动性交易的波动来讲，市场中流动性的数量变大，从而减少了波动。

4.5.5　受限参与和资产价格波动

接上一节所用的特例，假设存在一个只有 A 类投资者参与到市场中的均衡，即 $n_A=N_A$ 且 $n_B=0$。在时期 1 中只有 A 类投资者在市场中，在状态 L 时对短期资产需求为零且 $P_L=R$。状态 H 下的价格 P_H 必须满足使投资者在时期 0 在边际上愿意持有两种资产的一阶条件。当 $k\to 0$，在极限处，A 类投资者是后期消费者的概率为 1，并把他们持有的所有财富投资于长期资产。因此，在极限处，无论在什么状态，后期消费者的效用都是 $U_A(R)$。收入的边际效用在各种状态下也均为常数，所以投资者行为像是风险中性。为了愿意持有两种资产，两期的期望回报必须相等，即

$$R=\frac{1}{2}\frac{R}{P_H}+\frac{1}{2}$$

等式左边是投资 1 单位于长期资产带来的收益，右边是时期 0 投资 1 单位在
122 短期资产上的期望收益。为了明白这一点，假设投资者在时期 0 以短期资产的形式持有财富，在时期 1 将其投在长期资产上（这通常是弱最优的，但当 $P_s<R$ 时，则是严格最优的）。在时期 1 状态为 H 的概率为 1/2，可以购买 $1/P_H$ 单位的长期资产，这些长期资产将在时期 2 产生 R/P_H 的收益。在时期 1 状态为 L 的概率为 1/2，可以购买 $1/P_L=1/R$ 单位的长期资产，这些长期资产在时期 2 将产生 $R/R=1$ 的收益。有了这些期望回报我们得到了等式的右边。我们可以解此公式来计算 H 状态时的资产价格：

$$P_H=\frac{R}{2R-1}<1$$

这种均衡和完全参与均衡有所不同，即便在 $k\to 0$ 的极限处，也存在一个实质的资产价格变动。如果资产价格波动充分大，且 B 类投资者有着非常的风险厌恶，B 类投资者不进入市场可能是最优的，且此时存在均衡现象。这种情况见图 4.7。

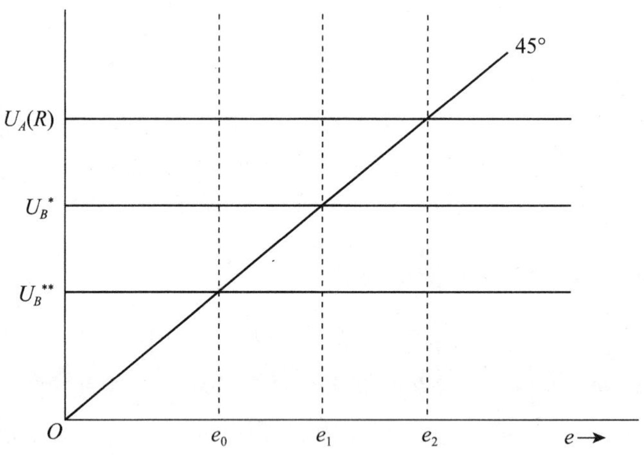

图 4.7　不同进入成本下投资者的进入决策

横坐标表示进入成本 e，纵坐标表示进入资产市场的期望效用。不失一般性，我们将效用标准化，则 $U_A(1)=U_B(1)=0$。已知在 $k\to 0$ 的极限处，A 类投资者的期望效用为 $U_A(R)$。在考虑进入成本前，用 U_B^{**} 表示在受限参与均衡中，当 $k\to 0$ 时 B 类投资者的期望效用。在这种假设下不进入市场的效用为 0，如果预期总效用 U_B^{**} 大于进入成本 e，则投资者会选择进入市

场。换句话说，如果收益在 45°线之上，投资者将会选择进入市场。如图 4.7 所示，只要效用 $U_B^{**} < U_A(R)$，则存在一个进入成本区间，在这个区间里 A 类投资者发现进入市场是值得的，而 B 类投资者发现进入市场是不值 123
得的。对于任意 $e < e_2$，A 类投资者值得进入，对任意的 $e > e_0$，如果预期到与受限参与均衡相关的高波动性，B 类投资者不值得进入。因此，对于任意的进入成本 $e_1 < e < e_2$，存在一个受限参与均衡。

4.5.6　多重帕累托排序均衡

图 4.7 也解释了存在多重均衡的可能性。用 U_B^* 表示 B 类投资者在完全参与均衡中的期望效用，在这种情况下资产价格波动非常小。再次，用 U_B^* 表示减去进入成本之前的总期望效用。如图 4.7 所示，如果 $U_B^* < U_A(R)$，则对任意的 $e < e_1$，如果预期到与全部参与均衡相关的低资产价格波动，两类投资者都值得进入。所以存在一个对应进入成本为 $e < e_1$ 的全部参与均衡。

在受限参与均衡中，如果 B 类的（总）期望效用 U_B^{**} 比全部参与均衡中的（总）期望效用 U_B^* 小，如图 4.7 所示，则 $e_0 < e_1$，并且存在一个区间 $e_0 < e < e_1$ 使得两种均衡，即完全参与均衡和受限参与均衡同时存在。

事实上，我们可以证明在极限处，这些均衡是帕累托排序均衡。B 类投资者总是偏好于完全参与均衡。正如在受限参与均衡里一样，B 类投资者可以选择只持有短期资产，但他们没有这么做。对于他们来说完全参与均衡更优，因为此均衡可以使他们获得长期资产带来的高回报。对于 A 类投资者，在 $k \to 0$ 趋于极限时，两种均衡下投资者都会获得效用 $U_A(R) - e$ 并因此无差异。

在 $k \to 0$ 的极限之外时，对 A 类投资者的一般比较分析更复杂，因为会同时存在风险效应和收入效应。风险效应来源于受限参与均衡下的价格波动，比完全参与均衡时的价格波动大。这可能会使 A 类投资者更倾向于完全参与均衡。但是，除此之外，还会存在一个收入效应，它可能会起到不仅仅是抵消风险效应的作用。

在受限参与均衡中，A 类投资者中的早期消费者和后期消费者进行交易。他们的初始期望效用是两种状态下的期望效用的均值。A 类投资者和 B 类投资者之间没有交易。但是，在完全参与均衡中，$\lambda_{As} < \lambda_B$，所以 A 类投资者比 B 类投资者成为早期消费者的比例要小，A 类投资者中成为后期消 124

费者的更多一些。平均来说，比起 B 类投资者卖给 A 类投资者的长期资产，A 类投资者从 B 类投资者那里购买了更多长期资产。长期资产的价格决定是否有从 A 类投资者到 B 类投资者的转移，反之亦然。在完全参与均衡下有可能 A 类投资者和 B 类投资者之间的收入转移超过了风险效应，且 A 类投资者偏好于受限参与均衡。因此，总体上说均衡不能帕累托排序。

4.6 总　结

这章的结论已经用特例阐释出来了，但对于更广泛的情形也同样适用。艾伦和盖尔（Allen and Gale，1994）分析了如果长期资产的回报 R 是随机的，并且与早期消费者比重相关的不确定性的取值有一连续范围时，这些结论是如何成立的。

第一个主要的结论是当流动性需求的总体不确定性趋向于 0 时，价格波动有一个远大于 0 的下界。当缺乏流动性时，资产价格不由现金流的贴现值决定，而是由市场中流动资金的数量决定。长期资产的数量和市场中流动性供给的相对变化对价格波动来说是非常重要的。总体不确定性可以忽略不计时，二者的绝对数量都会下降，但相对的变化保持不变。

有大量的实证研究表明，由于交易成本的存在，投资者仅参与有限数量的市场。我们研究了流动性偏好和受限参与市场的相互作用，以及受限参与市场对资产价格波动的影响。对于一定范围内的进入成本，存在不同福利特征的多重均衡。无论是在帕累托被占优的意义下还是在未被由获知的新信息所解释的意义下，资产价格波动都是过度的。

参考文献

Allen，F. and D. Gale（1994）．“Limited Market Participation and Volatility of Asset Prices，” *American Economic Review* 84，933－955.

125 Bertaut，C. （1998）．“Stockholding Behavior of U. S. Households：Evidence from the 1983—1989 Survey of Consumer Finances，” *Review of Economics and Statistics* 80，263－275.

Blume, M., J. Crockett, and I. Friend (1974). "Stock Ownership in the United States: Characteristics and Trends," *Survey of Current Business* 54, 16-40.

Blume, M. and I. Friend (1978). *The Changing Role of the Individual Investor: A Twentieth Century Fund Report*, New York: Wiley.

Brennan, M. (1975). "The Optimal Number of Securities in a Risky Asset Portfolio when there are Fixed Costs of Transacting: Theory and Some Empirical Results," *Journal of Financial and Quantitative Analysis* 10, 483-496.

Campbell, J. and R. Shiller (1988a). "Stock Prices, Earnings and Expected Dividends," *Journal of Finance* 43, 661-676.

Campbell, J. and R. Shiller (1988b). "The Dividend-Price Ratio, Expectations of Future Dividends and Discount Factors," *Review of Financial Studies* 1, 195-228.

Fama, E. (1970). "Efficient Capital Markets: A Review of Theory and Empirical Work," *Journal of Finance* 25, 383-417.

Guiso, L., M. Haliassos, and T. Jappelli (2002). *Household Portfolios*. Cambridge, MA: MIT Press.

Haliassos, M. and C. Bertaut (1995). "Why Do So Few Hold Stocks?" *Economic Journal* 105, 1110-1129.

King, M. and J. Leape (1984). "Wealth and Portfolio Composition: Theory and Evidence," National Bureau of Economic Research (Cambridge, MA), Working Paper No. 1468.

LeRoy, S. and W. Parke (1992). "Stock Price Volatility: Tests Based on the Geometric Random Walk," *American Economic Review* 82, 981-992.

LeRoy, S. and R. Porter (1981). "The Present Value Relation: Tests Based on Implied Variance Bounds," *Econometrica* 49, 555-574.

Mankiw, N. G. and S. P. Zeldes (1991). "The Consumption of Stockholders and Non-Stockholders," *Journal of Financial Economics* 29, 97-112.

Merton, R. (1987). "On the Current State of the Stock Market Rationality Hypothesis," in R. Dornbusch, S. Fisher, and J. Bossons (eds), *Macroeconomics and Finance: Essays in Honor of Franco Modigliani*.

Cambridge, MA: MIT Press, 99 - 124.

Shiller, R. (1981). "Do Stock Prices Move too Much to be Justified by Subsequent Changes in Dividends?" *American Economic Review* 71, 421 - 436.

Vissing-Jorgensen, A. (2002). "Towards an Explanation of Household Portfolio Choice Heterogeneity: Nonfinancial Income and Participation Cost Structures," working paper, University of Chicago.

West, K. (1988). "Dividend Innovations and Stock Price Volatility," *Econometrica* 56, 37 - 61.

第5章 金融脆弱性

在前两章，我们分别考察了资产市场以及 126
如银行这样的金融中介。本章，我们将两者结合到一起并研究它们之间的相互作用，从中可以获取关于金融脆弱性这一现象的一些深刻洞见。我们用“金融脆弱性”这一术语来描述这样一种情形：即一些小的冲击会对金融系统造成极大的影响。金融脆弱性的一个源泉是流动性在决定资产价格方面所扮演的重要角色，这一现象历史上有许多生动的实例。比如，金德尔伯格（Kindleberger，1978，第107～108页）认为：“直接引致金融危机的许多因素或许都很微不足道，一次银行破产、自杀事件、坠机事故、信息披露、对借出者的信用违约、一些观念的转变导致某位重要成员的抛售。价格下跌，预期反转，加速了事件的恶化。就投机者通过借入资金形成杠杆效应来说，价格下降导致它们进一步要求价差和现金，以及进一步清算。随着价格进一步下跌，银行贷款坏账增加，一个或多个商所、银行、贴现公司、代理公司破产。信用体系本身显现出震颤并且对流动性的竞相攫取伊始。”

一个特别有趣的历史实例是由施纳贝尔和席恩（Schnabel and Shin，2004）讨论的1763年金融危机。那个时代的银行与现代商业银行不同，它们并不吸收存款和发放贷款，而“银行家”是一些参与如小麦这种商品贸易的商人（这正是“商业银行家”一词的来源）。他们主要的金融角色是为使用汇票的双方提供支付便利。汇票犹如一纸借条，上面说明一方已确认收到了交付的货物，比如说小麦，并许诺在未来某一确定的日期偿付。有些时候，有声誉的银行家可以利用他们的卓著声誉惠及他人：通过让这些人成为银行认知的客户从而允许他们开立汇票，银行收取一定费用。这种汇票可以被用以作为一种支付方式，或者在资本市场上卖掉用以积累资本。这些汇票在像阿姆斯特丹和汉堡这样的金融中心中的广泛应用导致了银行家之间的连锁要求权（Interlocking Claims）。

那时，阿姆斯特丹的德诺伊弗维尔兄弟（de Neufville brothers'）银行是欧洲最有名的银行之一。七年战争的结束导致了经济下滑并在阿姆斯特
127 丹引发了他们银行的破产，这迫使他们不得不卖掉库存商品。短期中，市场上的流动性是有限的，且商品的变卖导致了低价格。价格的下降反过来导致其他金融中介承受很大的压力并且也不得不变卖商品。商品价格的下跌和随之而来的金融危机使许多商业银行家退出了生意。

近期的例子更是提供了一个小事件如何导致大麻烦的绝好阐述。如第1章论及的，1998年8月俄罗斯政府宣布将延期支付2 810亿卢布（约合135亿美元）的政府债务。尽管这一拖欠的数额很小，但却引发了全球性危机并在许多金融市场上导致了剧烈的波动。对冲基金长期资本管理公司（Long Term Capital Management，LTCM）遭受巨大压力。尽管相对全球金融系统而言LTCM的规模很小，但美联储纽约支行十分担心LTCM一旦破产可能引致的潜在危机，于是帮忙安排了一组私人银行购买了该对冲基金，并对其头寸进行了有序清算。联储关心的是如果LTCM破产，它会被迫快速清算其所有资产。LTCM在非流动性市场上持有大量头寸，此种情况下如果巨额头寸遭快速抛售的话价格便会大幅下降。如金德尔伯格在上

一段中所描述的那样，这会给其他机构带来压力，它们也不得不轮流变卖资产，这又会使问题进一步恶化。

本章中我们将展现金融中介和市场是如何相互作用并导致金融脆弱的。特别的，我们将说明：

● 小事件，比如轻微的流动性冲击，由于银行和市场的相互作用可以对金融系统造成大的冲击。

● 流动性的角色至关重要。为了让金融中介有在市场提供流动性的激励，资产价格必须波动。

● 起初看起来十分相似的金融中介可能在所投资的资产以及违约的风险方面采取极不相同的策略。

● 银行与市场的相互作用为系统的或泛经济体危机（Economy-wide Crises）提供了解释，这与解释单个银行挤兑的布赖恩特（1980）及戴蒙德和迪布维格（1983）模型显著不同。

本章其余部分的中心思想如下：当市场是不完全的，金融中介为获取流动性被迫出售资产。由于流动性的供给和需求在短期内很可能缺乏弹性，很小程度的总体不确定性（Aggregate Uncertainty）可以引致资产价格的巨大波动。持有流动性是有机会成本的，流动性的供给者只能通过购买某些状态下削价出售（Firesale）的资产来补偿这种成本；所以套利者的私人流 128
动性供给总是不足以保证完全的资产价格稳定。结果，微小的冲击可以导致极大的资产价格波动。如果资产价格波动足够严重，银行可能发现它已无力履行许诺，一个全面展开的危机即将爆发。

5.1　市场、银行和消费者

本章使用的模型结合了金融中介和资产市场，并建立在艾伦和盖尔（2004）相关讨论的基础之上。个人投资者将其禀赋存入银行并换取标准的存款合同，该合同保证了他们在时期 1 或时期 2 得到一个固定数量的消费。银行在时期 1 利用资产市场获取额外的流动性抑或处理多余的流动性，视需要而定。我们将会看到，与前几章中的模型相比也存在一些细小的额外变化。

模型总共有三期，$t=0$，1，2；合同在时期 0 签订。所有的消费发生在时期 1 和时期 2。在每期只有一种单一商品，该商品可被用作消费或投资。

● 短期的或流动性资产投资可以发生在时期 0 或时期 1。在时期 t，1 单位商品的短期投资将在时期 $t+1$ 得到 1 单位的产出，$t=0$，1。

● 长期资产需两期才期满，也因此比短期资产回报更高。对长期资产的投资只能发生在时期 0，并且 1 单位的投资会在时期 2 产生 $R>1$ 的回报。对长期资产的要求权可以在时期 1 进行交易。

在流动性与回报之间依然存有惯常的权衡，长期投资有更高的回报但却需更久的时间才到期（欠缺流动性）。与此相对，这里不存在风险与回报之间的权衡：我们假设资产回报是非随机的，为的是强调在当前模型中，金融危机并非是由资产回报冲击所驱动。

存在一个事前完全相同消费者的闭联集，它们的测度被标准化为 1。每一个消费者具有禀赋（1，0，0），即在时期 0 拥有 1 单位的消费品而在接下来的几期什么都没有。到了时期 1 有两种（事后）类型的消费者：前期消费者（Early Consumers），他们只在时期 1 消费；以及后期消费者（Late Consumers），他们只在时期 2 消费。如果以 λ 表示成为前期消费者的概率，并且记 c_t 为时期 $t=1$，2 的消费，则消费者的事前期望效用为

$$E[u(c_1,c_2)]=\lambda U(c_1)+(1-\lambda)U(c_2)$$

129 $U(\cdot)$ 为新古典效用函数（单调递增，严格凹性，二阶连续可导）。

在下文中区分两种类型的不确定性是颇为重要的。内在不确定性（Intrinsic Uncertainty）是由经济的初始特质（Primitives）或基本面的随机波动造成的，一个例子是影响流动性偏好的外生冲击。外在不确定性（Extrinsic Uncertainty）依定义不影响经济基本面。一个不存在外在不确定性的均衡被称为基本均衡（Fundamental Equilibrium），因为内生变量是模型中外在特质或基本面（禀赋、偏好、技术）的函数。而具有外在不确定性的均衡被称为太阳黑子均衡（Sunspot Equilibrium），因为外生变量（太阳黑子）对内生变量的影响不会导致基本面的变化。在缺乏如资产回报和流动性需求冲击这些影响基本面的外在冲击的情况下，基本均衡中不会发生危机。与之相比，太阳黑子均衡中，资产价格会在没有总体外部冲击的情况下波动，并且危机似乎是自然发生的。

模型中内在不确定性有三个来源。首先，每个消费者面临关于其偏好类型（前期或后期消费者）的异质不确定性。其次，每个银行面临其存款客户中早期消费者数量的异质不确定性。举例而言，不同的银行可以位于

不同的地区，这些地区的流动性冲击是相互独立的。再次，经济体中存在关于前期消费者比例的总体不确定性。起初，我们先忽略掉银行的异质不确定性而将焦点放在个体的异质不确定性和总体不确定性上。总体不确定性由状态 s 表示，它取两个值 H 和 L，概率分别为 π 和 $1-\pi$。在状态 s 中一个消费者成为前期消费者的概率为 λ_s，其中

$$0<\lambda_L\leqslant\lambda_H<1$$

我们采用通常的“大数定律”规则并认为在状态 s 中前期消费者的比例完全等于概率 λ_s。注意到只有 $\lambda_L<\lambda_H$ 时才有总体的内在不确定性。如果 $\lambda_L=\lambda_H=\lambda$ 那便没有总体（内在）不确定性，并且状态 s 代表的是外在不确定性。

所有的不确定性在时期 1 均消除。真实状态 s 可以公开观察到并且每个消费者也知悉了自己的类型，即他究竟是前期还是后期消费者。某一个体的类型——前期或后期——是私有信息，只有其本人能直接观察到。

在时期 0 不存在对冲总体不确定性的资产市场；比如，不存在状态 s 或 130
有证券。在时期 1，存在一个将远期（时期 2）消费转化为现期（时期 1）消费的市场。若记 p_s 为以时期 1 的现期消费度量的时期 2 的消费品价格，那么 1 单位长期资产在时期 1 状态 s 下值 $P_s=p_sR$。

在时期 0 市场是不完全的，因为无法对冲掉关于状态 s 的风险。在时期 1 市场是完全的，因为所有的不确定性已经消除。

我们假设市场参与是不完全的：即只有金融中介例如银行可以在时期 1 参与资产市场，而个体消费者则不能。银行是为消费者提供投资和流动性服务的金融中介。它们通过把消费者的资源聚合到一起，形成一个由短期和长期资产构成的资产组合进行投资，并以一个比单个消费者自己所能够实现的更好的资产回报和流动性组合为消费者提供远期消费束。

银行通过制定存款合同以换取消费者禀赋的方式相互竞争，而消费者选择所提供的最有吸引力的合同。自由进入保证了在均衡状况下银行利润为零。均衡下提供的存款合同必须满足零利润约束下最大化消费者的福利。否则，其他银行便可进入并通过制定一个更有吸引力的合同赚取一个正的利润。

消费者所能做到的，银行都可以。因此可以在不失一般性的条件下假设消费者将其所有的禀赋在时期 0 存入银行。消费者不能通过把钱存入不止一家银行来分散化。银行将人均 y 单位禀赋投资于短期资产，而将人均 $1-y$ 单位禀赋投资于长期资产，并提供给每个消费者一份存款合同，该合同允许

消费者在时期 1 提取 d_1 单位的消费品，或者是在时期 2 提取 d_2 单位。不失一般性，可设 $d_2=\infty$，这意味着消费者可在时期 2 得到所有的剩余银行资产。若没有这个假设，储蓄者的期望效用不能被最大化。该储蓄合同的特点是在时期 1 有一个允诺的固定支付，下文以 d 代替 d_1。

如果以 p_s 表示时期 1 状态 s[①] 下远期消费的价格，则银行资产在时期 1 的价值为 $y+p_sR(1-y)$。注意到与戴蒙德和迪布维格模型不同，该资产价值不依赖于银行破产与否。因为存在一个资产可以被出售的竞争性市场，故银行的资产组合总是以市价计算（Marked-to-Market）。

接下来，我们便可认为银行挤兑只会在不可避免的情况下发生。换言之，后期消费者将只会在时期 2 兑现，只要银行在时期 2 提供给他们的至少
131 与早期消费者在时期 1 获取的一样多。在破产情况下，银行必须清算其资产以便为在时期 1 取款的消费者提供所允诺的 d 数量的消费品。如果银行没有足够的资源支付所有早期取款者 d 数额的消费，那么在时期 2，不参加挤兑的后期消费者将一无所获。因此在均衡时，所有消费者一定在时期 1 提现并且每个消费者将会得到资产组合的清算价值 $y+p_sR(1-y)$。

在什么情况下银行无法履行其在时期 1 的允诺并被迫清算其资产呢？在时期 1，所有的不确定性已消除。人们已知悉各自的类型并且已经发现总体状态 s。前期消费者毫无疑问将去银行取款，后期消费者的一个选择是将他们的钱放在银行里不动，但他们也可以装作前期消费者，在时期 1 将存款取出并使用短期资产将它们带入时期 2。如果后期消费者确信他们将在时期 2 得到至少 d 单位的商品，那么他们愿意等到时期 2 去取款。否则，他们将在时期 1 跑去银行挤兑以获取 d。最简单的使后期消费者等待到时期 2 去取款的方法，是在时期 2 给他们 d。如果后期消费者在时期 2 恰好得到 d，那么对银行索求权的现值就是 $\lambda d+(1-\lambda)p_sd$。如果

$$\lambda d+(1-\lambda)p_sd\leqslant y+p_sR(1-y) \tag{5.1}$$

银行便有可能支付后期消费者至少 d 以使得他们愿意等到时期 2 去取款。否则，银行不可能履行支付前期消费者 d 的同时也履行支付后期消费者至少 d 的许诺，从而在时期 1 银行挤兑就不可避免。

如果条件（5.1）满足，那么存款合同被称为激励相容（Incentive Compatible），这是从后期消费者的最优选择是在时期 2 取款的意义上来说的。

---

① 原文为 θ，有误。——译者注

我们通常将不等式（5.1）称为激励约束（Incentive Constraint），尽管它也假定银行的预算约束是满足的。

如果银行在时期 0 选择（d，y），则存款者在时期 t 状态 s 下的消费记做 $c_{ts}(d, y)$ 且被定义为

$$c_{1s}(d,y)=\begin{cases} d & \text{如果方程（5.1）满足} \\ y+p_sR(1-y) & \text{否则} \end{cases}$$

$$c_{2s}(d,y)=\begin{cases} \dfrac{y+p_sR(1-y)-\lambda_s d}{(1-\lambda_s)p_s} & \text{如果方程（5.1）满足} \\ y+p_sR(1-y) & \text{否则} \end{cases}$$

如果（5.1）式满足，则 c_{1s} 就是所允诺的数量 d，而理解 c_{2s} 则要稍复杂一 *132*
点。银行的资产在时期 1 的现值是 $y+p_sR(1-y)$，其中 $\lambda_s d$ 是支付给前期消费者的，余下的 $y+p_sR(1-y)-\lambda_s d$ 才是支付给后期消费者消费的部分。由于未来消费的价格为 p_s，我们将其除以 p_s 以得到在时期 2 可得的总消费量。后期消费者共有 $1-\lambda_s$ 个，所以除以 $1-\lambda_s$ 以得到后期消费者的人均消费。因此，每个后期消费者在时期 2 得到 $[y+p_sR(1-y)-\lambda_s d]/(1-\lambda_s)p_s$。

如果方程（5.1）不满足则危机爆发，所有消费者——无论前期还是后期——均去提款，银行破产且清算价值为 $y+p_sR(1-y)$。前期消费者在时期 1 消费他们应得的部分，而后期消费者使用短期资产将他们的消费品带入时期 2。由于他们无法进入资产市场，我们并不除以 p_s。

使用以上符号，银行的决策问题可被写为

$$\begin{aligned} &\max E[\lambda U(c_{1s})+(1-\lambda)U(c_{2s})] \\ &\text{s.t. } 0\leqslant d, 0\leqslant y\leqslant 1 \end{aligned} \tag{5.2}$$

给定价格向量 $p=(p_H, p_L)$，满足方程（5.2）的银行存款合同及资产组合（d，y）是最优的。

正如在前一章中所看到的那样，时期 1 的资产市场只有在远期消费品价格小于或等于 1 的情况下才会出清。如果 $p_s>1$，资产价格为 $P_s=p_sR>R$，则银行只愿意持有短期资产，长期资产市场不能出清。如果 $p_s=1$，银行在时期 1 和时期 2 之间持有短期或长期资产并无差异，因为两种情况下在时期 1 的 1 单位商品投资在时期 2 的回报都是 1 单位商品。另一方面，如果 $p_s<1$，那么没有人愿意在时期 1 投资于短期资产，所有投资均集中于长期。这与市场出清是相一致的，因为并没有短期资产存货，除非在时期 0 有人愿意

投资于它。

命题 1 对于任何状态 s，在时期 1 资产市场只在 $p_s \leqslant 1$ 的情况下出清。如果 $p_s = 1$，银行在时期 1 愿意持有所有的两种资产。如果 $p_s < 1$，在时期 1 只有长期资产会被银行持有。

5.2 均衡的类型

为了理解均衡可采取的不同形式，考虑一些简单的例子是很有帮助的。

133 **例 1**

$$U(c) = \ln(c);$$

$$R = 1.5;$$

$$\lambda_s = \begin{cases} 0.8 & 若\ s = L \\ 0.8 + \varepsilon & 若\ s = H \end{cases}$$

$$(\pi, 1-\pi) = (0.35, 0.65)$$

5.2.1 无总体不确定性的基本均衡

我们从考虑一个如下的情形开始：$\varepsilon = 0$，故 $\lambda_H = \lambda_L = \lambda = 0.8$，$s$ 代表外在不确定性，来看一看 s 不起作用的基本均衡。如果没有不确定性，银行总可以通过许诺前期消费者的消费 c_1 为 d，后期消费者的消费 c_2 为资产组合的剩余价值的方式，给存款者提供满足预算约束和激励约束的任意消费分配。因此在基本均衡中我们不需要关注存款合同的形式。在不失必要的一般性的情况下，可以假设银行为存款人提供了消费束（c_1，c_2）。

既然不存在总体风险，银行可以使用短期资产为前期消费者在时期 1 提供消费，并可以使用长期资产为后期消费者在时期 2 提供消费。由于前期消费者的比重为 0.8，资产组合中短期资产的数量必须满足 $0.8c_1 = y$ 或者 $c_1 = y/0.8$。同样的，长期资产的数量必须满足 $0.2c_2 = R(1-y)$ 或者 $c_2 = R(1-y)/0.2$，其中 $1-y$ 是投资于长期资产的数量，并且 $R = 1.5$ 是长期资产的回报。于是银行的决策问题为

$$\max\ 0.8U(c_1) + 0.2U(c_2)$$

$$\text{s.t.}\ 0 \leqslant y \leqslant 1$$

$$c_1 = y/0.8$$
$$c_2 = R(1-y)/0.2$$

从预算约束中将 c_1 和 c_2 的表达式代入目标方程并使 $U(c)=\ln(c)$，问题简化为

$$\max 0.8\ln\left(\frac{y}{0.8}\right)+0.2\ln\left(\frac{R(1-y)}{0.2}\right)$$

假设存在关于 y 的内点解，则该问题解的必要和充分一阶条件为 134

$$\frac{0.8}{y}=\frac{0.2}{1-y}$$

解得

$$y=0.8$$

于是

$$c_1=\frac{y}{0.8}=1$$

$$c_2=1.5\,\frac{(1-y)}{0.2}=1.5$$

并且

$$E[u(c_1,c_2)]=0.8\ln(1)+0.2\ln(1.5)=0.081$$

正如我们之前所见到的，当不存在关于未来的不确定性时，只有在时期 1 的资产价格满足 $P_H=P_L=1$ 的情况下，时期 0 的资产市场才能出清。由于该价格使得时期 0 和时期 1 之间持有两种资产的回报相同，所以这是使得银行在时期 0 愿意持有两种资产的唯一价格。

在每种状态 s 下，资产价格 $P_s=1$ 意味着在时期 11 单位的长期资产投资有一个 $R=1.5$ 的回报。因此时期 1 和时期 2 之间长期资产的回报占优（Dominate）短期资产的回报，银行在时期 1 只持有长期资产。

例 1 所描述的均衡是自给自足经济（Autarkic），每家银行不需要利用时期 1 的资产市场便可为其储蓄客户提供在每期所需要的消费。这并不是唯一的基本均衡，事实上这样的均衡有许多个，只不过差别仅在于银行所做的投资上，而不在于总体投资、消费和存款者的期望效用上。我们已经指出银行在时期 0 持有的两种资产是无差异的，这两种资产在时期 1 以及任何基

本均衡下产生相同的回报。所以任何一种资产组合对他们来说都是最优的。只要总体或平均的资产组合满足 $y=0.8$，没有理由要求银行不持有各不相同的资产组合。比如，假设有比例为 0.8 的银行仅持有短期资产，比例为 0.2 的银行仅持有长期资产。在时期 1，一家仅持有短期资产的银行会将其资产组合的 80%用以满足前来取款的前期消费者，而其剩余部分将买入 0.2 单位的长期资产以便为后期消费者在时期 2 提供 1.5 单位的消费。那些仅持有长期资产的银行将变现其资产组合中的 80%为前期消费者取得消费品，并将持有剩余的 20%为后期消费者在时期 2 提供消费。

尽管在本例中用到了资产市场，但它不是必需的，银行仍然可以在不使用市场的情况下达到最优（First Best）。另一方面，如果银行受到各种不相同的流动性冲击，它们在时期 1 将会有不同的流动性需求。有些银行将会有流动性盈余而其他银行将会有流动性赤字。这些盈余与赤字只能通过市场解决。在本章末尾，我们将考察一个资产市场起到重要作用的情形，然而此刻我们将继续忽略异质冲击。

5.2.2 总体不确定性

现在假设 $\varepsilon=0.01$，于是 $\lambda_L=0.8$ 并且 $\lambda_H=0.81$，状态 s 的不确定性引致了总体内在不确定性。尽管总体不确定性的程度很小，但存在总体不确定性经济的均衡与上面所讨论的基本均衡有很大的差别。我们很容易从流动性的供给和需求缺乏弹性中识别轻微总体不确定性存在相当大效应的原因。设想所有的银行在时期 0 都做出完全相同的决策，稍后我们将发现这一假定并不合理，但它对于解释一些重要问题很有帮助。如果对短期资产的投资是 y 单位，则经济中在时期 1 可行的消费品总数量是人均 y 单位，与总体状态和当前价格相互独立。在这个意义上，流动性的总供给是缺乏弹性的。记时期 1 流动性的总供给为 $S(P)$，定义它在所有价格水平 P 和状态 s 下使得

$$S_s(P)=y$$

设想银行也要制定一个为想在时期 1 取款的任何存款人提供 d 单位商品的存款合同。假设不存在银行挤兑，因此也不存在银行违约（Default），在时期 1 对流动性的需求仅仅是为前期消费者提供商品。既然在状态 $s=L$ 下前期消费者的比重是 0.8，并且在状态 $s=H$ 下为 0.81，银行所需要的消费
136 品的总数量以 0.65 的概率为 $0.8d$，0.35 的概率为 $0.81d$。记 $D_s(P)$ 为在

状态 s 下资产价格为 P 时对流动性的总需求，则

$$D_s(P)=\begin{cases}0.8d & 若\ s=L\\ 0.81d & 若\ s=H\end{cases}$$

需求是价格无弹性的，因为所允诺的支付 d 是无弹性的，但总需求随状态而变化。

市场出清要求对流动性的需求不超过供给，即在每种状态 $s=H$，L 下

$$D_s(P_s)\leqslant S_s(P_s)$$

如果市场在高状态 $s=H$ 时出清，那么在低状态 $s=L$ 时就会有多余的流动性，因为

$$0.8d<0.81d\leqslant y$$

正如我们在前面的关于资产市场均衡的讨论中所看到的，当在时期 1 有过剩流动性时，长期资产的价格将涨到 $P_L=R=1.5$。只有在该价格水平上短期资产和长期资产的回报率才相等，因此银行才愿意持有短期资产直至时期 2。但银行在时期 0 仍必须持有两种资产，而如果短期资产被长期资产占优则它们便不会这么做。如果 $P_L=1.5$，那么只有在高状态下资产的价格更低，短期资产才不会被占优。事实上，我们必须有 $P_H\ll 1$。因此，需求和供给的无弹性意味着即便是微小的总体流动性冲击也会导致资产价格的巨大波动。

我们已证明，即使不存在银行破产，在 $\varepsilon=0.01$ 的微小总体不确定性下的均衡也与 $\varepsilon=0$ 的极限经济（Limit Economy）的基本均衡有很大差别。如果我们允许银行破产的可能性，将会发现另外的差异：起初看起来非常相似的银行会采取极不相同的投资和风险分担策略。为说明这一点，做一个与假设所有的银行在初期做出完全相同的决策相反的假设。如果如上面所假定的那样，每个银行都投资 y 单位商品在短期资产上，并提供一个为时期 1 想要兑现的存款者允诺 d 单位消费品的存款合同。我们已指出在时期 1 当且仅当不满足激励约束（5.1）时银行才无法履约。但如果每家银行在时期 1 做出的是相同的决策，要么它们全部违反激励约束，要么全部没有。如果每家银行都无力履约，那便没有人会购买在时期 1 必须清算的长期资产，于是资产价格将降为零。然而这不可能是均衡。在价格为零时，有人会试图偏离常轨，他们选择 y 和 d 从而避免破产，在价格降为零时通过买入长 137

期资产获取大量资本。所以为了在均衡中存有银行违约，该均衡必须是由两类银行混合而成，它们在时期 0 做出极不相同的决策，可以称它们为安全银行（Safe Banks）和风险银行（Risky Banks）。

安全银行持有大量短期资产并提供在时期 1 允诺低支付的存款合同，风险银行持有大量长期资产并提供在时期 1 允诺高支付的存款合同。当流动性需求为低状态时（$s=L$），安全银行把持有的过剩流动性供给到市场上并买入长期资产，风险银行通过卖出长期资产来获取它们所需的流动性以兑现其存款合同。当流动性需求是高状态时（$s=H$），长期资产市场的流动性不足，这是由于安全银行必须将它们的流动性更多地用于满足它们自己客户的需要。这种流动性短缺导致长期资产价格下跌，迫使风险银行破产并清算它们的长期资产。长期资产供给的增加会导致价格的大幅下降。这种情况下存在“市场现金”定价（Cash-in-the-Market Pricing）。安全银行持有的流动性除满足其客户需求之外，也使得它们能够全部买下降价销售的长期资产。这种低价格弥补了它们在流动性需求偏低、价格偏高的状态下持有多余流动性的成本。

为说明这样一个均衡的细节过程，考虑如下的一个例子，其中除了 $\varepsilon=0.01$ 而非 $\varepsilon=0$ 之外，其他参数值与例 1 是相同的。这种带有总体不确定性的变化即为例 1A。

例 1A

$$U(c)=\ln(c)$$
$$R=1.5$$
$$\alpha=0.8$$
$$\pi=0.35$$
$$\varepsilon=0.01$$

于是

$$\lambda_s=\begin{cases}0.8 & \text{以概率 } 0.65\\ 0.81 & \text{以概率 } 0.35\end{cases}$$

138 资产价格 P_s 为随机变量且取值如下：

$$P_s=\begin{cases}p_H R=(0.430)(1.5)=0.645 & \text{若 } s=H\\ p_L R=(0.940)(1.5)=1.410 & \text{若 } s=L\end{cases}$$

接下来我们来描述安全银行与风险银行的行为。有比例为 $\rho=0.979$ 的银行采取的是避免破产与违约的安全策略。具体而言，它们投资了一个较大的y^S于短期资产并对早期取款人允诺了一个较小的数额 d^S：

$$y^S=0.822;\ d^S=0.998$$

两种选择均使得银行更容易满足激励约束。一旦做出这些决策，价格和预算约束决定了在每个时期和每种状态下储蓄者的消费：

$$c_s^S=\begin{cases}(c_{1H}^S,c_{2H}^S)=(0.998,1.572) & 若\ s=H\\(c_{1L}^S,c_{2L}^S)=(0.998,1.461) & 若\ s=L\end{cases}$$

注意，在每种状态下前期消费者获得的是同样的消费量（d^S）。而后期消费者在每种状态下具有不同的消费量是因为他们获取的是资产组合的剩余价值，且该价值依赖于资产价格 P_s。注意到后期消费者在高状态下的境况更好：低资产价格允许银行更便宜地购买远期消费。或者，可以认为银行通过在时期 1 便宜地买入长期资产，并在时期 2 以更贵的价格将其卖出赚取资本收益。

有比例为 $1-\rho=0.021$ 的银行采取的是风险策略，在状态 $s=H$ 价格下降时会无法偿付并破产。与安全银行不同，它们选择了一个较低的 y^R 并许诺给前期取款者一个更高水平的消费：

$$y^R=0.016;\ d^R=1.405$$

两种选择均使其更难满足激励约束。由该决策和预算约束决定的消费水平为

$$c_s^R=\begin{cases}(c_{1H}^R,c_{2H}^R)=(0.651,0.651) & 若\ s=H\\(c_{1L}^R,c_{2L}^R)=(1.405,1.486) & 若\ s=L\end{cases}$$

在低状态下，银行有清偿能力并对前期和后期消费者均可以兑现。相比之
下，在高状态银行会破产并无力履约，无论前期还是后期消费者均只得到 139
银行资产组合的清算价值。

均衡时，消费者必须对在安全银行或风险银行存款无差异。否则，其中一类银行必定无法吸引到消费者。如果我们计算一下储蓄者在安全银行和风险银行消费的预期效用，可以发现均为 0.078。

为检验这些选择与均衡相一致，我们首先要证明的是在时期 1 市场是出清的。考虑一下在状态 $s=L$ 时所发生的事情。安全银行可以从它们自己持有的安全资产中满足储蓄者的流动性需求。比例为 $\lambda_L=0.8$ 的消费者为前期

消费者，所以对流动性的需求为 $\lambda_L d^S=0.8\times0.998=0.798$，于是每家安全银行将拥有 $y^S-\lambda_L d^S=0.822-0.798=0.024$ 单位的商品剩余。既然安全银行的比重为 $\rho=0.979$，过剩流动性的总量为 $\rho(y^S-\lambda_L d^S)=0.979\times0.024=0.023$。由于 $P_L=1.410>1$，短期资产在时期 1 和 2 之间被长期资产占优，所以安全银行将只愿意持有长期资产。从而它们将供给全部的 0.023 单位的商品以交换长期资产。

接下来考虑风险银行。既然它们持有较少的短期资产，它们必须出售所持有的部分长期资产以便为其早期消费者提供所允诺的流动性。其客户的流动性需求为 $\lambda_L d^R=0.8\times1.405=1.124$，它们持有的短期资产为 0.016，所以它们需要 $1.124-0.016=1.108$。由于风险银行的比重为 $1-\rho=0.021$，对流动性的总需求为 $(1-\rho)\lambda_L d^R=0.021\times1.108=0.023$。于是在状态 $s=L$ 下流动性的需求等于供给。

状态 $s=H$ 下，可以同样的方式计算安全银行的流动性供给，仅需注意此时前期消费者的比重为 $\lambda_H=0.81$，流动性供给为

$$\begin{aligned}\rho(y^S-\lambda_H d^S)&=(0.979)(0.822-0.81\times0.998)\\&=0.013\end{aligned}$$

风险银行持有 $1-y^R=0.987$ 单位的长期资产。由于破产，它们必须清算其所有资产，这意味着在时期 1 它们必须供给所有数额的长期资产。暗含的意思是作为交换它们需要 $P_H=0.645$ 单位的流动性，由于有 $1-\rho=0.021$ 的风险银行，对流动性的总需求为

$$(1-\rho)P_H(1-y^R)=0.021\times0.645\times0.987=0.013$$

于是，资产市场在状态 $s=H$ 时也出清。

140 为证明市场在时期 0 是出清的，需要证明每种银行所持有的资产组合是最优的，这要求我们检验资产组合中微小变化对于每种状态下的消费和期望效用的影响的一阶条件。这是一个颇为复杂的练习，我们将不在此展开。

这一例子已证明 $\varepsilon=\lambda_H-\lambda_L$ 的一个小的增加会导致与基本均衡相比之下的极不相同的价格行为，它也引起了均衡当中银行无力履约的可能性。正如我们如上证明的，资产价格的大幅波动是内在不确定性均衡的一般性质，尽管这种不确定性的程度很小。这使得我们要问两个问题。首先，如果让 $\varepsilon>0$ 收敛到零我们可以观察到何种均衡呢？其次，这一均衡序列的极限会是 $\varepsilon=0$ 的极限经济的均衡吗？对以上两问题的答案是具有内在不确定性的均

衡收敛于极限经济的太阳黑子均衡。在这一太阳黑子均衡中，即便经济中不存在内在总体不确定性，价格依然波动。

5.2.3　太阳黑子均衡

为描述具有内在不确定性的均衡的极限，我们回到例 1。参数是一模一样的，只不过又发现了另一均衡。为区别这一情形我们称其为例 1S。

例 1S　资产价格是随机的：

$$P_s=\begin{cases}p_H R=(0.432)(1.5)=0.648 & \text{若 } s=H\\ p_L R=(0.943)(1.5)=1.415 & \text{若 } s=L\end{cases}$$

安全银行的比例 $\rho=1$，且它们的决策为

$$y^S=0.8；\ d^S=1$$

该决策和均衡价格决定了在每种状态和每个时期下的消费量：

$$c_s^S=\begin{cases}(c_{1H}^S, c_{2H}^S)=(1.0, 1.5) & \text{若 } s=H\\ (c_{1L}^S, c_{2L}^S)=(1.0, 1.5) & \text{若 } s=L\end{cases}\tag{5.3}$$

注意，消费与基本均衡下是完全一样的。从该消费中所得的期望效用，正 141
如我们前面所指出的，是 0.081。

另一方面，风险银行继续选择一个低的短期资产投资水平 y^R，并允诺前期取款者一个高的消费水平 d^R：

$$y^R=0;d^R=1.414$$

相应的消费为

$$c_s^R=\begin{cases}(c_{1H}^R, c_{2H}^R)=(0.648, 0.648) & \text{若 } s=H\\ (c_{1L}^R, c_{2L}^R)=(1.414, 1.500) & \text{若 } s=L\end{cases}$$

现在风险银行不投资于短期资产并在高状态 $s=H$ 时破产。如果我们去计算这一消费计划的期望效用，将会发现它等于安全银行的期望效用 0.081。因此消费者在两类银行间无差异，尽管由于 $\rho=1$ 在均衡时并不存在风险银行。

这看起来或许有点奇怪，银行的最佳选择是采取风险策略，即便没有银行会试图这么做。事实上，这是 ϵ 从上趋于零的作为极限均衡结果的任一均衡的必然要求。在 $\epsilon>0$ 的均衡中，总有一个正数比重的银行是风险银行，

暗指对风险银行来说这样做一定是最优的。当 ε 变得无限小时，风险银行的比例也变得无限小，但在极限中对于风险银行来说那样做仍是最优的，尽管没人会那么干。在极限均衡中不存在银行无力履约的情况，这源于我们在基本均衡中已看到过的这样一个事实：银行可以在不利用资产市场的情况下实现最优。让每一个人都得到最优下的期望效用的唯一方式就是让所有银行都选择安全策略。尽管对某一单个银行（所占比重可忽略不计）来说，其最优策略和最优选择是采取风险策略，假若某一正数比重的银行这么做了，存款者的福利将会降到最优水平之下。因此在 $\varepsilon=0$ 的极限经济，均衡要求 $\rho=1$。

在方程（5.3）给出的分配中，存款者不承担风险，因此当面对小风险时可近似为风险中性。他们对于多持有或少持有一点每种资产是无差异的，当且仅当如下条件满足：

$$\pi\frac{R}{P_H}+(1-\pi)\frac{R}{P_L}=R \tag{5.4}$$

142 右边是在时期 0 1 单位长期资产的投资在时期 2 的期望回报。左边是如下策略的期望回报：在时期 0 投资于 1 单位的短期资产并利用其回报在时期 1 尽可能多地买入长期资产。高状态以概率 π 发生，价格为 P_H，该策略的结果是购买了 $1/P_H$ 单位的长期资产。低状态以概率 $1-\pi$ 发生，价格为 P_L，因此得到 $1/P_L$ 单位的长期资产。每单位的长期资产在时期 2 的产出是 R，因此投资策略的期望回报等于（5.4）式的左端。换言之，当且仅当（5.4）式成立的时候，持有短期资产的期望回报与持有长期资产的期望回报相同。很容易验证

$$\frac{0.65\times1.5}{1.415}+\frac{0.35\times1.5}{0.648}=1.5$$

所以在极限太阳黑子均衡中（Limiting Sunspot Equilibrium），资产市场在时期 1 确实是出清的。

还有很多其他的太阳黑子均衡。事实上，在 0 和 1.5 之间任意一对价格——只要它满足（5.4）式——都对应着一个太阳黑子均衡。如此大的一个价格向量集可以出清市场，并得出均衡，原因正是在于当不存在总体不确定性时便不需要市场。价格仅有的作用是确保（a）银行在时期 0 愿意持有两种资产的适当数量，并且（b）没有谁想去利用资产市场。条件（a）由一阶条件（5.4）所保证，而条件（b）则由如下事实保证：银行的流动性仅够在时期 1

支付其前期取款者，并因此在时期 1 没有可供交易的东西。在每种状态 s 下 $P_s<R$ 的事实暗指银行在时期 1 和时期 2 之间无论如何只愿意持有长期资产。

例 1 中变量的解在表 5.1 中列出。1F 行为基本均衡，1A 行为带有总体不确定性的均衡，而 1S 行为太阳黑子均衡。

表 5.1　　　例 1 中的均衡

#	ε	$\begin{bmatrix} E[U^S] \\ E[U^R] \end{bmatrix}$	$\begin{bmatrix} y^S \\ y^R \end{bmatrix}$	$\begin{bmatrix} (c_{1H}^S, c_{2H}^S) \\ (c_{1L}^S, c_{2L}^S) \\ (c_{1H}^R, c_{2H}^R) \\ (c_{1L}^R, c_{2L}^R) \end{bmatrix}$	$\begin{bmatrix} p^H \\ p^L \end{bmatrix}$
1F	0	0.081	0.800	(1.000, 1.500)	0.667
1A	0.010	$\begin{bmatrix} 0.078 \\ 0.078 \end{bmatrix}$	$\begin{bmatrix} 0.822 \\ 0.016 \end{bmatrix}$	$\begin{bmatrix} (0.998, 1.572) \\ (0.998, 1.461) \\ (0.651, 0.651) \\ (1.405, 1.486) \end{bmatrix}$	$\begin{bmatrix} 0.430 \\ 0.940 \end{bmatrix}$
1S	0	$\begin{bmatrix} 0.081 \\ 0.081 \end{bmatrix}$	$\begin{bmatrix} 0.800 \\ 0 \end{bmatrix}$	$\begin{bmatrix} (1.000, 1.500) \\ (1.000, 1.500) \\ (0.648, 0.648) \\ (1.414, 1.500) \end{bmatrix}$	$\begin{bmatrix} 0.432 \\ 0.943 \end{bmatrix}$

5.2.4　银行的异质流动性冲击

到目前为止我们一直假设银行并未受到异质流动性冲击（Idiosyncratic Liquidity Shocks），也就是说，所有银行面对的前期消费者和后期消费者的比例是相同的。接下来假设银行可以有不同比例的前期消费者，在这种情况下所有的银行必须使用市场进行交易。若某家银行受到高流动性冲击，则它需要获取流动性；若受到低流动性冲击，则它向市场供给流动性。异质冲击的主要效应是迫使银行在波动的价格下进行交易，从而降低了预期效用。

为说明引入银行异质流动性冲击的效应，我们考虑例 1 的如下一个变
形。我们不再假设 λ_s 纯粹是自然状态的一个函数，而是每种状态 s 下的一 144
个随机变量 $\tilde{\lambda}_s$。

例 2

$$U(c_t)=\ln(c_t)$$

$$R=1.5$$

$$\tilde{\lambda}_H=\begin{cases}0.75+\varepsilon & \text{以概率 } 0.5 \\ 0.85+\varepsilon & \text{以概率 } 0.5\end{cases}$$

$$\tilde{\lambda}_L=\begin{cases}0.75 & \text{以概率 } 0.5\\ 0.85 & \text{以概率 } 0.5\end{cases}$$

$$\pi=0.35$$

本例中的均衡展示于表 5.2。2F 一行所表示的基本均衡与表 5.1 中的 1F 相同。既然 $P_H=P_L=1$，那便有可能在时期 1 买卖长期资产以获取所需的流动性，并且不影响储蓄者的福利。尽管如此，表 5.1 中 1S 与表 5.2 中 2S 的太阳黑子均衡却是不同的。低价格下发生的交易对安全银行同时也对风险银行的福利产生了负面影响。为减轻这一低价格交易的影响，安全银行将 d^S 从 1S 中的 1 降低到 2S 中的 0.995，同样，y^S 由 0.800 降低到 0.798。期望效用从 1S 中的 0.081 降低到 2S 中的 0.080。犹如在没有异质风险的原始均衡（Autarkic Equilibrium）中，引入微小的总体不确定性破坏了具有非随机价格的均衡。只有太阳黑子均衡是稳健（Robust）的。2A 一行说明具有内在不确定性的均衡（$\varepsilon=0.010$）与太阳黑子均衡十分接近。在这种情况下 $\rho=0.989$，并且 $1-\rho=0.011$，因此安全银行与风险银行都会介入。

表 5.2　例 2 中的均衡

#	ε	$\begin{bmatrix}E[U^S]\\E[U^R]\end{bmatrix}$	$\begin{bmatrix}y^S\\y^R\end{bmatrix}$	$\begin{bmatrix}(c_{1H}^S, c_{2HL}^S, c_{2HH}^S)\\(c_{1L}^S, c_{2LL}^S, c_{2LH}^S)\\(c_{1H}^R, c_{2HL}^R, c_{2HH}^R)\\(c_{1L}^R, c_{2LL}^R, c_{2LH}^R)\end{bmatrix}$	$\begin{bmatrix}p^H\\p^L\end{bmatrix}$
2F	0	0.081	0.800	(1.000，1.500)	0.667
2A	0.010	$\begin{bmatrix}0.077\\0.077\end{bmatrix}$	$\begin{bmatrix}0.814\\0\end{bmatrix}$	$\begin{bmatrix}(0.995, 1.715, 1.392)\\(0.995, 1.415, 1.627)\\(0.678, 0.678, 0.678)\\(1.360, 1.502, 1.503)\end{bmatrix}$	$\begin{bmatrix}0.452\\0.907\end{bmatrix}$
2S	0	$\begin{bmatrix}0.080\\0.080\end{bmatrix}$	$\begin{bmatrix}0.798\\0\end{bmatrix}$	$\begin{bmatrix}(0.998, 1.648, 1.281)\\(0.998, 1.430, 1.652)\\(0.681, 0.681, 0.681)\\(1.364, 1.502, 1.503)\end{bmatrix}$	$\begin{bmatrix}0.454\\0.910\end{bmatrix}$

5.2.5　无破产均衡

在如上考虑的例子中，破产总是最优的，即使在均衡中并不总能观察到，但也存在破产并非最优的均衡。换言之，我们也具有价格剧烈波动但不存在破产的金融危机。接下来考虑这种类型的一个例子，简便起见，我们回到没有银行异质风险的情况。

例 3 145

$$U(c)=\ln(c)$$
$$R=1.5$$
$$\lambda_s=\begin{cases}0.5 & 若\ s=L\\ 0.5+\varepsilon & 若\ s=H\end{cases}$$
$$\pi=0.3$$

本例的均衡总结于表 5.3。$\varepsilon=0$ 的基本均衡为 3F 一行。就像在例 1 和例 2 中一样，可直接得出 $c_1=1$，$c_2=R=1.5$，并且 $p_H=p_L=0.667$，因此 $P_H=P_L=1$。期望效用为 $0.5\ln(1)+0.5\ln(1.5)=0.203$。

表 5.3　　**例 3 中的均衡**

#	ε	$\begin{bmatrix}E[U^S]\\E[U^R]\end{bmatrix}$	$\begin{bmatrix}y^S\\y^R\end{bmatrix}$	$\begin{bmatrix}(c^S_{2H},c^S_{2H})\\(c^S_{2L},c^S_{2L})\\(c^R_{2H},c^R_{2H})\\(c^R_{2L},c^R_{2L})\end{bmatrix}$	$\begin{bmatrix}p^H\\p^L\end{bmatrix}$
3F	0	0.203	0.500	(1.000, 1.500)	0.667
3A	0.010	$\begin{bmatrix}0.199\\0.110\end{bmatrix}$	$\begin{bmatrix}0.508\\0\end{bmatrix}$	$\begin{bmatrix}(0.996,1.507)\\(0.996,1.497)\\(0.561,0.561)\\(1.500,1.500)\end{bmatrix}$	$\begin{bmatrix}0.374\\1\end{bmatrix}$
3S	0	$\begin{bmatrix}0.203\\0.111\end{bmatrix}$	$\begin{bmatrix}0.500\\0\end{bmatrix}$	$\begin{bmatrix}(1.000,1.500)\\(1.000,1.500)\\(0.563,0.563)\\(1.500,1.500)\end{bmatrix}$	$\begin{bmatrix}0.375\\1\end{bmatrix}$

接下来考虑 $\varepsilon=0.01$ 的具有总体不确定性的均衡，即表 5.3 中的 3A 行。该均衡的关键特征是只有安全银行进入。它们持有的短期资产 $y^S=0.508$ 足以覆盖 $s=H$——流动性需求很高时——对流动性的需求。安全银行在高状态时需要 $\lambda_H d^S=0.51\times0.996=0.508$ 单位的商品，这意味着在低状态 $s=L$ 下有过剩流动性。如我们所看到的，可能的均衡价格只会是 $p_L=1$，所以 $P_L=p_L R=1.5$。在状态 $s=L$ 下给定该价格，为使得银行在时期 0 和时期 1 之间持有短期和长期两种资产，$P_H\ll1$ 是必要的（见 5.2.2 部分）。本例中，$p_H=0.374$，安全银行提供如下消费计划： 146

$$c^S_s=\begin{cases}(c^S_{1H},c^S_{2H})=(0.996,1.507) & 若\ s=H\\ (c^S_{1L},c^S_{2L})=(0.996,1.497) & 若\ s=L\end{cases}$$

安全银行提供给储蓄者的期望效用是 0.199。

若风险银行进入，它的最优选择是

$$y^R=0;d^R=1.5$$

并为储蓄者提供消费计划

$$c_s^R=\begin{cases}(c_{1H}^R,c_{2H}^R)=(0.561,0.561) & 若\ s=H\\(c_{1L}^R,c_{2L}^R)=(1.500,1.500) & 若\ s=L\end{cases}$$

储蓄者可从风险银行提供的合同中获得的期望效用是 0.110，严格劣于安全银行所提供的。因此，均衡时没有风险银行。

3S 行为太阳黑子均衡，它是经济中存在总体内在不确定性且 $\varepsilon\to 0$ 时基本均衡的极限。安全银行所给予的分配与基本均衡是相同的，期望效用也是如此，为 0.203。同具有总体不确定性的情形一样，我们有 $p_L=1$。在此，应用方程（5.4）可以证明 $p_H=0.375$。在这样的价格下，风险银行最多可以为消费者提供 0.111 的预期效用，所以再一次的，没有风险银行进入。

注意，无论有没有银行破产，除基本均衡外，在每一个均衡上都存在价格波动。

5.2.6 完全市场与不完全市场比较

本章中市场结构的关键特征是不存在阿罗证券（Arrow Securities），因此市场是不完全的。当这些证券被引入时，分析就发生了显著的变化。基本均衡而非例子中考虑的太阳黑子均衡成为稳健均衡。它成为在 $\varepsilon\to 0$ 时的极限均衡。对于小的 ε 均衡与基本均衡非常接近。当 $\varepsilon=0$ 时，由于阿罗证券的交易，太阳黑子均衡被排除。因此均衡形式的关键决定因素为市场是否是完全的或不完全的。在下一章中，我们考虑完全市场的情形。

5.3 相关文献

147 本章中的模型与不完全市场下的太阳黑子和一般不完全市场均衡（GEI）[①] 的大量文献相关。太阳黑子均衡的理论分析始于阿扎里亚蒂斯

① 即 General equilibrium with incomplete markets 的简写。——译者注

(Azariadis，1981) 和卡斯和谢尔 (Cass and Shell，1983) 的关键著作，他们使得文献向两个方向发展。卡斯-谢尔 (Cass-Shell) 论文与瓦尔拉斯一般均衡框架最为接近；而阿扎里亚蒂斯的论文则与宏观经济动态文献最为相关。关于宏观经济应用的一个较好的综述可参见法默 (Farmer，1999)；而当前文献中关于一般均衡框架的一个例子可参见卡基和戈塔蒂 (Kajii and Gottardi，1995，1999)。

可以证明在市场是完全的情况下太阳黑子不起作用（关于严谨的陈述，参见 Shell and Goenka (1997))。我们模型中的不完全性本身揭示出两方面内容。首先，太阳黑子被认为是无法契约化的，即存款契约不能明确地依太阳黑子变量而定。从这方面讲，模型沿袭了不完全契约的文献（例如，见 Hart (1995))。其次，依太阳黑子变量而定的阿罗证券没有市场，因此金融中介不能为它们自己关于与太阳黑子相关的资产价格波动上保险。这是一般不完全市场均衡 (GEI) 文献的标准假设（例如，见 Geanakoplos (1990)；Quinzii and Magill (1996))。

本章的结论有助于理解第 3 章讨论的关于金融危机的两种传统观点。一种观点认为它们是自发事件，与实体经济的变化无关。历史上，银行恐慌被归结为“羊群效用”(Mob Psychology) 或“集体歇斯底里”(Mass Hysteria)（例如，见 Kindleberger (1978))。这一理论的现代观点是将银行恐慌解释为均衡的协调失灵 (Equilibrium Coordination Failures) (Bryant (1980)；Diamond and Dybvig (1983))。另一种观点是将金融危机视为经济周期的自然结果 (Gordon (1988)；Gordon and Calomiris (1991)；Calomiris and Mason (2000)；Allen and Gale，1998 (2000a－c))。本章的模型结合了两种传统方法中最吸引人的特色。像太阳黑子方法中，小的冲击会导致大的效应；像在真实经济周期方法中，对在何种条件下会爆发金融危机做了坚定的预测。

有一小部分仍在发展的文献——从本章所使用的术语的意义上来说——是关于金融脆弱性的。金融乘数 (Financial Multiplier) 由伯南克和格特勒 (Bernanke and Gertler，1989) 引入。在基亚塔基和穆尔 (Kiyotaki and Moore，1997) 的模型中，一旦信贷链出现非流动性冲击，便会进一步沿着链条产生巨大冲击。查瑞和基欧 (Chari and Kehoe，2000) 指出羊群行为 (Herding Behavior) 可以产生小的信息冲击，引致资本流动的巨大效应。拉格诺夫和施莱夫特 (Lagunoff and Schreft，2001) 证明企业的重叠 148

债权（Overlapping Claims）可使得小冲击导致大范围的破产。伯纳多和韦尔奇（Bernardo and Welch，2004）发展了基于流动性需求预期的金融市场挤兑和资产价格崩溃模型。

波斯特尔韦特等（Postlewaite et al.，2003）研究了固定投资先于完全竞争市场交易的模型。他们证明在缺乏远期合同的情况下，即使不确定性的程度很小，均衡即期价格也有很大波动。

5.4 讨 论

本章伊始我们强调了四点。首先，因为银行和市场的交互作用，小的冲击可能引致大的效应。我们考察了内生性危机，其中微小的或者可以忽略的冲击引发了自我加强或自我放大的价格变动。在极限处，当冲击变得足够小时，不存在总体外生不确定性，但这并不意味着没有内生不确定性。我们区分了两类不确定性。内在不确定性由经济的初始特质或基本面的随机波动造成，一个例子是影响流动性偏好或资产回报的外生冲击。外在不确定性依定义对经济的基本面没有影响。没有外在不确定性的均衡被称为基本均衡，因为内生变量是外在特质或模型基本面（禀赋、偏好、技术）的函数。具有外在不确定性的均衡称为太阳黑子均衡，因为内生变量可能受不对基本面产生直接影响的外来变量（太阳黑子）的影响。在基本均衡中若不存在外生基本面冲击，如对资产回报和流动性需求的冲击，则不可能发生危机。与之相对，在太阳黑子均衡中，资产价格可以在没有总体外生冲击的情况下波动，危机似乎是自然发生的。

其次，流动性在决定资产价格中起到关键作用。流动性供给由银行初始的资产组合所决定。结果流动性需求的小的冲击与固定的供给相互作用，导致了资产价格下跌。一旦流动性供给被银行的资产组合决策所固定，流动性需求冲击会导致相当大的资产价格波动或银行无力履约。银行的流动性供给在短期内被银行在时期 0 的资产组合决策所固定。在银行可以兑现承诺时，对流动性的需求在短期内是完全无弹性的。流动性偏好高的情况下，
149 如果银行的流动性供给足以满足存款者的需求，那么在流动性偏好低的情况下就存在过剩流动性供给。只有利率为零（以时期 1 衡量的时期 2 的消费的价格为 1），银行才愿意在时期 1 和时期 2 之间持有多余流动性。低利率暗

指资产价格相应很高，然而资产价格不可能在所有的状态都很高，否则短期资产在时期 0 会被占优且无人愿意持有。所以在不存在银行无法履约的情况下，存在价格的大幅波动。这一论断并不要求很大的流动性冲击。

再次，混合均衡的角色，其中事前完全相同的银行必须采取不同的策略。在某些参数设定下，我们证明一组银行采取将其大部分资金投资于长期资产的风险策略，它们通过在市场出售资产来满足其流动性需求。另一组银行采取安全策略并持有大量的短期资产。安全银行通过购买风险银行的长期资产为风险银行提供流动性。安全银行彼此之间也提供流动性：因为有异质流动性需求冲击，具有高流动性需求的银行向那些低需求的银行出售长期资产。

最后，关于系统风险和整体经济危机（Economy-Wide Crisis）的区别。当前的系统或整体经济危机模型与第 3 章所讨论的布赖恩特（1980）和戴蒙德及迪布维格（1983）关于单个银行挤兑或恐慌的模型有重要区别。本章模型中危机是个系统事件（Systemic Event），它只发生在无法履约的银行数量多到足以影响均衡价格之时。与之相对，在恐慌模型中，银行挤兑只是特殊现象。挤兑是否会发生于某一特定银行，与该银行储蓄者的决策有关，而与其他银行所发生的事情无关。多家银行同时发生挤兑仅是巧合而已。

恐慌和危机之间的另一差别是关于银行违约的原因。在布赖恩特-戴蒙德-迪布维格模型中，银行挤兑取决于后期消费者提前取款的自然事件。假定几乎所有消费者都在时期 1 取款，提前取款对每一个人来说都是最佳反应；但如果后期消费者要在时期 2 取款，那么推后取款对于每一个后期消费者来说就是最佳反应。因此，这一消费者在时期 1 的协调博弈中有两个均衡，一个存在银行挤兑，另一个则没有。这种协调失灵在当前模型中不起作用，事实上，协调失灵可以被明确地排除：银行挤兑只会发生在银行不能同时满足其预算约束和激励约束的时候。从一个单一的价格接受银行来 150
看，银行无法履约源于外生冲击。当银行破产确实发生，这是低资产价格的结果。当然资产价格是内生的，并且在资产价格和危机的关系之间有一个“自我实现”（Self-Fulfilling）的成分。银行被迫违约并清算资产，因为资产价格太低。并且资产的低价格是大规模破产以及相关的银行资产清算的结果。

模型的很多特征是很特别的，并值得进一步思考。首先，我们已注意到流动性需求缺乏弹性对于小的需求冲击产生大的资产价格波动的重要性。需求缺乏弹性遵从两个假定。第一个假定是银行利用活期存款，并且其在时期 1 的支付不依需求（或其他）而定。第二个假定是戴蒙德-迪布维格偏好，它排除了消费的跨期替代。我们视戴蒙德-迪布维格偏好和活期存款的使用皆为经验事实的对应物（Counterpart），金融契约通常签订得很“苛刻”（Hard），并要求按照准确界定的行动严格执行，而不管许多明显相关的意外事件。这种苛刻的契约可能是被实施或激励问题所推动，而很难以至于不能将它们明确地包含在模型中。几乎没有疑问，这些因素在真实的市场上都是起作用的，在此应当予以考虑。

其次，不完全契约的一个可供选择的理由，是它提供了一种在标准的瓦尔拉斯拍卖市场框架下，模拟市场出清机制之外的一些具有现实特征的方法。在拍卖市场上，价格和数量在均衡调整（Tatônnement Process）过程中是同时进行的，直到一个全面的均衡实现。另一个可供选择的机制是在价格被允许变化之前先选择数量，比如在公司股票市场上订单的使用。在银行背景下，若储蓄者被要求在银行间市场决定资产价格之前做出取款决策，那么同样会观察到需求是缺乏弹性的，即便允许储蓄者有跨期替代的偏好。或许存在其他制度结构具备本章模型的数量特征。

最后，货币外部性（Pecuniary Externalities）在模型中“起作用”，因为市场是不完全的：如果银行可以交易依状态 s 而定的阿罗证券，它们便可以为自己的资产价值变化上保险。在一组完全的阿罗证券下，风险分担必定是有效的，所以当不存在内在不确定性（$\varepsilon=0$）时，唯一的可能均衡是我们所说的基本均衡。均衡配置是激励有效的，太阳黑子没有实际影响，没
151 有金融危机发生。注意，尽管阿罗证券市场的存在具有效应（通过消除其他均衡），在基本均衡中没有阿罗证券的交易。当内在不确定性被引入时（$\varepsilon>0$），基本均衡成为稳健的，并且是当 $\varepsilon\to 0$ 时的极限均衡。我们下一章考虑完全市场的情形并将其与不完全市场作一个对比。

参考文献

Allen, F. and D. Gale (1998). “Optimal Financial Crises,” *Journal of Finance* 53, 1245 - 1284.

Allen, F. and D. Gale (2000a). "Financial Contagion," *Journal of Political Economy* 108, 1–33.

Allen, F. and D. Gale (2000b). "Optimal Currency Crises," *Carnegie Rochester Series on Public Policy* 53, 177–230.

Allen, F. and D. Gale (2000c). "Bubbles and Crises," *The Economic Journal* 110, 236–256.

Allen, F. and D. Gale (2004). "Financial Fragility, Liquidity, and Asset Prices," *Journal of the European Economic Association* 2, 1015–1048.

Azariadis, C. (1981). "Self-Fulfilling Prophecies," *Journal of Economic Theory* 25, 380–396.

Bernanke, B. and M. Gertler (1989). "Agency Costs, Net Worth, and Business Fluctuations," *American Economic Review* 79, 14–31.

Bernardo, A. and I. Welch (2004). "Financial Market Runs," *Quarterly Journal of Economics* 119, 135–158.

Bryant, J. (1980). "A Model of Reserves, Bank Runs, and Deposit Insurance," *Journal of Banking and Finance* 4, 335–344.

Calomiris, C. and G. Gorton (1991). "The Origins of Banking Panics, Models, Facts, and Bank Regulation." In *Financial Markets and Financial Crises*, edited by R. Hubbard. Chicago, IL: University of Chicago Press.

Calomiris, C. and J. Mason (2000). "Causes of U. S. Bank Distress During the Depression." NBER Working Paper W7919.

Cass, D. and K. Shell (1983). "Do Sunspots Matter?" *Journal of Political Economy* 91, 193–227.

Chari, V. and P. Kehoe (2000). "Financial Crises as Herds." Federal Reserve Bank of Minneapolis Working Paper.

Diamond, D. and P. Dybvig (1983). "Bank Runs, Deposit Insurance, and Liquidity," *Journal of Political Economy* 91, 401–419.

Farmer, R. (1999). *The Macroeconomics of Self-Fulfilling Prophecies*. Cambridge and London: MIT Press.

Geanakoplos, J. (1990). "An Introduction to General Equilibrium with Incomplete Asset Markets," *Journal of Mathematical Economics* 19, 1–38.

Gorton, G. (1988). "Banking Panics and Business Cycles," *Oxford Economic Papers* 40, 751-781. 152 *Chapter* 5. *Financial Fragility*

Gottardi, P. and A. Kajii (1995). "Generic Existence of Sunspot Equilibria: The Real Asset Case," University of Pennsylvania, CARESS Working Paper 95/12.

Gottardi, P. and A. Kajii (1999). "The Structure of Sunspot Equilibria: The Role of Multiplicity," *Review of Economic Studies* 66, 713-732.

Hart, O. (1995). *Firms, Contracts and Financial Structure*. Oxford: Oxford University Press.

Kindleberger, C. (1978). *Manias, Panics, and Crashes: A History of Financial Crises*. New York, NY: Basic Books.

Kiyotaki, N. and J. Moore (1997). "Credit Chains," *Journal of Political Economy* 99, 220-264.

Lagunoff, R. and S. Schreft (2001). "A Model of Financial Fragility," *Journal of Economic Theory 99*, 220-264.

Magill, M. and M. Quinzii (1996). *Theory of Incomplete Markets, Volume I*. Cambridge and London: MIT Press.

Postlewaite, A., G. Mailath and L. Samuelson (2003). "Sunk Investments Lead to Unpredictable Prices." University of Pennsylvania: http://www.ssc.upenn.edu/~apostlew/.

Schnabel, I. and H. Shin (2004). "Liquidity and Contagion: The Crisis of 1763," *Journal of the European Economic Association* 2, 929-968.

Shell, K. and A. Goenka (1997). "When Sunspots Don't Matter," *Economic Theory* 9, 169-178.

第 6 章　中介和市场

在前一章中我们从实证经济学的角度对金融脆弱性进行了研究，试图找出造成金融危机的因素和金融系统对小规模冲击敏感的原因。我们也注意到，金融危机本身可能是无效率的，但是这并不是我们这里要分析的焦点。现在我们要把视角转到规范层面来研究这个问题，看看到底为什么金融危机是一个“坏事。” 153

如果我们想知道为什么金融危机是件“坏事”，那么我们首先需要知道“在什么情况下，金融危机是有效率的”。之所以采取这种间接的方式，主要有以下几个原因：

● 首先，我们想要对认为金融危机无论何时何地都是件“坏事”的传统智慧提出挑战。当然我们也不否认金融危机会使经济体负担巨大成本，历史上许多国家的例子都说明了这一点。

与此同时，进行金融系统的管制同样也需要耗费成本，其中最为重要的就是由于管制体制会限制金融中介的行为自由，从而扭曲金融系统功能所产生的成本。如果要衡量一个政策的成本和收益，我们首先要明确金融体系有效率的条件，其中也包括金融危机有效率的条件。

● 考察金融危机有效率的条件的第二个原因在于，对这些条件的认识可能告诉我们控制危机和减少成本的方法。偶然的观察指出，最近两个世纪内建立起来的中央银行机制主要是一个试错过程的结果，其背后并没有严格的理论基础。我们要构建一个最优的金融稳定性政策，第一步就是对金融危机进行一番彻底的福利分析，包括对金融危机有效率的条件的分析。

● 第三个原因是经济学家已经构建出研究最优化经济系统的一套工具。因此以有效率的条件来刻画论述规范问题比反过来要容易得多。

154 本章的议程之一就是市场缺失的重要作用。尽管当时并没有表现得很清楚，但是在第 5 章，我们考察的模型的性质十分依赖于某些金融市场的缺失，尤其是阿罗证券[1]市场的缺失。如我们所见，模型中储蓄合同要求金融中介为每个在时期 1 提取存款的储蓄者提供一个固定数额的消费，无论当时的自然状态如何。如果金融中介面临的流动资金需求很高，那么它们获取足够流动资金来满足需求的唯一方式就是出售资产。从金融中介的角度来看，出于两方面原因出售资产是很不幸的：其一，金融中介可能被迫以低价处置其资产，从而储蓄者得到一个较低的支付。其二，如果大量的金融中介在同一时间售卖资产，那么销售压力将使资产价格大幅下降并迫使金融中介售出更多资产，从而使危机恶化。这两种效应一起解释了金融危机的无效率及其严重性。

前一章对金融脆弱性的分析中存在两种类型的不完全性。我们说如果合同（原则上）规定的报酬随附于所有自然状态，那么合同就是完全的。就此而言，储蓄合同是不完全合同，因为储蓄合同保证在时期 1 提供给提款者的消费是固定的，而不是随附于该期的自然状态。我们说如果存在允许金融中介在所有自然状态下交易阿罗证券的市场时，金融市场是完全的。这些市场允许金融中介根据自然状态购买流动资金。如果没有阿罗证券市

① 阿罗证券指的是保证在某一特定状态发生时交付 1 单位账户的资产（如一“美元”），而在其他状态下支付为零。阿罗证券和完全市场的概念参见第 2 章的回顾。

场，那么金融市场就是不完全的。在这两种不完全性中，金融市场的不完全性导致了金融危机的无效率。

为了说明市场缺失有多重要，我们将阿罗证券市场引入金融脆弱性模型。如果一个金融中介期望到在某特定自然状态下将会发生流动资金缺乏，那么它可以购买在这种自然状态下支付流动资金的阿罗证券，而不必出售其资产。这就将流动性需求与资产出售之间的关联切断了。其结果就是，资产的定价机制同流动性冲击隔离开来，不完全合同的动荡效应即使不能完全避免也会大大减弱。

阿罗证券市场的另一个好处就是改善了风险分担机制。金融中介可以 155
通过出售一种状态下的流动资金来为另一种状态提供额外的流动资金。它们可以将较低的消费边际效用状态下的财富有效地转移到边际效用较高的状态中。有效的风险分担必须要满足这一点。资产出售，相反的，使得金融中介减少边际效用较高状态下的消费，增大了不同状态下的消费效用差距，并导致无效率的风险分担结果。

在本章余下的部分，我们将考察完全市场对金融危机有效性的影响。在特定的附加假设下——这些假设同福利经济学基础定理的假设相似——完全市场可以保证自由放任（*Laisser-faire*）均衡的有效性。至少在这种情况下，金融危机所代表的并不是一种市场失灵，而政府也没有理由进行干预或管制。

6.1　完全市场

自亚当·斯密（Adam Smith）以来，经济学家们大多着迷于分散的市场体系。在过去的两个世纪内，他们对市场能够进行资源有效配置的必要条件不断地进行精炼。这些必要条件本身的设定并不是毫无损害的：

- 市场是完全竞争的；
- 不存在外部性；
- 不存在不对称信息（道德风险或逆向选择）；
- 不存在交易成本；
- 市场必须是完全的。

从我们的观点来看，关键条件就在于市场的完全性。从技术上来说，在一个单独的时点，如果存在的所有商品都可以交易，那么市场就是完全的。对于商品，我们将不同时期或处于不同地点的商品看作是不同的。此外，我们还区分了状态或有商品，即该种商品的交付是随附于某个特定状态的。市场如果是完全的，按照定义，在单个时点上所有的商品都必须可以交易。

上述商品的广泛定义既是该理论的一个强项也是一个弱点。一方面，完全市场的假定看起来可能是一个严苛的要求；大多数经济学家认为市场
156 甚至不可能是近似完全的，这是该理论的一个弱点。①另一方面，完全市场是一个关键性假设，它使我们仅仅通过合理地重新定义商品就可以将许多新的现象包括在理论分析的范围内。原来用于分析一般商品在即期市场交易的经济原则现在也可以用来对跨时、跨地域和附加不确定性的配置决策进行研究。反过来，我们也可以将许多市场失灵的情形归结为市场缺失的特例。最后，完全市场下的经济有效性意味着新市场的发现能够纠正某些市场失灵。

为了了解完全市场假定在有效市场分析中的作用，也为了给我们以后对金融危机的分析打下基础，我们可以先考虑一个简单的例子，考察一下在这个例子中完全的市场集到底是什么样子的。

商品

和往常一样，我们假定有三个时期，$t=0$，1，2，在每个时期中分别只有一种通用型商品。存在着两种自然状态，表示为 $s=H$，L。在时期 0，自然状态是未知的，而每个人都知道每种自然状态 s 的真实概率 π_s。当时期 1 开始时，自然的真实状态就显示出来。由于在时期 0 自然状态是未知的，我们无法在该期按照自然状态决定商品的交付；所以在时期 0 只有一种商品，交付的商品数量与自然状态无关。在时期 $t=1$，2，自然状态是确切已知的，因此我们可以根据每种自然状态来定义其或有商品，即在时期 $t=1$，2 和自然状态 $s=H$，L 下交付的商品。这样我们就有了总共五种商品，时期 0 的一种非或有商品和后续时期的四种或有商品 $(t, s)=(1, H)$，(2,

① 即使并不是所有的或有商品都存在相应的市场，金融市场依然可以是完全有效的。投资者利用一个有限证券集，采用动态交易策略使得他们可以合成一组更大的衍生品集合。在某些情况下，这样的策略也可能有效地完善市场。完全市场的良好拟合是否能够做到，说到底是一个经验事实，在这里我们无法回答。但是我们相信不完全性即使对金融中介或老谋深算的投资者来说也是十分重要的。

H)，(1，L)，(2，L)。图 6.1 描述了这个商品集合。

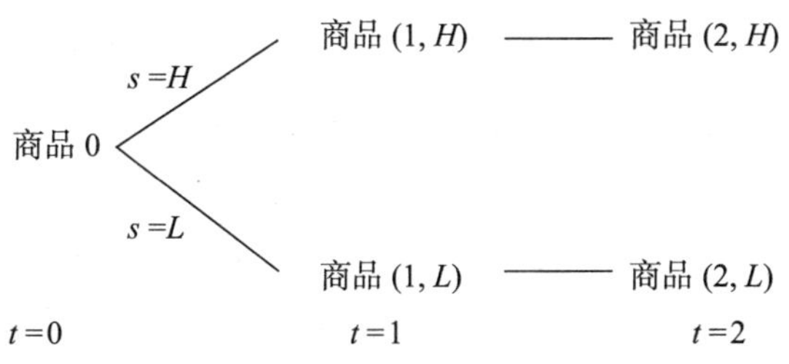

图 6.1　两种状态、三个时期下的商品集合

消费

假设消费者在时期 0 有 1 单位的商品禀赋，在时期 1 和 2 没有任何商品。根据我们对商品的定义，他的禀赋构成了一个商品向量 $e=(1，0，0，$ 157
$0，0)$，表示的是消费者在时期 0 拥有 1 单位商品，在对应的时期 1 和 2 及状态 H 和 L 下不拥有任何或有商品。和往常一样，我们假定消费者只关心时期 1 和 2 消费的价值，其偏好用 VNM 效用函数表示为

$$U(c_1)+\beta U(c_2)$$

其中 c_1 表示时期 1 的消费，c_2 表示时期 2 的消费。如果我们用 c_{ts} 表示状态 s 下时期 t 的消费，那么消费者的消费束就可以表示为向量 $c=(0，c_{1H}，c_{2H}，c_{1L}，c_{2L})$，该消费束的期望效用为

$$\pi_H\{U(c_{1H})+\beta U(c_{2H})\}+\pi_L\{U(c_{1L})+\beta U(c_{2L})\}$$

其中 π_s 表示状态 s 发生的概率。

由于市场是完全的，消费者可以在时期 0 购买任何满足其预算约束的消费束 $c=(0，c_{1H}，c_{2H}，c_{1L}，c_{2L})$。由于这里起作用的只有相对价格，我们可以将时期 0 的商品作为计价物，不失一般性的，我们令其价格 p_0 等于 1。我们用 p_{ts} 来表示或有商品 $(t，s)$ 的单位价格，那么消费者的预算约束就可以写成

$$p_{1H}c_{1H}+p_{2H}c_{2H}+p_{1L}c_{1L}+p_{2L}c_{2L}\leqslant p_0 1=1$$

式子右边表示的是消费者的禀赋价值，左边是消费束的价值。这样，式子看起来就好像标准的预算约束式了，而标准预算约束乃是阿罗-德布鲁模型的重大长处之一。通过将不同时期或不同自然状态的商品定义为不同的商

品，我们可以把标准预算约束根据竞争性均衡理论进行扩展，来研究不确定性和时间。

生产

158 标准生产理论经过同样的修改也可以用来解释资本投资的配置方式。在这种经济形式中，生产技术是由投资机会构成的，而投资机会则来源于两种资产——短期资产和长期资产。与一般的分析一样，在时期 t 进行 1 单位的短期资本投资会在 $t+1$ 期得到 1 单位的产出，其中 $t=0$，1；而在时期 0 进行 1 单位长期资本投资，则会在时期 2 根据自然状态 s 得到 $R_s>1$ 单位的产出。由于这些投资技术产生的商品具有或然性，所以在进行解释的时候要比较小心。

我们从短期资产开始分析。无论自然状态如何，在时期 0 进行的 1 单位短期投资肯定会在时期 1 得到 1 单位产出。根据我们对“商品”的界定，时期 0 的 1 单位商品会产出 1 单位的或有商品（1，H）与 1 单位或有商品（1，L）。用生产向量表示该技术如下：

$$\alpha_0=(-1,1,0,1,0)$$

其中条目 -1 表示时期 0 进行的 1 单位投入，其他条目表示产出的或有商品单位数。

在时期 1 进行的短期资本投资与之相似，不同在于在时期 1 真实的自然状态已经显露出来，所以投入和产出都依附于相应的自然状态。例如，如果自然状态是 H，在时期 1 进行 1 单位短期投资，那么投入就是 1 单位的（1，H）商品，产出则是 1 单位的（2，H）商品。因此在时期 1 就会有两种生产技术，对应于两种自然状态，用生产向量表示如下：

$$\alpha_{1H}=(0,-1,1,0,0)$$

以及

$$\alpha_{1L}=(0,0,0,-1,1)$$

长期资本投资代表的生产技术只能在时期 0 使用，所以分析起来就相对容易些。时期 0 的 1 单位投资会在时期 2 按照自然状态 s 产出 $R_s>1$，那么产出就是一个或有商品束，其中有 R_H 单位的（2，H）商品和 R_L 单位的（2，L）商品。该生产技术可以用向量表示为：

$$\alpha_2=(-1,0,R_H,0,R_L)$$

由于这些生产技术都是规模报酬不变的，在竞争性均衡中任何技术的利润最终都是零。因为如果利润是正的，那么一个利润最大化的企业就会 159
有动力将经营规模无限扩大，但这样一来市场就不可能出清了。如果每单位的利润是负的，那么企业就会关闭，获取的利润为零。结果均衡利润都是零，所以无论是谁承担了不同的生产活动对结果都没有影响。我们可以假定是一个代表性企业或者是消费者个人承担了这些生产活动——完全市场提供了很高的自由度。这里我们将假设所有的生产决策都是由代表性企业做出的。

代表性企业将会在上述各种技术中选择一个投资水平。我们用 y_0 表示在时期 0 作出的短期投资，y_{1s}表示在时期 1 对应于自然状态 $s=H$、L 作出的短期投资，用 x 表示在时期 0 作出的长期投资。每一种投资活动最终都不能得到正利润，因此有

$$-1+p_{1H}+p_{1L}\leqslant 0 \tag{6.1}$$

当 $y_0>0$ 时等号成立；

$$-p_{1s}+p_{2s}\leqslant 0 \tag{6.2}$$

当 $y_{1s}>0$ 时等号成立，其中 $s=H$，L；

$$-1+p_{2H}R_H+p_{2L}R_L\leqslant 0 \tag{6.3}$$

当 $x>0$ 时等号成立。这些条件构成了利润最大化的充要条件。

这里有一点很有意思，虽然在时期 0 进行决策时不知道真实状态是什么，但是企业却没有任何不确定性。这是由于在时期 0 企业进行或有商品交易时，价格水平是已知的。例如，企业在时期 0 进行短期资本投资，企业将在时期 0 购买 1 单位商品作为投入，那么在时期 1 就可以出售各 1 单位的两种或有商品。这样投入是 1，销售产出的收益为 $p_{1H}+p_{1L}$，利润就是 $p_{1H}+p_{1L}-1$。利润的实现并不是发生在销售产出的时期 1，而是在进行或有商品交易的时期 0。

均衡

在给定价格水平下，竞争性均衡需要满足以下要求：

(a) 每个消费者根据其预算约束选择最大化其期望效用的消费束；

(b) 代表性企业在各种生产活动中选择，以最大化其利润； 160

(c) 消费者和企业的选择最终能够实现市场出清（亦即需求等于供给）。

为了更好地说明，我们假设有两类消费者 A 和 B，他们的偏好可以用 VNM 效用函数表示为 $U^A(c_1)+\beta U^A(c_2)$ 和 $U^B(c_1)+\beta U^B(c_2)$。一个竞争性均衡包括一个价格向量 $p^*=(1, p_{1H}^*, p_{2H}^*, p_{1L}^*, p_{2L}^*)$，一个消费束 $c^{i*}=(0, c_{1H}^{i*}, c_{2H}^{i*}, c_{1L}^{i*}, c_{2L}^{*})$，其中 $i=A, B$，以及一个投资向量 $I^*=(y_0^*, y_{1H}^*, y_{1L}^*, x^*)$，并且有：

(a) c^{i*} 使得消费者 i 在其预算约束下能实现期望效用最大化，其中 $i=A, B$；

(b) I^* 能够满足零利润条件；

(c) 全部市场出清。

由于所有的交易都发生在时期 0，那么在时期 0 市场出清就完成了。商品可以在后续时期进行交付，但是所有的决策在时期 0 都已经做出，且所有决策都必须是一致的。如果市场在时期 0 出清，那么需要有

$$x^*+y_0^*=2$$

两个消费者各自提供 1 单位禀赋商品，而企业需要分别为长期和短期投资做出 x^* 和 y_0^* 的投入。在时期 1，对每种自然状态 s 都存在一种或有商品。如果要使所有商品的市场在时期 0 都出清，那么必须要有

$$cA_{1s}^*+cB_{1s}^*+y_{1s}^*=y_0^*$$

其中 $s=H, L$。这里，企业提供 y_0^* 单位的商品（源于短期资本投资的支付），进行 y_{1s}^* 单位的短期资本投资，消费者则需要 c_{1s}^* 单位的商品进行消费。时期 2 又会存在两种或有商品，分别对应两种自然状态。如果这些商品的市场在时期 0 出清，则要求有

$$cA_{2s}^*+cB_{2s}^*=y_{1s}^*+R_s x^*$$

其中 $s=H, L$。此时，企业提供 $y_{1s}^*+R_s x^*$ 单位的商品（时期 0 的长期资本投资与时期 1 的短期资本投资的收益），而消费者则需求 $c_{2s}^{A*}+c_{2s}^{B*}$ 单位的商品。

161 **例 1** 下面简单地阐述一下这个模型。考虑一个鲁宾逊·克鲁索（Robinson Crusoe）式经济，其中只有一种类型的消费者，他的禀赋是 $e=(1, 0, 0, 0, 0)$，其偏好用我们熟悉的柯布-道格拉斯（Cobb—Douglas ）形式的 VNM 效用函数可以表示为

$$U(c_2)+\beta U(c_2)=\ln c_1+\ln c_2$$

假设自然状态是等概率的，即

$$\pi_H=\pi_L=0.5$$

而长期资本投资的收益为

$$(R_H, R_L)=(3,0)$$

由于只有一个代表性消费者，该经济中也就仅有一个帕累托有效的配置结果，也就是能使该代表性消费者的期望效用最大化的配置结果。福利经济学第一定理确保了这个竞争性均衡是帕累托有效的。利用这个事实，我们可以分两步解决竞争性均衡问题。第一步，我们找到唯一的帕累托有效配置；第二步，我们找到支撑这个均衡的价格水平。

假定计划者选择了一个可获得的最大化代表性消费者期望效用的配置方式，他进行了 x 单位的长期资本投资和 y 单位的短期资本投资。期望效用最大化的一个必要条件在于，对每一种自然状态 s，消费束（c_{1s}，c_{2s}）能够最大化消费者的效用 $\ln c_1+\ln c_2$，对应的可行性条件为

$$c_1 s \leqslant y$$

且

$$c_{1s}+c_{2s} \leqslant y+R_s x$$

其中 $s=H$，L。

消费在时期 1 和时期 2 之间的分配取决于 R_s 的值，即长期资产的收益率。如果 R_s 很高（$R_s x>y$），最优的选择是 $c_1=y$，$c_2=R_s x$。如果 R_s 值比较低（$R_s x>y$），那么最优选择是在两时期内平分消费，即令 $c_1=c_2=\frac{1}{2}(y+R_s x)$。消费函数如图 6.2 所示。

在自然状态 L 下，长期资产的投资收益为零，此时中央计划者将会把 162
短期资产的报酬在时期 1 和 2 的消费间进行平分：

$$c_{1L}=c_{2L}=\frac{y}{2}$$

相应的，在状态 H 下，流动性约束会在时期 1 发挥作用：

$$c_{1H}=y, c_{2H}=3x$$

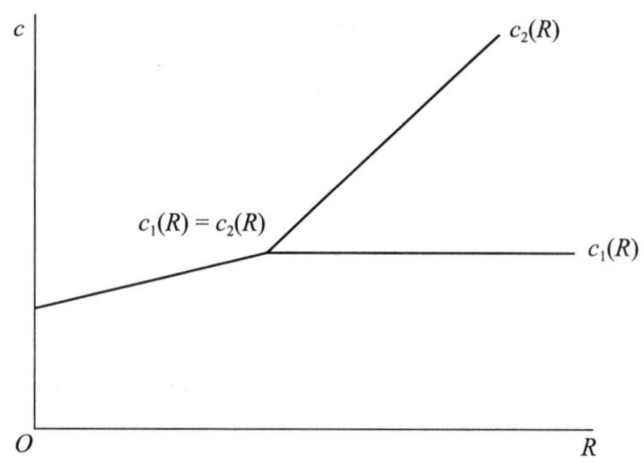

图 6.2　时期 1 和时期 2 的消费作为长期资产收益率的函数

我们已经猜到，消费的最优分配是第 0 时期内长期和短期资本投资的函数，下面就需要来确定最优的投资组合（x，y）。计划者选择的（x，y）应当做到，对任一资产进行 1 单位额外投资将会带来期望效用的等量提高。所以期望效用最大化的一阶条件就是

$$\frac{1}{2}\left(\frac{1}{c_{1H}}+\frac{1}{c_{1L}}\right)=\frac{1}{2}\left(\frac{3}{c_{2H}}+\frac{0}{c_{2L}}\right)$$

式子左边部分表示的是 y 的增加引起的期望效用的提高，右边部分表示的是 x 增加引起的期望效用的提高。将我们对消费量的假设引入该条件可以得到

$$\frac{1}{2}\left\{\frac{1}{y}+\frac{2}{y}\right\}=\frac{1}{2}\frac{1}{x},$$

这个条件只有当下式满足时才能成立：

$$(x,y)=\left(\frac{1}{4},\frac{3}{4}\right)$$

163 现在我们用消费方程就能推算出有效的消费配置：

$$c=(c_{1H},c_{2H},c_{1L},c_{2L})=\left(y,3x,\frac{y}{2},\frac{y}{2}\right)=\left(\frac{3}{4},\frac{3}{4},\frac{3}{8},\frac{3}{8}\right)$$

剩下的问题就是找出支持该均衡配置的价格水平了。消费者的均衡决

策问题实质上就是最大化其期望效用

$$\frac{1}{2}\{\ln c_{1H}+\ln c_{2H}\}+\frac{1}{2}\{\ln c_{1L}+\ln c_{2L}\}$$

对应的预算约束为

$$p_{1H}c_{1H}+p_{2H}c_{2H}+p_{1L}c_{1L}+p_{2L}c_{2L}=1$$

根据柯布-道格拉斯效用函数的性质，我们知道消费者将会把其财富平均分配到四种或有商品的消费中去，于是有

$$p_{1H}c_{1H}=p_{2H}c_{2H}=p_{1L}c_{1L}=p_{2L}c_{2L}=\frac{1}{4}$$

利用有效消费束我们就可以得到支持均衡配置的价格向量：

$$p=(p_{1H},p_{2H},p_{1L},p_{2L})=\left(\frac{1}{3},\frac{1}{3},\frac{2}{3},\frac{2}{3}\right)$$

对应于前文引入的投资向量，有

$$I=(y_0,y_{1H},y_{1L},x)=\left(\frac{3}{4},0,\frac{3}{8},\frac{1}{4}\right)$$

如向量所示，企业在时期 0 将会进行 $y_0=\frac{3}{4}$ 的短期资本投资和 $x=\frac{1}{4}$ 的长期资本投资。在状态 H 下，时期 1 不存在短期资本投资，因为时期 0 的短期投资产生的所有收益都被消耗掉了。相反，在状态 L 下，时期 1 中短期资本收益的一半会被保留到时期 2，因为长期资本在时期 1 的收益为零。

由于各个投资都是正值，那么零利润条件（6.1）～零利润条件（6.3）对应于 y_0、x、y_{1L} 都变成等式。而对应于 y_{1H}，零利润条件（6.2）则仍然
是不等式，因为此时投资为 0。实际上，我们可以证明所有的零利润条件都 164
能够成立。在本例中，时期 0 进行短期投资的零利润条件（6.1）是成立的，其中

$$p_{1H}+p_{1L}=\frac{1}{3}+\frac{2}{3}=1$$

时期 0 长期投资的零利润条件（6.3）成立，此时

$$p_{2H}R_H+p_{2L}R_L=3\times\frac{1}{3}+0\times\frac{1}{4}=1$$

时期 1 短期投资的零利润条件（6.2）对于任一状态都成立，此时有

$$p_{1H}=p_{2H}=\frac{1}{3} \quad 且\ p_{1L}=p_{2L}=\frac{2}{3}$$

因此，竞争性均衡的所有条件都满足了。

6.2 中介与市场

接下来研究金融市场对风险对冲的作用，我们将会用到前些章所用模型的变形。总共有三个时期 $t=0$，1，2，对应于每个时期都有一种通用型商品，既能用于消费也可用于投资。存在两种资产，短期资产代表了一种储藏性技术，在每一期 t 进行 1 单位投入都会在 $t+1$ 期产出 1 单位商品；长期资产代表了一种规模不变报酬技术，时期 0 进行的每单位投入将会在时期 2 产出 $R>1$ 单位的商品。

像往常一样，在时期 0 存在着一个同质代理人的闭联集，每个代理人都在时期 0 拥有 1 单位商品的资源禀赋，而在未来时期禀赋为 0。在时期 1，每个代理人将会发现自己到底是一个早期消费者（即只重视时期 1 的商品）还是一个晚期消费者（即只重视时期 2 的商品）。假定代理人是早期消费者的概率是 $0<\lambda<1$。相应的，我们假定经济体中的早期消费者所占的比例也是 λ。

这里采用的模型同前面所用模型最主要的不同在于对不确定性的规定上。我们假定经济体划分为两个区域，分别标记为 A 和 B。这两个区域事前是完全对称的，有着同样数量的同质代理人和同样的资产。存在着两种
165 总体的自然状态，记为 HL 和 LH。每一种状态都是等可能的，即每种状态发生的概率都是 0.5。在 HL 状态中，区域 A 内的早期消费者所占比例为 λ_H，在区域 B 中早期消费者所占比例为 λ_L，其中 $0<\lambda_L<\lambda_H<1$。在状态 LH 中，比例正好相反。我们假定：

$$\lambda=\frac{1}{2}(\lambda_H+\lambda_L)$$

那么，在任何一种状态中早期消费者占经济总体的比例都是 λ。这也意味着任何投资者实际上是早期消费者的概率也都是 λ。

我们用一个普通的 VNM 效用函数来表示投资者的风险态度。如果投资

者在适当的时期消费了 c 单位的商品，那么他的效用就是 $U(c)$，这里 $U(\cdot)$ 符合效用函数的所有一般性质。

这样时期 1 所有的不确定性都消除了，和往常一样，时期 1 开始时真实的自然状态到底是 HL 还是 LH 都已经明朗了，每个投资者都知道了自己的消费类型是早期还是晚期的。

图 6.3 显示了不确定性和信息结构。

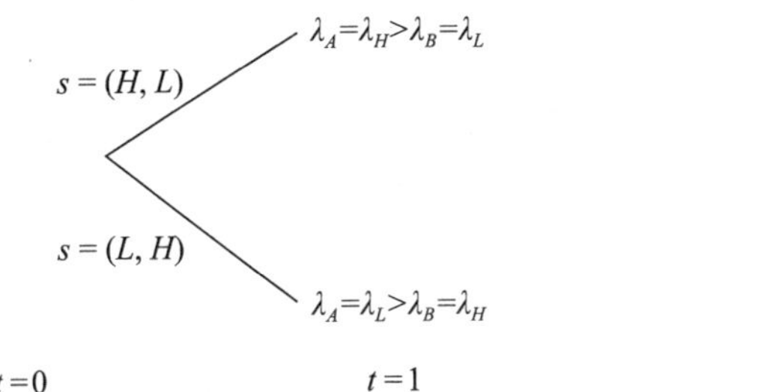

图 6.3　A 组和 B 组在状态（H，L）和（L，H）下的流动性冲击

6.2.1　有效的风险分担

假设在这个经济体内由一个中央计划者负责作出所有决策。此时投资者划分为两个区域有没有差别呢？显然没有任何差别。投资者是事前同质的，在每种状态下早期消费者的数目都是一样的，所以计划者就没有必要考虑一个消费者到底属于哪个区域。计划者将把禀赋中比例为 y 的商品分配到短期资本投资，将比例为 $1-y$ 的商品用于长期资本投资，为早期消费者在时期 1 提供 c_1 单位的商品，为晚期消费者在时期 2 提供 c_2 单位的商品，而不去管自然状态是什么样的。我们需要选择这些变量的合适值来最大化代表性投资者（消费者）的期望效用： 166

$$\lambda U(c_1)+(1-\lambda)U(c_2)$$

对应于常见的可行性条件

$$\lambda c_1=y$$

和

$$(1-\lambda)c_2=(1-y)R$$

与平常的结果一样，最好的配置是由可行性条件同一阶条件 $U'(c_1)=RU'(c_2)$ 决定的。由于一阶条件显示出 $c_1<c_2$，虽然计划者并没有直接观察到投资者的消费类型，激励条件也得到了满足。这里最重要的一点就是对每个个体的最优消费配置同自然状态是不相关的，配置结果只与个体的消费类型是早期还是晚期有关系。

现在我们假定一个金融中介想要实现最优配置结果，如果他所服务的对象是来自区域 A 和区域 B 的代表性消费者，那么实现最优结果是不成问题的，因为在这种情况下早期消费者在总体中的比例无论在哪种自然状态下都是 λ，而且最优配置对金融中介来说也是明确可行的。如果金融中介本身是异质的，情况就比较有趣了，此时金融中介面对着从区域 A 和 B 抽出来的不同比例的投资者组合。这时，对于给定的金融中介而言，早期消费者的比例就不必然等于 λ，这样，最优配置对于金融中介来说就可能是无法实现的了。

我们来阐释一下这个问题，首先假定一个极端的状态，其中金融中介能够在任何一个区域内活动，但不允许同时在两个区域内活动。这种形式的法律约束过去在美国十分普遍，直到现在，美国仍然有许多银行由于规模原因只能在一个小区域内经营。我们假定市场是自由进入的，且竞争会促使金融中介最大化其储户的期望效用。

金融中介此时所面临的问题就是，其储户中早期消费者的比例会随着总体自然状态发生变化。如果早期消费者的比例比较高，那么有

$$\lambda_H c_1>\lambda c_1=y$$

此时金融中介在时期 1 就没有足够的流动资金来提供给早期消费者保证数量
167 的消费品。类似的，如果早期消费者比例较低，那么有

$$(1-\lambda_L)c_2>(1-\lambda)c_2+(\lambda-\lambda_L)c_1=(1-y)R+(y-\lambda_L c_1)$$

此时金融中介在时期 1 就拥有了过多的流动资金，但在时期 2 就不够用了。所以很明显，金融中介在自给自足经济中无法实现最优配置。

6.2.2 完全金融市场下的均衡

如果我们引入新的市场，使得金融中介可以对高流动性需求冲击进行对冲，那么金融中介的问题就可以轻易解决了。由于没有总体的不确定性，当一些金融中介面临高流动性需求而自身又没有那么多现金来满足储户的

最优消费 c_1 时，在另一个区域内，可能有的金融中介面临着低流动性需求而在时期 1 拥有过多的现金。这些流动性充裕的金融中介将很乐意把现金借给那些面临高流动性需求的金融中介，这样它们在时期 2 面临更高需求时也有能力提供更多的消费。

为了使最优配置实现，我们需要完全市场。总共存在着五种或有商品，时期 0 的一种以及时期 1 和时期 2 对应于两种自然状态 HL 和 LH 的共四种商品。我们将时期 0 的商品作为计价物（$p_0 \equiv 1$，用 p_{ts} 代表在时期 t 和状态 s 下的商品价格，其中 $t=1$，2，$s=HL$，LH）。时期 0 中短期资产的非套利条件意味着 $p_{1HL}+p_{1LH}=1$。两种状态的对称性决定了将存在一个对称性均衡，其中 $p_{1HL}=p_{1LH}$。这两个条件加在一起就得到

$$p_{1HL}=p_{1LH}=\frac{1}{2}$$

类似的，我们假定 $p_{2HL}=p_{2LH}$，并且利用长期资产的非套利条件（$p_{2HL}+p_{2LH}$）$R=1$，就得到

$$p_{2HL}=p_{2LH}=\frac{1}{2R}$$

这样我们就可以放心地用 p_1 和 p_2 分别来表示时期 1 和时期 2 的商品价格，而不用考虑其自然状态。假定区域 A 中的金融中介保证无论自然状态如何都会提供一个消费束（c_1，c_2）。金融中介的预算约束为 168

$$\begin{aligned}
&p_{1HL}\lambda_H c_1+p_{1LH}\lambda_L c_1+p_{2HL}(1-\lambda_H)c_2+p_{2LH}(1-\lambda_L)c_2=1\\
&\Leftrightarrow p_1(\lambda_H+\lambda_L)c_1+p_2(1-\lambda_H+1-\lambda_L)c_2=1\\
&\Leftrightarrow \lambda c_1+\frac{1}{R}(1-\lambda)c_2=1
\end{aligned}$$

对区域 B 中的金融中介，应用类似的计算方式也可以得到相同的预算约束。每一个金融中介都将选择一个消费束（c_1，c_2）来实现上述预算约束下期望效用 $\lambda U(c_1)+(1-\lambda)U(c_2)$ 的最大化，最大化条件要求一阶条件 $U'(c_1)=RU(c_2)$ 成立。换言之，最好的消费束同时满足了金融中介的预算约束和一阶条件，因此是最优的。我们很容易证明零利润条件也是满足的。

如同在中央计划者的分析中看到的一样，这个配置方式在经济中是可行的。所以当每个金融中介都选择最优消费束以及相应的生产计划时，市场就会出清。因此完全市场能很好地保证不同状态下流动性的转移，以实

现最优的风险分担结果。

例 2 在前述金融中介问题的简单描述中，我们假设了无论自然状态如何消费者都能获得相同的消费。我们将用以下参数来得到这个条件，并以此作为金融中介问题解的一部分：

$$R=3$$

$$U(c)=-\frac{1}{5}c^{-5}$$

$$\lambda_H=0.6,\lambda_L=0.4$$

$$\pi_{RL}=\pi_{LH}=0.5$$

假定

$$p_{1HL}=p_{1LH}=p_1=\frac{1}{2}$$

且

$$p_{2HL}=p_{2LH}=p_2=\frac{1}{6}$$

169 我们从区域 A 金融中介的视角来考察这个问题，用（c_{1H}，c_{2H}）或者（c_{1L}，c_{2L}）表示当对于这个金融中介来说早期消费者的比例为 λ_H（或 λ_L）时保证提供的消费束。金融中介需要最大化代表性储户的期望效用

$$\frac{1}{2}\{0.6U(c_{1H})+0.4U(c_{2H})+0.4U(c_{1L})+0.6U(c_{2L})\}$$

对应的预算约束为

$$p_1(0.6c_{1H}+0.4c_{1L})+p_2(0.4c_{2H}+0.6c_{2L})=1$$

这个问题的一阶条件为

$$U'(c_{1H})=U'(c_{1L})=\mu p_1=\frac{\mu}{2}$$

$$U'(c_{2H})=U'(c_{2L})=\mu p_2=\frac{\mu}{6}$$

其中 μ 是预算约束的拉格朗日乘数。将边际效用公式应用于一阶条件，我们得到

$$(c_{1H})^{-6}=(c_{1L})^{-6}=\mu p_1=\frac{\mu}{2}$$

$$(c_{2H})^{-6}=(c_{2L})^{-6}=\mu p_2=\frac{\mu}{6}$$

这样我们得到 $c_{1H}=c_{1L}=c_1$，且 $c_{2H}=c_{2H}=c_2$，也就是说同我们期望的有效配置一样，消费量是独立于自然状态的，而且我们也可以解出这些一阶条件，得到最优消费比率

$$\frac{c_2}{c_1}=\sqrt[6]{3}=1.201$$

根据 c_1 与 c_2 之间的关系以及预算约束我们可以解出

$$\begin{aligned}
&p_1(0.6c_1+0.4c_1)+p_2(0.4c_2+0.6c_2)=p_1c_1+p_2c_2\\
&=\frac{1}{2}c_1+\frac{1}{6c_2}\\
&=\frac{1}{2c_1}+\frac{1}{6}(1.201)c_1=1
\end{aligned}$$

通过这个等式我们解出 c_1： 170

$$c_1=1.428$$

利用最优比率得出 c_2：

$$c_2=1.201c_1=(1.201)(1.428)=1.715$$

6.2.3　完全市场的另一种表述

我们可以换一种方式来假定时期 0 存在或有商品的完全市场集，就是允许交易序贯发生。如 6.1 节所描述的，如果在时期 0 存在两种阿罗证券且在时期 1 存在商品的即期与远期市场，那么对于两状态三时期的简单模型来说市场就是序贯完全的。我们可以先描述一下时期 1 的即期与远期市场，因为在时期 1 不确定性已经被解决了，然后我们再对时期 0 的阿罗证券市场进行描述。

在时期 1，我们假设存在一个远期市场，金融中介可以用时期 1 的商品来交换在时期 2 交付商品的保证。我们用 p 表示时期 2 商品的单位价值，即 1 单位时期 2 商品所能交换的时期 1 的商品的单位数量。换句话说 p 表示的是时期 2 1 单位商品在时期 1 的价值。由于 1 单位长期资本会在时期 2 产出

R 单位商品，那么在时期 1 1 单位长期资产的价值就是 pR。

假定金融中介拥有一个资产组合，其中包括时期 0 进行的阿罗证券交易，资产组合在流动性冲击概率为 λ_s 时价值为 w_s，其中 $s=H$，L。此时金融中介的预算约束为

$$\lambda_s c_1+p(1-\lambda_s)c_2=w_s$$

且金融中介将在此预算约束下对（c_1，c_2）进行选择以最大化

$$\lambda U(c_1)+(1-\lambda_s)U(c_2)$$

我们用 $V(p_1w_2$，$\lambda_s)$ 表示该效用函数的最大值。

在 6.1 节中，我们假定远期价格 p 是与自然状态无关的。这里，从单个金融中介的角度来看两种状态是不同的，但是就宏观来看两种状态是完全一样的。换句话说，虽然一个金融中介面对的早期消费者的比例随着状态不同而存在差别，但是就经济总体而言，早期消费者的比例总是确定不变的。由于从总体的角度来看，时期 1 存在的两种状态是一样的，那么我们
171 就可以考虑一个对称均衡，其中价格 p 是与自然状态无关的。这就意味着在时期 0 两种资产的收益是确定的。若要使金融中介同时持有两种资产，那么每一阶段的收益都必须相等，根据第 4 章的结论，这要求 $p=1/R$。这样一来金融中介的资产组合在时期 1 的价值就同它所进行的短期和长期资产投资的数量无关了。

现在我们考察一下时期 0 的金融中介问题。时期 0 的一种阿罗证券保证在一种状态下于时期 1 交付 1 单位商品，而在另一种状态下支付为零。由于我们考虑的是一个对称均衡，这两种证券的价格应当是相等的，不失一般性的，我们规定它们的价格都为 1。我们用 Z_s 表示金融中介面临的流动性冲击是 λ_s 时阿罗证券所支付的数量。注意，此处的 s 指的不是总体的状态，而是金融中介面临的状态，但是由于二者是完全相关的，这里应当不会引起什么混乱。不失一般性的，我们可以假设金融中介将其吸纳的所有储蓄都用于短期和长期资本投资，所以阿罗证券交易必须保持平衡，即

$$Z_H+Z_L=0$$

换句话说，金融中介会在一种状态下买入阿罗证券，而在另一种状态下将其售出。金融中介的资产组合在时期 1 的价值为

$$W_s=y+p(1-y)R+Z_s=1+Z_s$$

其中 $s=H, L$。很明显，金融中介可以达到在时期 1 进行支付（w_H，w_L）的任何类型，且满足 $w_H+w_L=2$。这样，金融中介就可以选择一个阿罗证券的组合（z_H，z_L）来最大化其间接效用函数的期望值

$$\sum_{s} V(p, w_s, \lambda_s)$$

对应的预算约束为

$$\frac{1}{2}(w_H+w_L)=1$$

这个问题的结论意味着消费的边际效用必须在每种状态下都是相同的，即 $w_H=w_L$，进而暗示出消费的配置（c_1，c_2）在每个时期也是一样的。

利用序贯交易方式之所以重要，主要是由于它明确指出：(a) 或有商品的完全市场并不是资本市场有效完全所严格必需的；(b) 我们可以通过更少的市场来得到同样的结果。一般来说，如果存在着 S 种自然状态和 $T+1$ 172
个阶段，而且不确定性在时期 1 被消除了，那么在阿罗-德布鲁模型中就存在着 $ST+1$ 种或有商品，因此也就存在 $ST+1$ 个市场。相反，序贯交易模型要求有 S 种阿罗证券和每种状态下都存在 $T+1$ 种确定日期商品的市场，所以市场的数量就是 $S+T+1$ 个。当自然状态和时期的数量很大时（或者在每个时期或每种状态下有许多种商品时），这两种模型之间的差别就会更大。

6.2.4　一般情形

在 6.2 节构建的两状态模型是很特别的，不仅是由于模型被限制在两种自然状态 HL 和 LH 中，更是由于没有考虑总体的不确定性。尽管如此，根据这个特殊模型得出的结论仍是具有一般性的。艾伦和盖尔（2004）给出了描述具有总体风险的金融市场与金融中介及相似经济体的一般性模型，并得出了类似的结论。限于本书的范围我们不能给出更多艾伦—盖尔分析的细节。不过通过将两状态模型扩展成为包括资产冲击和流动性冲击双重不确定性的更为一般的模型环境，我们也可以做到这一点。为了简化论述，我们继续假定存在两个区域 A 和 B，在这两个区域中成为早期消费者的概率是不同的，但是资产收益在两个区域内是一样的。

我们假定存在有限数目的自然状态，标示为 $s=1, \cdots, S$，每一种自然状态 s 发生的概率为 $\pi_S>0$。一共有三个时期，$t=0, 1, 2$，其中时期 0 自然

状态是未知的，真实状态在时期 1 初始时显露出来。在时期 1，每个代理人都了解自己是早期还是晚期消费者。我们用一个普通的 VNM 效用函数 $U(c)$ 来表示消费效用。早期消费者的概率取决于自然状态 s 与所处地区 i。我们用 $\lambda_i(s)$ 同时表示早期消费者的概率和状态 s 下在区域 i 之中早期消费者的比例。存在着两种资产——短期和长期资产。短期资产，无论自然状态如何，其收益都是 1；而长期资产的收益则取决于自然状态。我们用 $R(s)$ 表示自然状态为 s 时 1 单位长期资本投资带来的收益。

只有在金融中介是异质性的情况下市场才能起到必要的作用，否则进行交易将不会带来任何获益。我们将集中考察一个极端情况，在地区 A 和 B 中分别存在着完全不同的金融中介。类型为 i 的金融中介将只接收来自区
173 域 i 的储户。由于不同区域中早期消费者所占比例是不同的，金融中介可以通过在或有商品市场上进行交易来抵消流动性短缺的风险，它们在期望流动性需求较高的状态下买入现金，而在期望需求较低的状态下卖出现金。由于风险分担必须要通过市场来完成，所以跨区域的风险分担不会立刻显现出来。这样，金融中介做的事虽然看起来只是在其预算约束下为储户提供最优的消费束，但实际上却等同于不同地区的金融中介互相签订最优的风险分担合同，保证会像中央计划者那样分享其可获得的现金。

金融中介在时期 0 向每一个储户收取 1 单位商品禀赋，作为交换在自然状态 s 下它向在时期 1 提款的每个人提供 $c_1(s)$ 单位的商品，向在时期 2 提款的每个人提供 $c_2(s)$ 单位的商品。由于无法分辨出提款者到底是早期消费者还是晚期消费者，金融中介必须确定晚期消费者没有动机伪装成早期消费者在时期 1 提款。所以我们假设每一个消费计划都满足激励约束

$$c_1(s)\leqslant c_2(s) \quad \text{其中 } s=1,\cdots,S \tag{6.4}$$

消费计划 $c=\{(c_1(s), c_2(s))\}_{s=1}^{S}$ 给出了对应于每种自然状态 s 的消费束 $c(s)=(c_1(s), c_2(s))$。当消费计划满足激励约束条件（6.4）时，我们称该消费计划是激励相容的。

在时期 0 存在着一种单一商品，在时期 $t=1$，2，对应于每种自然状态 $s=1$，…，S 都存在一种或有商品。我们用时期 0 的商品作为计价物，用 $p_1(s)$ 表示状态 s 下时期 1 的商品价格，用 $p_2(s)$ 表示状态 s 下时期 2 的商品价格。我们假定在时期 0 金融中介可以对所有或有商品进行交易。金融中介在时期 0 收到 1 单位商品，用来购买它保证要提供给储户的或有商品。这样金融中介的预算约束就可以写为

$$\sum_{s=1}^{s}\{p_1(s)\lambda_i c_1(s)+p_2(s)(1-\lambda_i(s))c_2(s)\}\leqslant 1 \tag{6.5}$$

其中左边式子表示的是消费计划的成本，右边表示的是单个储户储蓄的价值。

自由进入和竞争促使金融中介必须要最大化代表性储户的期望效用，所以金融中介的决策问题就是要选择一个激励相容的消费计划 $c=\{c(s)\}$ 以最大化其代表性储户的期望效用 174

$$\sum_{s=1}^{s}\pi_s\{\lambda_i(s)U(c_1(s)+(1-\lambda_i(s))U(c_2(s))\}$$

对应于预算约束（6.5）。

像以往一样，一个完全的市场集的存在使得实体资产显得多余以至于金融中介不需要持有它们。但是有些人还是需要持有这些实体资产以便在时期 1 和 2 生产出商品，但是我们也可以假定一个代表性企业会在时期 0 进行 y_0 的短期投资和 x 的长期投资，在时期 1 状态 s 下进行 $y_1(s)$ 的短期投资。由于这些投资在均衡状态下得到的利润都为零，由谁来进行这样的投资都是没差别的。我们用 $I=(y_0, \{y_1(s)\}, x)$ 来表示投资向量。

这里的零利润条件同我们前面给出的条件类似。由于这些投资都是规模报酬不变的，正的利润同均衡是相矛盾的，只有当利润为非负（即为零）的时候才会有代理人进行投资。在时期 0 进行的 1 单位短期投资会在任何状态下在时期 1 提供 1 单位产出，所以零利润条件就是

$$\sum_{s=0}^{s}p_1(s)\leqslant 1 \tag{6.6}$$

当 $y_0>0$ 时等号成立。（6.6）式的左边是时期 1 的产出值，右边是时期 0 的投入值。不等式表示的是在时期 0 的短期资本投资会带来非正的利润，因此利润必须为零才会引致投资的发生。

相似的，时期 1 在状态 s 下进行的 1 单位短期资本投资会在时期 2 状态 s 下产生 1 单位的产出，所以零利润条件是

$$p_2(s)\leqslant p_1(s) \tag{6.7}$$

当 $y_1(s)>0$ 时等号成立，s=1，…，S。式子（6.7）的左边是产出值，右边是投入值。最后，时期 0 进行的 1 单位长期投资会在时期 2 状态 s 下产生 $R(s)$ 单位产出，因此零利润条件为

$$\sum_{s=1}^{S} p_2(s)R(s)\leqslant 1 \tag{6.8}$$

当 $x>0$ 时等号成立。

175 所有的状态或有商品都可以在时期 0 进行交易，结果金融中介可以在时期 0 轻松完成其作出的承诺。如果市场在时期 0 出清，这些交易的后续执行就肯定是可行的。首先，我们考虑一下在时期 0 交付的商品的市场，商品的供给等于这种商品的禀赋，其需求等于在时期 0 进行的短期和长期资本投资，那么市场出清就要求

$$x=y_0=1 \tag{6.9}$$

在时期 1 对每一种自然状态都存在一种或有商品。对该种商品的需求等于两个区域内所有早期消费者的总消费以及在该期进行的短期资本投资，而供给则等于时期 0 做出的短期资本投资的产出。那么市场出清要求满足条件

$$\frac{1}{2}\{\lambda_A(S)c_{A1}(S)+\lambda_B(S)c_{B1}(S)\}+y_1(S)=y_0 \tag{mc2}$$

其中 $s=1$，…，S。注意式子左边的总消费需求是两个区域消费的平均值，因为在每个区域中人口数目是相同的。

在时期 2 对每一种自然状态也都存在一种或有商品。对这种商品的需求等于两个区域内晚期消费者的总消费（在时期 2 不存在投资），而供给等于时期 1 进行的短期资本投资的产出加上时期 0 进行的长期资本投资的产出。此时，市场出清要求满足条件

$$\frac{1}{2}\{(1-\lambda_A(S))c_{A2}(S)+(1-\lambda_B(S))c_{B2}(S)\}=R(S)x+y_1(s) \tag{6.10}$$

其中 $s=1$，…，S。

在上述经济中，激励限制条件（6.4）可能是有约束力的。如果激励限制具有约束力，那么最优的配置（在拥有关于消费者类型的完全信息的条件下，一个中央计划者所选择的配置）可能是无法实现的。由于一个管制者或计划者并不拥有比市场更多的信息，因此计划者所实现的消费计划必然也要满足激励限制条件。在那种情况下，最优的配置可能并不是一个合适的标准。我们应当来问一个问题，“如果一个中央计划者和市场拥有同样的信息、面对同样的激励限制条件，那么他能做到什么程度呢?”这样的讨论将会引出“激励有效”的概念。如果一种配置能够满足市场出清条件

(6.9)和条件(6.10)，那么这个由消费计划 $c=(c_A, c_B)$ 和投资计划 I 构成的配置就是可获得的。如果消费计划能够满足激励限制条件（6.4)，那么一个可得的配置（c，I）就是激励相容的。而如果不存在另一个激励相容的配置（c'，I'）使得两个区域内的投资者事前境况更好，那么一个激励相容的配置就是激励有效的。换个说法，如果计划者同市场拥有同样的信息，那么计划者就不可能比市场做得更好。

艾伦和盖尔（2004）指出，只要市场是完全的而且投资者只能通过金融中介进入市场，那么任何均衡的配置都是激励有效的。我们在这里简单解释一下这个论点。假定（c^*，I^*）是一个均衡配置，而 p^* 是均衡的价格向量。如果通过选择另一个激励相容的配置（c，I）能够使两个区域都能更好，那么情况必定是 c_A 和 c_B 都位于金融中介的预算约束之外，亦即

$$\sum_{s=1}^{S}\{p_1^*(S)\lambda_i c_{i1}(S)+p_2^*(1-\lambda_i(S))c_{i2}(S)\}>1 \tag{6.11}$$

其中 $i=A$，B。对所有的投资水平来说，或者利润为零，或者投资水平为零。这暗示了利润总体为零

$$\left(\sum_{s=1}^{S}p_1^*(s)-1\right)y_0+\sum_{s=1}^{S}(p_2^*(s)-p_1^*(s))y_1(s)+\left(\sum_{s=1}^{S}p_2^*(s)R(s)-1\right)x=0 \tag{6.12}$$

重新安排这个等式得到

$$\sum_{s=1}^{S}p_1^*(s)(y_0-y_1(s))+\sum_{s=1}^{S}p_2^*(s)(R(s)x+y_1(s))=x+y_0 \tag{6.13}$$

将市场出清条件（6.9)～条件(6.10）代入等式（6.13）得到

$$\sum_{s=1}^{S}p_1^*(s)\left(\frac{1}{2}\{\lambda_A(s)c_{A1}(s)+\lambda_B(s)c_{B1}(s)\}\right)$$
$$+\sum_{s=1}^{S}p_2^*(s)\left(\frac{1}{2}\{(1-\lambda_A(s))c_{A2}(s)+(1-\lambda_B(s))c_{B2}(s)\}\right)=1$$

或者 177

$$\frac{1}{2}\sum_{i=A,B}\sum_{s=1}^{S}\{p_1^*(s)\lambda_i(s)c_{i1}(s)+p_2^*(s)(1-\lambda_i(s))c_{i2}(s)\}=1$$

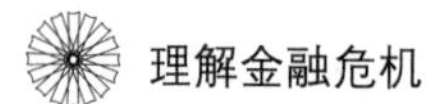

这同不等式（6.11）矛盾。

6.2.5 在没有完全市场的条件下实现最优策略

在非常特殊的情况下，即使不存在完全市场也是有可能实现最优策略的。我们回到两区域 A 和 B、两种状态 HL 和 LH 的特殊模型中，假定在时期 1 存在一个资产市场。金融中介可以在高流动性需求状态下卖出一些长期资产来获得额外流动资金，也可以在低流动性需求状态下用多余的流动资金来购买长期资产。在对数效用和不存在总体不确定性的特殊情况下，这些条件就足以实现最优策略了。假定 VNM 效用函数为

$$U(c)=\ln(c)$$

此时计划者的问题就是最大化

$$\lambda\ln(c_1)+(1-\lambda)\ln(c_2)$$

对应的约束条件为

$$\lambda c_1=y$$
$$(1-\lambda)c_2=R(1-y)$$

解出的配置是提供给早期消费者 $c_1^*=1$ 和晚期消费者 $c_2^*=R$。为了得到这个消费束，时期 0 的短期资本投资必须为 $y^*=\lambda$。于是有

$$\lambda c_1=\lambda=y^*$$

和

$$(1-\lambda)c_2^*=(1-\lambda)R=R(1-y^*)$$

这就是有能力在区域间转移商品的中央计划者所要实现的配置方式。那么，金融中介是否能通过在时期 1 的资本市场上进行交易做到这一点呢？

178 在总体不确定性不存在的情况下（注意，两个区域内的金融中介进行交易的资本市场是跨区域的），时期 1 的资产价格必须是 $P=1$。否则的话金融中介在时期 0 将不愿意同时持有两种资产。假定金融中介进行了 $y=\lambda$ 的短期资本投资和 $1-y$ 的长期资本投资，并保证在时期 1 为早期消费者提供 $c_1=1$的消费。那么在时期 1，处于流动性需求高状态的金融中介将需要 $\lambda_H c_1=\lambda_H$ 单位的商品，但是它只拥有 $y=\lambda$ 单位的商品，所以它还需要 $\lambda_H-\lambda$ 单位的额外商品。这样它就必须卖出 $\lambda_H-\lambda$ 单位的长期资产（资产价格

$P=1$)。处于低流动性需求状态的金融中介拥有 $y=\lambda$ 单位的商品但只需要将 $\lambda_l c_1=\lambda_L$ 单位的商品提供给早期消费者，由于 $P<R$，短期资产在时期1是次优的，所以没有人会想要在时期1和时期2之间持有短期资产。所有金融中介都将把多余的流动资金 $\lambda-\lambda_L$ 转换成长期资产。于是长期资产的供给为 $\lambda_H-\lambda$，需求为 $\lambda-\lambda_L$，由于 $\lambda=\frac{1}{2}(\lambda_H+\lambda_L)$，所以供求相等，市场在时期1出清。

最后一个时期会发生什么状况呢？在高流动性需求状态，金融中介拥有的长期资产单位数量为

$$(1-y)-(\lambda_H-\lambda)=(1-\lambda)-(\lambda_H-\lambda)=1-\lambda_H$$

因此它可以向比例为 $1-\lambda_L$ 的晚期消费者每人提供 R 单位的消费。类似的，低流动性需求状态下的金融中介拥有的长期资产单位数为

$$(1-y)=(\lambda-\lambda_L)=(1-\lambda)+(\lambda-\lambda_L)=1-\lambda_L$$

因此可以向比例为 $1-\lambda_L$ 的晚期消费者每人提供 R 单位的消费。这样，金融中介就能实现各个状态下的最优风险分担，而这显然也是它们可能做到的最好结果。

对于作为一个整体的经济来说，早期消费者所占的比例是不变的，因此有效的风险分担就要求个人消费取决于他到底是早期还是晚期消费者，而不是取决于他所在区域内早期消费者所占的比例。在区域分割的情况下，只有当流动资金可以在区域间重新分配的时候这才是可能的。拥有多余流动资金供给的区域用流动资金和流动性不足的区域交换长期资产。一个拥有高比例早期消费者的区域，其晚期消费者的比重必然较小，所以为了满足晚期消费者的消费所需的长期资产也就更少。一个早期消费者比例较低的区域会有较高比例的晚期消费者，从而需要更多的长期资产。流动性交易使得每个人的需要都得到了满足。

这个结果不具有一般性，并且依赖于总体不确定性不存在和对数效用
两个假设条件。通过几个数字化的例子我们可以看出为什么对数效用那么 179
特殊，而当不完全市场面对的是其他类型偏好的时候又会出现什么问题。

例3　为了说明在对数效用情形下最优配置能够实现，假定

$$R=3$$
$$U(c)=\ln(c)$$

$$\lambda_H = 0.6, \lambda_L = 0.4$$

那么有效配置就是 $c^*=1$，$c_2^*=3$，且 $y^*=\lambda=0.5$。

在时期 1，高流动性需求状态的金融中介要向早期消费者们提供 $\lambda_H c_1^* = 0.6$ 单位的消费，但它只能通过短期资本投资获得 $y^*=0.5$ 单位的商品。因此它必须要卖出 0.1 单位的长期资产来补上缺口。在时期 2，它拥有的长期资产单位数为

$$1-y^*-0.1=0.5-0.1=0.4$$

晚期消费者所占的比重为

$$1-\lambda_H=1-0.6=0.4$$

所以每个消费者得到的消费单位数为

$$\frac{0.4R}{1-\lambda_L}=\frac{0.4\times3}{0.4}=3$$

在时期 1，低流动性需求状态下的金融中介为早期消费者们提供的消费单位数为

$$\lambda_L c_1^*=0.4\times1=0.4$$

但是它从短期资本投资中获得 $y^*=0.5$ 单位商品，因此它就会卖出 0.1 单位商品来交换长期资产。因此在时期 2，它所拥有的长期资产单位数为

$$1-y^*+0.1=0.5+0.1=0.6$$

晚期消费者所占的比重为 $1-\lambda_L=1-0.4=0.6$，所以与要求一致，每个消费者得到的消费单位数为

$$\frac{0.6R}{1-\lambda_L}=\frac{0.6\times3}{0.6}=3$$

180 **例 4** 在这里我们假设其他参数都与上例相同，但是效用函数变为

$$U(c)=-\frac{1}{5}c^{-5} \tag{6.14}$$

也就是说相对风险厌恶的常系数为 6。（对中央计划者来说）最优的消费配置需要满足 $U'(c_1^*)=RU'(c_2^*)$，可行性条件为 $\lambda c_1^*+(1-\lambda)c_2^*/R=1$。解出这些条件我们就得到最优的消费配置：

$$c_1^* = 1.428$$

和

$$c_2^* = 1.715$$

中央计划者为实现这个消费配置，他将选择

$$y^* = \lambda c_1^* = (0.5)(1.428) = 0.714$$

注意到时期 1 的长期资产产出为

$$R(1 - y^*) = (3)(0.286) = 0.858$$

而晚期消费者将获得的总消费为

$$(1 - \lambda)c_2^* = (0.5)(1.715) = 0.858$$

如果金融中介想要实现相同的消费配置，那么在时期 1 内高流动性需求状态下金融中介需要为早期消费者们提供

$$\lambda_H c_1^* = (0.6)(1.424) = 0.854$$

但它只有

$$y^* = 0.714$$

单位的短期资产。所以金融中介就必须通过卖出 0.140 单位的长期资产来补足 0.854－0.714＝0.140 单位的流动资金缺口。这样，金融中介在时期 1 将会拥有

$$(1 - y^*) - 0.140 = 0.286 - 0.140 = 0.146$$

单位的长期资产，这些资产带来的收益为 181

$$(3)(0.146) = 0.437 < 0.858 = (1 - \lambda)c_2^*$$

换句话说，高流动性需求下的金融中介不可能同时满足早期消费者的 c_1^* 和晚期消费者的 c_2^*，亦即无法实现最优配置。

在例 3 和例 4 中，由于价格 $P = 1$，所以无论选择的资产组合是什么，时期 1 金融中介的财富总是 $w = 1$。在对数效用下，最优的消费束提供给早期和晚期消费者的消费具有相等的现值。如果早期消费者所占的比例发生了改变，那么由于依照现值来看早期和晚期消费者的消费成本是相同的，所以预算仍然会保持平衡。当相对风险厌恶程度高于 1 的时候，最优的消费

束将给予早期消费者比晚期消费者更高的消费现值（但是实际消费水平却比之更低）。所以如果早期消费者所占的比例上升了，那么消费束的成本也会增加，所以两个时期内的消费都必须缩减以保持预算平衡。如果不存在使金融中介能够交易或有商品的市场，那么金融中介想要实现最优配置是不可能的。对数效用是一个特例（它对应着不变的相对风险厌恶），从而不必要满足完全市场的条件。

我们也可以用另一种方式考虑不完全市场问题，即尽管经济体中存在足够的资产和足够的商品以实现每个人的最优消费配置，但是市场不完全导致流动资金的价格过高（即长期资产的价格过低）。在高流动性需求下的金融中介必须通过放弃过多的长期资产来获取其在时期 1 需要的流动资金，并发现它在时期 2 将会面临新的短缺。而低流动性需求下的金融中介则将会很轻松度过这些时期：它们通过在时期 1 出售流动资金获得大量的长期资产，从而可以在时期 2 向消费者提供多于 c_2^* 单位的消费。

尽管不完全市场下存在事后的获益者与损失者，但是从时期 0 金融中介的角度来看，它们不清楚自己所处的是一种高流动性需求状态还是低流动性需求状态，低需求状态下的获益也不能补偿高需求状态下的损失。金融中介的储户们的分配结果肯定比不上最优的配置结果。

6.3 不完全合同

在 6.2.1 节和 6.2.2 节讨论的简单的两状态经济下不存在总体不确定性，因此消费的最优配置并不依赖于自然状态，但这只不过是一个很特殊
182 的例子。一般来说，最优配置总是或多或少以比较复杂的方式依赖于自然状态。这样，最优配置只能通过依附于自然状态的风险分担合同来实现。我们把这些合同称为完全合同。在前面的部分中，我们假定金融中介可以根据自然状态决定其消费，即使它们实际上没有这么做。从这个意义上，我们就已经间接假定了合同的完全性。在现实中，我们经常可以看到，金融中介用的是一些相当简单的合同。其中一个例子就是我们所熟悉的储蓄合同，金融中介将保证储户在时期 1 可以提取出 d_1 单位进行消费，在时期 2 可以提出 d_2 单位，而无论自然状态如何。我们把这种合同称为不完全的，因为保证支付的金额与自然状态无关。

不完全合同为可行性配置集设定了一个附加限制，并可能使最优配置成为不可行的。如果最优配置是不可得的，人们经常会说发生了市场失灵，但是我们必须要记住合同的不完全是有原因的。例如，交易费用使得签订和实现完全合同的成本过高。我们假定这些成本给计划者和市场参与者同时施加了一个限制条件。结果，最合适的标准不再是最优配置，但它是在这个需要付出成本的合同技术下一个计划者所能做到的最好结果。我们应当问一个问题："在现有的合同技术下，我们所能实现的最好的结果是怎样的?"我们可以看到只要市场是完全的，那么不完全合同也不会引发市场失灵：由于利用同样的合同技术，计划者不可能比市场做得更好，所以自由放任均衡是约束有效的。

6.3.1　完全市场与总体风险

为了说明问题，我们采用 6.2.1 节和 6.2.2 节的模型，假定事前只存在一种投资者，而事后投资者是早期消费者的概率为 λ，概率与自然状态无关。我们也假定长期资产回报率是随机的。再细致一点，一共存在两种等概率状态，H 和 L，长期资产在状态 H 下的回报为 R_H，在状态 L 下的回报为 R_L。由于事前只有一种类型的投资者，一个单一的金融中介可以像一个中央计划者一样行动，不必借助市场交易就可以实现最优配置。换言之，市场的完全性是无关紧要的。

如果一个金融中介可以提供一个完全的或然合同 $c=(c_{1H},\ c_{2H},\ c_{1L},\ c_{2L})$，那么他将能实现最优配置。该金融中介将选择一个投资组合 $(x,\ y)$，和一个消费配置 $c=(c_{1H},\ c_{2H},\ c_{1L},\ c_{2L})$ 来最大化其典型储户的期望效用 183

$$\frac{1}{2}\{\lambda U(c_{1H})+(1-\lambda)U(c_{2H})\}+\frac{1}{2}\{\lambda U(c_{1L})+(1-\lambda)U(C_{2L})\}$$

对应的可行性约束为

$$\lambda c_{1s}\leqslant y$$

和

$$\lambda c_{1s}+(1-\lambda)c_{2s}\leqslant y+R_s x$$

其中 $s=H,\ L$。

现在假设金融中介只能采用一种不完全合同。例如，假设它向一个储户提供一份储蓄合同 $(d_1,\ d_2)$，与往常一样，我们假设 d_2 的数值将选得足够大，以将时期 2 的资产价值完全耗尽。换句话说，晚期消费者总是会获得金融中介的资产余值。而现在我们可以不再考虑 d_2，而采用一个变量 $d_1=d$ 来表示储蓄合同。

在不违约的情况下，金融中介必须选择一个投资组合（x，y）和一个消费束 $c=(c_{1H}, c_{2H}, c_{1L}, c_{2L})$，以使得 $c_{1H}=c_{1L}=d$。有效的不完全合同必须能够解决期望效用最大化的问题，期望效用为

$$\frac{1}{2}\{\lambda U(d)+(1-\lambda)U(c_{2H})\}+\frac{1}{2}\{\lambda U(d)+(1-\lambda)U(c_{2L})\}$$

其对应的可行性限制条件为

$$\lambda d\leqslant y$$

以及

$$\lambda d+(1-\lambda)c_{2s}\leqslant y=+R_s x$$

其中 $s=H$，L。

合同的不完全性使得投资者的消费在每种状态下都限制在同样的水平，而不论消费的成本和收益到底是多少，因此不完全合同在投资者身上附加了一个福利成本。这就引出一个可能性，即违约可能是最优选择，因为违约可以使消费获得更高的或然程度。例如，假设最优消费在状态 H 下多于状态 L，如果不存在违约，储蓄合同意味着消费配置是在各个最优消费水平
184 之间的折中，在状态 H 下消费过低，在状态 L 下消费过高。在状态 H 下获得最优消费，即 $(d_1, d_2)=(c_{1H}, c_{2H})$，而在状态 L 下违约对于投资者来说或许会更好。如果金融中介在状态 L 下违约，资产组合将变现，早期和晚期消费者将会分享该资产组合的变现值。违约允许消费水平在不同状态下有所差别，但同时产生了另一个限制条件：在违约情况下，消费水平在每个时期都必须是相等的。因此金融中介将对（x，y）和 $c=(c_{1H}, c_{2H}, c_{1L}, c_{2L})$ 进行选择以最大化

$$\frac{1}{2}U(y+R_L x)+\frac{1}{2}\{\lambda U(d)+(1-\lambda)U(c_{2H})\}$$

对应约束条件为

$$\lambda d+(1-\lambda)c_{2H}=y+R_H x$$

哪一个结果会提供更高水平的期望效用取决于所有的参数和价格。现在进

行的讨论中关键的一点就是，在完全市场下，金融中介都会做出正确的选择。很明显，由于消费计划受合同不完全性和破产法的限制，所以我们不可能期望能实现最优的配置。但是在这些约束条件下，一个计划者也不可能比市场做得更好。更准确地说，如果不存在另一个采用储蓄合同的可行性配置，使得一些消费者的境况更好而其他人不会变糟，那么这个均衡结果就是约束有效的。原因同 6.2 节考察的情形在根本上是一样的：如果对金融中介来说还存在另一个较优的选择，那么这个选择肯定位于预算约束范围之外；而如果所有金融中介都违反其预算约束，那么可行性条件就无法得到满足。因此，均衡时无论金融中介是否选择违约，都不会存在市场失灵。此时，金融危机的影响就是约束有效的。

艾伦和盖尔（2004）已经证明了在一般性条件下自由放任均衡是约束有效的。这个结论的重要性在于指出金融危机并不必然会引起市场失灵。虽然可以肯定不完全合同会造成福利损失，但是无论是否发生危机这些损失都是存在的。至关重要的一点在于，在给定的合同技术条件下，市场将产生可能存在的最好的福利结果；而在同样的条件下，计划者是不可能做得更好的。

例 5　我们曾经说过，只要市场是完全的，金融中介将会选择最优的违 *185*
约率。我们用一个具体例子来阐述一下这个可能性。假定每个投资者的禀赋为 $e=(1,0,0)$，其偏好用 VNM 效用表示为

$$U(c_1)+\beta U(c_2)=\ln c_1+\ln c_2$$

假设各种自然状态是等概率的

$$\pi_H=\pi_L=0.5$$

早期消费者所占的比例为

$$\lambda=0.5$$

长期资本投资的收益为

$$(R_H,R_L)=(3,0)$$

在不存在违约的情况下，消费配置为

$$c=(c_{1H},c_{2H},c_{1L},c_{2L})=(d,c_{2H},d,d)$$

其中 $d=y$，$c_{2H}=2(R_Hx+y/2)=6x+y$。决定最优投资组合的一阶条件为

$$\frac{1}{2}\left\{\frac{1}{y}+\frac{1}{y}\right\}=\frac{1}{2}\left\{\frac{3}{6x+y}+\frac{0}{y}\right\}$$

解得 $x=\frac{1}{12}$，$y=\frac{11}{12}$。因此消费配置为

$$c=(y,6x+y,y,y)=\left(\frac{11}{12},\frac{17}{11},\frac{11}{12},\frac{11}{12}\right)$$

期望效用为

$$\frac{1}{4}\{U(c_{1H})+U(c_{2H})+U(c_{1L})+U(c_{2L})\}=\frac{1}{4}\left(3\ln\frac{11}{12}+\ln\frac{17}{12}\right)$$
$$=\frac{1}{4}\times 0.087$$

现在我们假设允许发生违约。在低流动性需求状态下不会发生什么变化，
186 因为在这个状态下只有短期资产才是有价值的，而短期资产已经在早期和晚期消费者之间进行了平均分配。在高流动性需求状态下则正好相反，配置能够达到最优水平，早期消费者将得到 $2y$，而晚期消费者将得到 $2R_Hx=6x$。这时最优投资组合的一阶条件为

$$\frac{1}{2}\left\{\frac{1}{2y}+\frac{1}{y}\right\}=\frac{1}{2}\left\{\frac{3}{6x}+\frac{0}{y}\right\}$$

解得 $x=\frac{1}{4}$，$y=\frac{3}{4}$。此时消费配置为

$$c=(2y,6x,y,y)=\left(\frac{3}{2},\frac{3}{2},\frac{3}{4},\frac{3}{4}\right)$$

期望效用为

$$\frac{1}{4}\{U(c_{1H})+U(c_{2H})+U(c_{1L})+U(c_{2L})\}$$
$$=\frac{1}{4}\left\{2\ln\frac{3}{2}+2\ln\frac{3}{4}\right\}=\frac{1}{4}\times 0.236$$

很显然，在这里违约提高了期望效用，因为违约在没有引入补偿性扭曲（在默认状态下，两时期的消费是相等的，无论是否发生了违约）的条件下缓解了储蓄合同的资源扭曲配置（时期 1 的消费无论自然状态如何都是相同的），参见赞姆（Zame，1993）的论述。

6.3.2　不完全市场下的金融中介问题

例3告诉我们，对数效用的情形是很特殊的。对数效用有一个性质，即在最优状态下早期和晚期消费者的消费现值是相同的，即

$$c_1^* = \frac{1}{R}c_2^*$$

对其他大多数效用函数，这一点是不成立的。如果 $c_1^* > c_2^*/R$，如例4中的效用函数（6.14），那么早期消费者获得的消费现值将高于晚期消费者。如果早期消费者所占的比例上升，那么总消费的现值也会跟着上升，这样为了满足预算约束，金融中介就必须减少某些人的消费。由于金融中介已经保证早期消费者可以获得一个固定数量 d，因此它们将只能减少对晚期消费者的支付，如果这么做不会导致挤兑的话。假定 $c_1 = d$，晚期消费者将在自然状态 $s = H$、L 下获得 c_{2s}，其中 187

$$c_{2s} = \frac{(1-\lambda_s d)R}{1-\lambda_2}$$

如果资产价格 $P=1$，那么金融中介在时期1的财富值为

$$y + p(1-y) = y + (1-y) = 1$$

由于金融中介在时期1的财富值与 y 无关，因此对时期0的金融中介来说 y 的任意选择都是最优的。如果金融中介给予早期消费者 $\lambda_s d$，那么晚期消费者将会得到 $1-\lambda_s d$（以现值计）。但是 $t=1$ 时1单位商品可以购买 $t=2$ 时的 R 单位商品，金融中介可以在时期2买入 $(1-\lambda_s d)R$ 单位的消费，由于一共有 $1-\lambda_s$ 的晚期消费者，他们每个人将得到 $(1-\lambda_s d)R/1-\lambda_s$ 单位消费。当且仅当 $d=1$ 时，晚期消费者在任意状态下都会得到相同的消费。一般情况下，晚期消费者的消费量会随着状态发生变化，而金融中介的决策问题就在于选择 d 和 y 来最大化

$$\lambda U(d) + \frac{1}{2}\left\{(1-\lambda_H)U\left(\frac{(1-\lambda_H d)R}{1-\lambda_H}\right) + (1-\lambda_L)U\left(\frac{(1-\lambda_L d)R}{1-\lambda_L}\right)\right\} \tag{6.15}$$

对应于激励约束条件 $c_{2s} \geqslant d$，我们假定该条件已经满足。

由于 y 的每一个选择都是最优的，金融中介的最优化决策只要对 d 进行选择就可以了。解决这个问题的一阶条件为

$$\lambda U'(d)+\frac{1}{2}\left\{(1-\lambda_H)U'\left(\frac{(1-\lambda_H d)R}{1-\lambda_H}\right)\frac{-\lambda_H R}{1-\lambda_H}+(1-\lambda_L)U'\left(\frac{(1-\lambda_L d)R}{1-\lambda_L}\right)\frac{-\lambda_L R}{1-\lambda_L}\right\}=0$$

简化得到

$$U'(d)=R\left\{\frac{\lambda_H}{2\lambda}U'\left(\frac{(1-\lambda_H d)R}{1-\lambda_H}\right)+\frac{\lambda_L}{2\lambda}U'\left(\frac{(1-\lambda_L d)R}{1-\lambda_L}\right)\right\} \qquad (6.16)$$

这个式子同一般的 $U'(c_1)=RU'(c_2)$ 条件类似，只不过式子右边括号里的项是时期 2 不同状态下边际效用的加权平均值。

188 **例 4（续）** 如果金融中介无法实现最优配置，那么它会怎么做？我们先回到例 4 里面的参数，计算出明确的结果。（6.16）式的一阶条件告诉我们

$$d^{-6}=3\left\{0.6\left(\frac{(1-0.6d)3}{0.4}\right)^{-6}+0.4\left(\frac{(1-0.4d)3}{0.6}\right)^{-6}\right\}$$

解这个方程得到 $d=1.337$。这意味着高流动性需求状态下，晚期消费者的消费为

$$c_{2H}=\frac{(1-\lambda_H d)R}{1-\lambda_H}=\frac{(1-(0.6)(1.337))(3)}{0.4}=1.485$$

低流动性需求状态下其消费为

$$c_{2L}=\frac{(1-\lambda_L d)R}{1-\lambda_L}=\frac{(1-(0.4)(1.337))(3)}{0.6}=2.327$$

注意，尽管晚期消费者在低流动性需求状态下的结果很好，但是这并不足以补偿其在高需求状态下的低消费水平。如果我们明确地计算一下均衡的期望效用（6.15），就会得到

$$(0.5)\frac{-1}{5}(1.337)^{-5}+(0.5)\left\{(0.4)\frac{-1}{5}(1.485)^{-5}+(0.6)\frac{-1}{5}(2.327)^{-5}\right\}$$
$$=-0.030$$

而最优配置为

$$(0.5)\frac{-1}{5}(1.428)^{-5}+(0.5)\frac{-1}{5}(1.715)^{-5}=-0.024$$

最后需要注意的是，激励约束 $c_{2s}\geqslant d$ 在每一种状态下都是满足的，尽管我们没有确实将其代入结论中。这也证明了我们假定的激励约束条件是满足

的。此外，我们也看到最优的结果是不存在违约的均衡配置。

6.4 结　论

下面我们简单总结一下本章的结论。只要有完全市场来对冲总体风险，且金融中介可以采用完全的或然风险分担合同，那么在自由放任经济中均衡就是激励有效的。如果金融中介由于交易成本问题而不得不采用不完全 189
合同，那么均衡就是限制有效的。不管在哪种情况下，认为金融危机是市场失灵原因的看法都是不对的。在同样的信息约束或相同的交易成本条件下，一个计划者是不可能比市场做得更好的。如果合同是完全的，那么就根本不存在违约的需要。金融中介也可以通过修改合同的条目来得到同样的结果。另一方面，不完全合同会扭曲金融中介在完全合同条件下做出的选择；如果放松约束条件，允许在某些自然状态下发生违约，将会使储户获得更好的风险分担及/或更高的收益。无论金融中介是否选择违约，它做出的决策都将最大化其储户的福利水平。由于市场是完全的，价格为金融中介提供了正确的信号，并指导它们有效地配置风险和投资。只有当市场是不完全的时候，原则上才会需要政府管制来纠正均衡配置的无效性，才意味着福利水平存在着潜在改善的可能。我们将在下一章中对增进福利管制的范围及采取的形式进行探讨。

参考文献

Allen, F. and D. Gale (2004). "Financial Intermediaries and Markets," *Econometrica* 72, 1023 - 1061.

Zame, W. (1993). "Efficiency and the Role of Default when Security Markets are Incomplete," *American Economic Review* 83, 1142 - 1164.

第7章　最优金融管制

190 在大多数情况下，金融管制的发展是一个经验过程，即一个反复实验、不断摸索的过程，是由历史上发生的紧急情况而不是由正式的理论所推动的。描述这个过程的一个小插曲便是美国历史上的大萧条。美国的这次金融崩溃影响范围非常广，并且具有深刻的破坏性，它导致了用以规范金融系统的法律的许多实质性的改变，其中许多形成了我们现行的规则框架，并设立了美国证券交易委员会（SEC）来规范金融市场。《格拉斯-斯蒂格尔法案》(Glass-Steagall Act，后来被废除并由1999年的《格雷姆-里奇-比利雷法案》(Gramm-Leach-Bliley Act of 1999) 所代替）将投资银行和商业银行的业务进行了分离。联邦储备委员会（The Federal Reserve Board）依据它失败的经验，修订了它的运作程序以阻止金融崩溃。联邦储蓄保险公司（FDIC）和联邦储蓄贷款保险公司（FSLIC）建立起来，以向银行和储蓄贷款机构提供存款保险。

回首过去，指导这些改变的正式理论的迹象从没有出现过。每个人看起来都承认大萧条的经历是可怕的；它太可怕了以至于不能允许其再重演。根据这种心态，金融系统被认为是脆弱的，而谨慎规则的目的便是不惜一切代价阻止金融危机的发生。为什么 20 世纪 30 年代的这种心态会继续影响今天政策的制定？是什么使得政策制定持续成为一种经验行为，而没有关注理论的作用？这种经验过程是不寻常的。的确，考虑到在很大程度上实证的发展大大超过了理论，金融管制领域确实比较独特。在绝大多数的经济学领域，当管制成为一个议题，经济学家会试图辨认出一些具体的市场失灵以证明提出的干预是正确的。有时他们会更进一步提出管制的最优形式。然而，实际的金融管制程序却远不是如此。

本章的目的是说明怎样用第 6 章的框架来作为分析最优金融管制的基础。被广泛接受的金融系统是“脆弱的”认知，加上许多关于金融不稳定性的历史事件，形成了一种假定，即需要管制来阻止成本高昂的金融危机。在前一章中我们认为情形恰恰与此相反，在与福利经济学基本理论相似的假设条件下，自由放任均衡可能是有效的。违约的发生和均衡上的金 191
融崩溃并不一定意味着市场失灵。如果在同样的契约技术下，一个计划者不能做得更好，我们就认为均衡是约束有效的。除非计划者得到一种更好的技术，否则当发生的金融不稳定是约束有效的时候，干预就是不合理的。

为了给金融系统管制提供理由，我们首先需要寻找市场失灵的根源（约束无效性），然后我们需要找到一种切实可行的补救或者改善失灵的政策。在这一章中我们将研究两种政策实施。首先，我们对规范资本结构的潜在利益进行研究，继而研究规范流动性的潜在利益。在每种情况下，我们感兴趣的是判断自由放任均衡是否为约束有效的，如果不是，对于该均衡可以做些什么。我们的观点是，仅仅表明存在福利改善的政策是不够的，还需要找到这种政策的特点并且表明它是可以实施的。一种错误设计的干预可能会使得事情变得更糟糕。如果福利改善政策太复杂或者所依赖的信息对于政策制定者不大可能获得，这种错误就有可能出现。

7.1 资本管制

资本充足率要求（Capital adequacy requirements）是指银行必须保持与其资产相关的一个最小资本水平的规定。这个规定可能是采取资产的一个简单比例的形式，或者是遵循一个相对复杂的公式。资本充足率要求是对银行管制的一个最重要的工具。《第一巴塞尔协议》（The first Basel Accord）要求所有签字国的银行满足统一的资本充足率要求。《第二巴塞尔协议》（The second Basel Accord）设立了更加复杂成熟的方法来决定银行适当的资本水平，但是银行应当保持一个合适资本水平的思想依旧是监管制度的一个基本原则。

这些协议提供了一个由经验而非理论推动的规则例子。从业人员成了在这个高度复杂的系统中细节方面的专家，然而对这个系统并不存在一个被广泛接受的基于经济学理论的解释。那么最优资本结构是怎样的？什么样的市场失灵需要实行资本充足率要求？为什么不能让市场来决定合适的资本水平？理论文献中并没有就这些问题做出很好的解答。

192 在关于资本充足率的文献中，为了控制由于存款保险的存在而产生的道德风险问题，通常认为资本充足率要求是必需的。20 世纪 30 年代设立的存款保险是为了防止银行挤兑，或者更一般地说，为了防止金融不稳定性。因为银行有发行类似于有保险的债务（insured debt-like）的义务（例如银行存款），它们有动机进行风险的转移。换句话说，银行有动机去进行过多的风险投资，因为它知道一旦失败，损失会由存款保险承担，而如果一旦成功，银行的股东将会获益。银行资本的存在减少了银行承担风险的动机，因为一旦失败，股东将会失去他们的资本。因此，阻止金融危机的意愿间接地证明了资本充足率要求是合理的。大量的文献研究了资本充足率要求对于风险承担的影响。虽然资本充足率要求的影响一般是减少风险承担，但是相反的影响也是有可能的（例如，Kim and Santomero（1988）；Furlong and Keeley（1989）；Gennotte and Pyle（1991）；Rochet（1992）；Besanko and Kanatas（1996）。

承担风险的动机也可能会被由破产导致失去特许证价值（charter value）的损失抵消（详见 Bhattacharya，1982）。银行业市场竞争越激烈，这种影响会越小。基利（Keeley，1990）提供了证据：20 世纪 80 年代早期美国银行破产的大幅增加是由银行部门的竞争加剧和特许价值的相应下降所导致。

我们从文献回顾中可以看到，资本充足率要求存在的合理性是在存款保险的存在中发现的。然而，一个需要回答的问题是，一项很差的政策（存款保险），不能用以证明另一（资本充足率要求）糟糕政策的合理性。即使假设存款保险可以阻止金融危机，目前我们尚不清楚为什么应该降低金融危机发生的可能性，更谈不上一定要消除它们。正如我们在第 6 章描述的，金融危机的发生在自由放任系统中可能是社会最优的。如果不是，比如金融危机导致了额外的损失（deadweight losses），应该认识到管制也会导致行政成本和经济决策的扭曲。此外，对最优政策的分析必须衡量管制的成本和收益，而这个分析只有在能够明确地模拟出危机可能性的模型中才能进行。

赫尔曼等（Hellman et al.，2000）关于资本充足率要求的文献是一个例外。作者并没有止于仅仅将存款保险的存在视为给定进行讨论，也检验了不存在存款保险时可能会发生的情况。其他文献也讨论了选择存款保险的理由，尤其是它在阻止金融危机中的作用，但是并没有进行明确的模型化。在没有将金融危机的成本明确模型化的条件下，很难对最优的干预进行辩 193
护。由此而导致的一个推论便是，我们很难给出一个例子来说明资本充足率要求能够用来抵消由存款保险产生的风险承担问题。

艾伦与盖尔（2003）认为，在不存在与福利相关的货币外部性的情况下，不需要政府的强迫，银行自己便会选择社会最优的资本结构。在很长一段时间内，政策制定者认为最好是避免危机，并认为这是不言而喻的。而在艾伦与盖尔的框架中，情况正好相反，拥有完全市场的自由金融系统会实现风险和资源约束的有效配置。当银行被限制使用非或然存款合同时（noncontingent deposit contracts），违约将会引入一定程度的或然性，这从最优风险分担的角度来看也许是更合意的。避免金融危机远非是最好的选择，恰恰相反，为了达到约束有效性，金融危机甚至可能是必要的。相应的，避免违约的成本是昂贵的。这就要求要么持有一个非常安全且具有流动性的资产组合（并且获得较低的收益），要么在中期减少对存款人承诺的流动性。在任何情况下，银行都将最优地衡量成本和收益并且选择在均衡上的有效违约水平。

我们不认为避免危机应该作为一个公理。如果要求利用管制来最小化或者消除金融危机的成本，我们需要通过基于标准假设的微观经济学福利分析来对其进行证明。进一步说，应该基于微观经济学原理来确定干预的形式。毕竟，金融中介和金融市场的存在是为了促进风险和资源的有效配置。一项旨在阻止金融危机的政策会影响金融系统的正常运作。任何形式的政府干预都可能会因为扭曲了金融系统的正常运作而引起额外的损失。金融危机的微观经济分析的一个优点是可以阐明这些扭曲的相关成本。

除了上面讨论的激励功能，银行资本还有另一个主要的功能，那就是风险分担作用。资本相当于一个缓冲器，用来弥补一旦发生银行失灵所造成的存款者的损失，并且允许银行资产的有序清算，从而避免了以“甩卖出售价格”来处理资产。

银行资本的这些功能解释了为什么股东和存款者应该注意银行的资本结构，但是它们并没有解释为什么政府需要管制资本结构。由于资本结构会影响风险分担的有效性或者银行承担风险的动机，成本和收益应该内化在银行的目标函数中。在银行没有考虑某种外部性的情况下，并没有明显
194 的原因说明为什么银行在不受管制的情况下不会选择（社会的）最优资本结构。换句话说，我们（还）没有发现哪种市场失灵而导致对管制者干预的要求。

当市场是不完全的时候，货币外部性会影响福利，而且在这种情况下资本的管制（或者任何其他的）可以潜在地改善福利，因此不完全市场为资本管制提供了一个可能的理由。在接下来的几节中，我们采用上一章的模型来说明，当市场是不完全的时候，可以利用银行资本来改善风险的分担，而且政府干涉具有改善福利的作用。

7.1.1 最优资本结构

像往常一样，存在 $t=0$，1，2 三期，且存在一个全功能商品可用于消费或投资。有两种资产：短期资产用储存技术表示，在时期 t 的每单位投资在 $t+1$ 得到 1 单位的回报，长期资产用规模报酬不变的技术表示，在时期 0 的每单位投资在时期 2 可以得到 $R>1$ 的回报。

在时期 0，有一个完全同质消费者的闭联集，其中每个人在时期 0 有 1 单位的商品禀赋，而在未来什么都没有。在时期 1，每个消费者会知道他是仅仅关心时期 1 消费的早期消费者，还是仅仅关心时期 2 消费的后期消费

者。消费者是早期消费者的概率为 $0<\lambda<1$。消费者对风险的态度用 VNM 效用函数来表示。如果消费者的消费为 c，那么他的效用为 $U(c)$，其中函数 $U(\cdot)$ 满足一般的新古典性质。

所有消费者分成 A、B 两组，每组恰好有一半总体消费者。存在两个总体自然状态，用（H，L）与（L，H）表示。每个状态有同样的可能，即都以 0.5 的概率发生。在状态（H，L）时，A 组早期消费者的比例为 λ_H，B 组早期消费者的比例为 λ_L，其中 $0<\lambda_L<\lambda_H<1$。在状态（L，H）时此比例相反。那么在每种状态下早期消费者的比例为

$$\lambda=\frac{1}{2}(\lambda_H+\lambda_L)$$

消费者的风险态度由 VNM 效用函数表示。如果消费者在适当的日期消费 c，他的效用为 $U(c)$，其中 $U(\cdot)$ 满足所有常规性质。

在时期 1 开始时，所有的不确定性都解决了，真正的状态已经显示出 195
来，并且每个消费者都知道了自己的类型。

在前一章，我们假设市场是完全的。特别的，我们假设在时期 0 存在两支阿罗证券，它使得财富可以在状态（H，L）与（L，H）之间转换，同时存在一个资产市场，在时期 1，长期资产可以在此市场进行交易。这里，我们假设市场是不完全的。特别的，我们假设不存在阿罗证券，但是在时期 1 存在一个资产市场。

如果金融中介所服务的是有代表性的消费者样本，那么市场的不完全性将不影响风险分配。相反的，我们假设金融中介仅从 A 组或 B 组而非两个组吸引客户。对这一假设的一种解释是，A 组与 B 组对应于不同的区域，并且金融中介受到法律约束只能在一个区域内进行经营。在任何情况下，由于市场的不完全，异质的金融中介可以从风险分担中受益。

除了市场的不完全性以外，我们并未在这一模型中施加任何摩擦。特别的，金融中介被允许使用完全风险分担合同（complete risk-sharing contracts）。一个金融中介在时期 0 从每位消费者处吸收 1 单位的存款并以组合（x，y）进行投资，其中包含 x 单位的长期资产与 y 单位的短期资产。作为交换，消费者得到消费束（c_{1H}，c_{2H}，c_{1L}，c_{2L}），其中，c_{1H} 是承诺的早期消费者比例为 λ_H 时在时期 1 提款的消费，c_{2H} 是承诺的早期消费者比例为 λ_H 时在时期 2 提款的消费等等。

为了讨论资本结构，我们引入一类风险中性者来为金融中介提供资本

（参见 Gale，2003，2004）。假设每个投资者在时期 0 有大量的禀赋，在时期 1 和时期 2 什么都没有。投资者是风险中性的，但是他们的消费必须是非负的（否则，投资者的最优选择就是自己承担所有风险）。考虑到投资者要求的利润比金融中介的投资机会可以提供的更高，我们假设资本是昂贵的。我们通过假设投资者没有耐心来构造资本的机会成本：时期 0 每单位消费的价值为 $p>R$ 单位的未来消费。对时期 0 投资于金融中介的每单位资产，投资者将会要求 p 单位的预期未来收益。由于金融中介的投资不可能产生高于 R 的回报，所以金融中介不得不将存款人的部分收益转移给投资者作为使用其资本的补偿。即使资本是昂贵的，但是由于它可以改善风险的分担，因此最优的选择仍是保有一定数量的资本。

196 金融中介为投资者提供了（e_0，e_H，e_L）的合同，其中 e_0 是指在时期 0 投资者提供的资本额，e_H 与 e_L 分别为当早期消费者的比例为 λ_H 与 λ_L 时支付给投资者的收益。不失一般性的，由于均衡要求在时期 1 的时期 2 消费的价格 $p\leqslant 1$，我们可以假设 e_H 与 e_L 都是时期 2 的支付，因为时期 2 的商品至少与时期 1 一样便宜。只有在收益超出机会成本时，投资者才会向银行提供资本，即

$$\frac{1}{2}(e_H+e_L)\geqslant pe_0 \tag{7.1}$$

由于存在大量的投资者，每个投资者都有大量的禀赋，投资者之间的竞争意味着在均衡上投资者得不到任何额外收益，也就是说式子（7.1）中等号成立。所以我们可以不失一般性地假设，金融中介根据投资者的参与约束（7.1）以及可行性约束，选择资产组合（x，y）、资本结构（e_0，e_H，e_L）以及消费计划（c_{1H}，c_{2H}，c_{1L}，c_{2L}）来最大化典型存款人的期望效用。在时期 0，总投资受存款人禀赋及投资者提供资本的约束：

$$x+y\leqslant e_0+1$$

在时期 1，金融中介的预算约束为

$$\lambda_s c_{1s}+(1-\lambda_s)pc_{2s}+pe_s\leqslant y+px$$

这里 $s=H$，L，其中 $p=Rp$ 为时期 1 时的资本价格。

考虑到不存在总体不确定性，我们将通过一般的方法来确定价格 P。为了使银行愿意在时期 0 与时期 1 持有两种资产，这两种资产必须是无差异的，所以

$$p=\frac{1}{R};P=1$$

由于 A 组与 B 组是对称的，并且在每种自然状态下，一组的早期消费者比重较高，另一组早期消费者的比重较低，在时期 1 与时期 2 的市场出清条件分别为

$$\frac{1}{2}(\lambda_H c_{1H}+\lambda_L c_{1L})=y$$

及 197

$$\frac{1}{2}((1-\lambda_H)c_{2H}+e_H+(1-\lambda_L)c_{2L}+e_L)=Rx$$

从第二个预算约束可以看出，如果 e_H 与 e_L 均为正，那么就可以实现最优风险分担，即 $c_{2H}=c_{2L}$。否则，可以通过减少某种状态下的 e_s，增加另一种状态下的资产来提高期望效用。例如，假如 $c_{2H}<c_{2L}$，则在状态 H 时支付 $e_H-\varepsilon$，在状态 L 时支付 $e_L+\varepsilon$ 将满足投资者的参与约束（7.1），并使得消费者状况变好，这是由于在状态 H 时消费增加了 $\varepsilon/(1-\lambda_H)$，在状态 L 时降低了 $\varepsilon/(1-\lambda_L)$，所以期望效用的改变与

$$(1-\lambda_L)U'(c_{2H})\frac{\varepsilon}{1-\lambda_H}U'(c_{2L})\frac{\varepsilon}{1-\lambda_L}>0$$

成比例。当风险分担完全时，边际保险价值为零，而资本的边际成本为正。所以，持有足够多的资本来达到完全的风险分担绝不是最优结果。因此，e_s 至少在某一状态下为零，并且在这一状态下的消费 c_{2s} 较低。例如，假设相对风险厌恶系数为常数 $\sigma>1$。那么通过一般的讨论我们知道 $c_{1s}>pc_{2s}$，并且当早期消费者所占比重很高时，平均消费将会较低。所以最优资本结构应该增加高流动需求状态下的消费，而减少低流动需求状态下的消费。所以 $e_H=0$，并且 $\frac{1}{2}e_L=pe_0$。

命题 1　假设消费者的相对风险厌恶系数为常数 σ，令（e_0，e_H，e_L）为最优资本结构，其中 $e_0>0$。那么，如果 $\sigma<1$，则

$$e_H>e_L=0$$

如果 $\sigma>1$，则

$e_L > e_H = 0$

在上一章中我们看到，如果没有总体不确定性，一个帕累托最优配置将给予每个消费者独立于自然状态的消费分配（c_1，c_2）。最优配置的实现依赖于资本成本 p。如果 p 相对于 R 非常高，最优资本结构将需要在时期 0 有一个微小的资本注入 e_0，金融中介平滑各状态之间消费的能力将受到限
198 制，最优决策将不能实现。由于市场配置不是帕累托最优的，所以很容易导致我们得出结论：在此种情况下市场是失灵的；但是前提假设是计划者并没有受交易费用和其他使得市场不完全的摩擦的约束。在我们判定市场失灵且需要进行干预之前，我们应该先问一下，如果计划者被限制于仅使用和市场参与者一样的贸易机会时，他是否能做得更好。例如，非常明显，通过将商品从存款人具有低边际消费效用的金融中介那里转移到存款人具有高边际消费效用的金融中介那里，计划者可以对自由放任分配加以改善。在这样做时，计划者使用了缺失的阿罗证券市场的功能，该市场使得金融中介在各状态间转移财富并实现最优。但是如果市场参与者由于交易费用或其他摩擦的限制而不能进行此种交易，那么计划者或许也会受限制。这就意味着合理测试市场失灵的方法将是问一下计划者是否可以利用和市场参与者相同的技术来改善自由放任的配置。

计划者可以获取的到底是什么样的技术并不是很清楚，但是有一种方法也许是限制计划者，使其只能改变时期 0 的决定，而让市场应用通常方式来决定时期 1 和时期 2 的配置。这样保证了我们不会给予计划者相对于市场参与者更为先进的技术。如果计划者仅仅改变时期 0 的配置，而让市场决定未来配置，结果并不能改善自由放任配置，我们就说自由放任配置是**约束有效**的（constrained efficient）（Geanakopulos and Polemarchakis，1986）。

由于金融中介选择了最优的资本结构、资产组合以及消费计划，所以计划者只有通过改变均衡价格才能比金融中介做得更好。如果价格不变，计划者与金融中介的选择就会是相同的。在没有总体不确定性时，两种资产的回报率在一般方式下是相等的，这决定了均衡的资产价格。所以很容易理解，强迫金融中介采取不同的资本结构并不能改进福利。换句话说，均衡价格与资本结构相互独立。由于没有任何的货币外部性可供管制者利用，强制金融中介去增加或减少一定量的资本只能扭曲最优决策。

命题 2 在以上假设不变的条件下，自由放任均衡（laisser-faire equilibrium）是约束有效的，改变均衡的资本结构并不能改善福利。

7.1.2　具有总体不确定性的模型

我们刚刚考察的情况是非常特殊的。由于资本价格 p 在时期 1 是常数， 199
它由长期资产与短期资产的回报相等的要求所决定。这意味着时期 0 资产组合与资本结构的任意变化都不可能会对时期 1 的资产价格产生任何影响，正如我们已经看到的，价格变化是任何福利改善都必不可少的因素。在具有总体不确定性的模型中，资本价格在各自然状态之间发生波动。尽管存在一个约束价格分布的一阶条件，资本充足率的要求（capital adequacy requirements）也会对均衡价格有一定的影响，从而对福利也会产生影响。由于不完全市场的均衡一般不是约束有效的，资产价格的变化可以被用来改善福利。然而问题的关键是：什么样的资本管制可以实现福利的改善。要求金融中介持有更多的资本也并不是明显有益的，事实上，没有病理特征（pathological features）的简单例子可以带来令人惊讶的结论，即资本的增加会减少福利，资本的减少会增加福利。

为了说明这些结论，我们描述一个盖尔与奥兹格（Gale and Özgür，2005）研究过的模型。这一模型除了流动性冲击结构不同之外，与上述模型是完全相同的。所有的个人和金融中介事前都是完全同质的，事后则存在两类金融中介：一类只服务于早期消费者，另一类只服务于后期消费者。有两种（总体）自然状态，H 与 L，每种都以 0.5 的概率发生。在状态 s 时早期消费者的比例用 λ_s 表示，其中 $1>\lambda_H>\lambda_L>0$。金融中介在状态 s 时含有早期消费者的比例为 λ_s，任何一个金融中介仅服务于早期消费者的概率也为 λ_s。如果 λ_i 为第 i 个金融中介服务于早期消费者比例，则

$$\lambda_i=\begin{cases}1 & \text{在状态 } s \text{ 时概率为 } \lambda_s \\ 0 & \text{在状态 } s \text{ 时概率为 } 1-\lambda_s\end{cases}$$

$s=H，L$。

总体不确定性的存在为金融中介与消费者和投资者之间的合同增加了一些额外的复杂性。明确地说，给予两个群体的支付一般会依赖于金融中介的状态（λ_i 为 1 或 0）与总状态（H 或 L）。

一个消费者将其全部禀赋储蓄在一个金融中介处，作为交换，金融中介提供一个 $c=\{(c_{1s}，c_{2s})：s=H，L\}$ 的消费合同，其中 c_{1s} 为时期 1 状态为 s 时提供给早期消费者的消费，c_{2s} 为时期 2 状态为 s 时提供给后期消费者的消费。

200 金融中介与投资者签订 $e=\{(e_0, e_{1s}, e_{2s}), s=H, L\}$ 的合同，其中 $e_0 \geqslant 0$为在时期 0 投资的资本量，$e_{1s} \geqslant 0$ 为承诺在状态 s 时，如果所有的存款人都为早期消费者时给付投资者的商品数量，$e_{2s} \geqslant$为承诺在时期 2 状态为 s 时，如果所有消费者均为后期消费者时所给付的商品数量。

为了降低消费的波动性，资本结构 e 的选择应该使得当消费高时向投资者进行支付，而消费低时不支付。由于有四个可能的支付机会，这为设计最佳的风险分担方案提供了很大的余地。像往常一样，由于资本是昂贵的，完全消除消费的波动性将不会是最优的。这意味着价格的变化具有收入效应，它可以提高存款人的事前期望效用。

由于金融中介被假定为选择自己最优的资本结构，将每种自然状态下对应的价格都视为给定的，显然，资本管制仅通过改变均衡价格就可以改善福利。这些收入效应的影响是很复杂的。例如，当某金融中介仅仅面对早期消费者时，它将出售长期资产以履行它对存款人的义务。资本价格的升高将会提高消费。对某个仅仅面对后期消费者的金融中介，影响正好相反。如果后期消费者的平均结果比早期消费者要好，对事前效用的净影响将会是有益的。但是，我们需要考虑一种可能性，即某种状态下资产价格的提高可能会使另一种状态下价格的降低成为必然。归根结底，问题是：资本结构怎样变化能够有效地改善福利？

盖尔与奥兹格（Gale and Özgür）发现，这个问题的具体答案依赖于相对风险厌恶系数，这并不意外。他们考虑了一个具有常数相对风险厌恶系数的模型，并对不同的参数假设求出了数值均衡解。他们发现，如果相对风险厌恶系数很高（比 $\sigma \approx 2$ 大），银行资本的减少将会降低价格波动并提高福利。对于较低的相对风险厌恶系数（比 $\sigma \approx 2$ 小），银行资本的增加会加剧价格波动并提高福利。这些结论背后我们的直觉是，迫使银行增加昂贵的资本将会提高它们在短期资产与长期资产上的投资，但是短期资产投资的增加要少于长期资产投资。这是因为银行试图通过在高产出的资产上投资超额的资本来最小化资本成本。由于资产组合的这一转变，资产市场的流动性降低，从而在总体上降低了高流动性需求状态时的资本价格，并增加了波动性。

我们目前还不知道当模型细节被改变或一般化时，这些结论将会有多么健壮，但是即使结论被证明是特殊的，也仍然强化了一种观点，即当涉
201 及一般均衡影响时，预测金融系统中资本结构的改变带来的宏观经济影响

将是非常困难的。在有一个一般理论来指导我们之前，谨慎的政策抉择似乎是可取的。

7.2　完全市场中的资本结构

前一节的银行资本功能允许风险中性投资者与风险厌恶存款人之间进行风险分担。投资者的回报集中在那些流动性需求相对供给而言较低时的状态。通过改变各自然状态之间投资者的利润，我们可能降低存款人消费的波动性，换句话说，有可能向存款人提供应对流动性冲击或资本回报冲击的保险。最优资本结构是提供这种保险的一种方式，但并不是唯一的方式。如果在时期 0 市场是完全的，可以通过市场来提供这种保险，而对资本的需求将会完全消失。

以时期 0 的商品为计价物，p_{ts}为状态 $s=H$，L，$t=1$，2 时单位商品的价格。如果存款人为早期消费者，金融中介将会希望在时期 1 保有流动性；如果存款人为后期消费者，金融中介将会希望在时期 2 保有流动性。所以，金融中介所希望的是各期对商品的期权。这种期权的成本是什么？由于在状态 s 时存款人为早期消费者的概率为λ_s，时期 1 商品的期权的成本应该是$\lambda_s p_{1s}$，时期 2 商品的期权的成本为（$1-\lambda_s$）p_{1s}。如果金融中介利用完全市场来实现与存款人的最优风险分担合同，它将会提供（c_{1H}，c_{2H}，c_{1L}，c_{2L}）的消费计划来最大化期望效用

$$\frac{1}{2}\{\lambda_H U(c_{1H})+(1-\lambda_H)U(c_{2H})\}+\frac{1}{2}\{\lambda_L U(c_{1L})+(1-\lambda_L)U(c_{2L})\}$$

满足预算约束

$$\lambda_H p_{1H}c_{1H}+(1-\lambda_H)p_{2H}c_{2H}+\lambda_L p_{1L}c_{1L}+(1-\lambda_L)p_{2L}c_{2L}\leqslant 1$$

同样的，投资者可以利用市场将他们的消费在三期之间进行分配。同样不失一般性的，可以假设他们仅在时期 1 与时期 2 消费，所以他们会选择一个（e_0，e_H，e_L）的商品束，其中，e_0 为在时期 0 提供的商品数量，e_s 为在时期 2 状态为 s 时的消费，以最大化 202

$$\frac{1}{2}\{e_H+e_L\}-pe_0 \tag{7.2}$$

满足预算约束

$$p_{2H}e_H+p_{2L}e_L\leqslant e_0 \tag{7.3}$$

由于市场是完全的，所以在短期和长期资产上投资的收益均为零。是谁投资并不重要，因为投资对财富与风险分担的概率不产生任何影响，故不失一般性的，我们假设所有投资均来自于某代表性企业。均衡时，该企业将会买下金融中介与投资者在时期 0 提供的商品，即 $1+e_0$，并将其投资于短期资产与长期资产，进而用这些资产的回报在时期 1 与时期 2 为金融中介和投资者提供商品。除了零利润条件，一般的市场出清条件也必须满足（见第 6 章）。

由于包含完全市场假设的一般性假设是满足的，福利经济学的基本理论保证了均衡为帕累托最优的（或如果激励约束条件有约束力，那么就是激励有效的）。因此，在完全市场下，一方面我们可以实现投资者之间的有效风险分担，另一方面也实现了金融中介与它们的消费者之间的有效风险分担。尽管在这里金融中介行为是通过市场完成的，但保险的提供与具有资本结构的模型中的情形是相似的。为了在未来提供消费，投资者在时期 0 供给的“资本”必须投资于实际资产（real asset）。他们在时期 2 以消费的形式得到回报。由于他们是风险中性的，只会在价格 p_{2s} 最低的状态下消费，在其他状态留下更多的消费给存款人。投资者在单一状态的消费束使得存款人可以在各状态之间平滑消费，也可以在高消费成本的状态下消费更多。

完全市场的存在不但很好地替代了最优资本结构，从而使得资本成为多余，还使最优资本结构成为不确定的，这是因为任何资本结构可以通过市场交易来消除。假定（$\hat{e}_0$，$\hat{e}_H$，$\hat{e}_L$）为满足方程（7.3）且使得方程（7.2）最大化的投资行为。由于目标方程与约束都为（$\hat{e}_0$，$\hat{e}_H$，$\hat{e}_L$）的线性函数，所以最优交易必须满足

$$\frac{1}{2}\{\hat{e}_H+\hat{e}_L\}=p\hat{e}_0=0$$

203 及

$$p_{2H}\hat{e}_H+p_{2L}\hat{e}_L-\hat{e}_0=0$$

现在假设金融中介采用（$\hat{e}_0$，$\hat{e}_H$，$\hat{e}_L$）为其资本结构。由于金融中介能够利用完全市场，所以资本结构唯一影响到的是金融中介的预算约束。考虑到

这一资本结构在满足参与约束的条件下使成本最小化，所以该资本结构对投资者是最优的。由于成本为零，它并不影响金融中介可支付的消费计划束，并且最优计划（c_{1H}，c_{2H}，c_{1L}，c_{2L}）将满足预算约束

$$\lambda_H p_{1H} c_{1H}+(1-\lambda_H) p_{2H} c_{2H}+\lambda_L p_{1L} c_{1L}+(1-\lambda_L) p_{2L} c_{2L}+p_{2H}\hat{e}_H+p_{2L}\hat{e}_L-\hat{e}_0\leqslant 1$$

最终，如果（$\hat{e}_0$，$\hat{e}_H$，$\hat{e}_L$）与（e_0，e_H，e_L）满足预算约束（7.3），且最大化目标方程（7.2），那么（e_0，e_H，e_L）－（$\hat{e}_0$，$\hat{e}_H$，$\hat{e}_L$）也能满足这两条，所以我们可以假设金融中介在均衡上选择交易（e_0，e_H，e_L）－（$\hat{e}_0$，$\hat{e}_H$，$\hat{e}_L$）。那么金融中介与投资者之间的最优合同（$\hat{e}_0$，$\hat{e}_H$，$\hat{e}_L$）以及市场的净交易（e_0，e_H，e_L）－（$\hat{e}_0$，$\hat{e}_H$，$\hat{e}_L$）的综合效应（combined effect）与最初均衡上的交易（e_0，e_H，e_L）是完全等价的。

因此，最优的资本结构是不确定的。这仅仅是莫迪利亚尼-米勒定理（Modigliani-Miller theorem）的一种形式。

在上一节的分析中，对在时期1遭受严重流动性冲击的金融中介来说，流动性有两种来源。一种是与投资者协商的资本结构，该资本结构允许在严重的流动性冲击下降低对投资者的支付；另一种是将资产出售给其他的金融中介。资本结构是金融中介最优化的选择，所以它不是无效率的来源。相反的，市场的不完全性迫使银行在各状态以一定的价格出售资产，该价格是由事后的流动性需求与供给决定的。正如我们已经看到的，事后的流动性供给将会是无效的，因为金融中介在其存款人边际消费效用很高的情况下被迫以低价出售其资产。相反，时期0时市场是完全的，金融中介可以以当前价格将财富在各期之间进行转移，对所有存款人来说，这保证了各期的财富边际替代率（marginal rates of substitution）是相等的。

请注意，事后金融中介的异质性对这一结论很重要。如果在时期1，金融中介完全相同，那么交易将会没有收益，从而也就不会有对市场的需求。换一种方式来说，在鲁宾逊·克鲁索式经济（Robinson Crusoe economy）中，市场总是有效完全的。所以，如果每个金融中介在各期都面对着一个代表性的消费者样本，那么市场即使是不完全的，也不会对市场效率产生任何影响。然而，资本结构的不确定性是不成立的：在没有或有商品市场的情况下，有效的风险分担只能通过资本结构调整才能实现，那么资本结构将是确定的。

7.3 流动性管制

现在我们转向流动性管制的分析，也就是说，通过管制均衡时持有的短期资产数量来改善福利的可能性。为简单起见，我们将去掉风险中性的投资者，所以不存在资本的供给。否则，假设将会与7.1节相同，以艾伦与盖尔（2005）的某个实例为基础。

除市场不完全之外，我们并未在该模型上施加任何摩擦。特别是，金融中介可以使用完全风险分担合同。一个金融中介在时期0从每位消费者处吸收1单位的存款，并以组合（x，y）进行投资，其中包含x单位的长期资产与y单位的短期资产。作为交换，消费者得到消费束（c_{1H}，c_{2H}，c_{1L}，c_{2L}），其中，c_{1H}是早期消费者比例为λ_H，在时期1提款时，承诺的可获得的消费；c_{2H}是早期消费者比例为λ_L，在时期2提款时，承诺的可获得的消费，等等。

由于不存在总体不确定性，我们可以假设资产在时期1的价格与自然状态相互独立，即

$$P_{HL}=P_{LH}=P$$

由于均衡要求时期0时金融中介持有两种资产，所以在时期0持有两种资产的单期回报必须相等。短期资产的回报为1，长期资产的回报为P，所以均衡价格必须为

$$P=1$$

如果$P=1$为时期2时R单位资产的价格，那么1单位的商品价格为$p=1/R$。

由于模型的对称性，我们将集中讨论对称均衡并对代表性金融中介的行为进行描述。尽管金融中介是不同的，但它们面临的决策问题本质上是
205 相同的。每个金融中介面对着高或低比重早期消费者的概率是相同的，对金融中介而言，重要的不是自然状态（H，L）或（L，H），而是早期消费者的数量为λ_H还是λ_L。因此，我们可以用金融中介的“状态”H或L来描述决策问题，金融中介的状态意味着面对的早期消费者数量为λ_H或λ_L。

在时期0，金融中介从每位消费者处吸收1单位的存款，并投资于资产

组合（x，y）以及或有消费计划（c_{1H}，c_{2H}，c_{1L}，c_{2L}）。由于所有的金融中介选择相同的资产组合与消费计划，我们可以通过（x，y，c）来描述一个配置。如果满足各期市场出清条件，配置（x，y，c）就是可行的。在时期0，这要求总投资等于总的禀赋商品：

$$x+y=1$$

在时期 1，商品的供给为 y（由于 $P<R$，没有人希望在这期对短期资产进行投资）。由于一半金融中介处于状态 H，一半处于状态 L，所以商品的需求将会是$\frac{1}{2}(\lambda_H c_{1H}+\lambda_L c_{1L})$。那么时期 1 市场出清就要求

$$\frac{1}{2}(\lambda_H c_{1H}+\lambda_L c_{1L})=y$$

同样，时期 2 市场出清要求

$$\frac{1}{2}[(1-\lambda_H)c_{2H}+(1-\lambda_L)c_{2L}]=Rx$$

每个金融中介选择资产组合（x，y）与消费计划 c 来最大化其代表性存款人的期望效用。均衡上，资产价格为 $P=1$，所有的资产组合（x，y）在时期 1 具有相同的价值：

$$Px+y=x+y=1$$

所以所有可行的资产组合对金融中介是无差异的。此外，由于在任一自然状态下，金融中介资产组合的价值都是相同的，所以它可以分别在各种自然状态下通过选择（c_{1s}，c_{2s}）以最大化

$$\lambda_s U(c_{1s})+(1-\lambda_s)U(c_{2s})$$

来实现期望效用的最大化，满足预算约束 206

$$\lambda_s c_{1s}+(1-\lambda_s)\frac{c_{2s}}{R}=1$$

所以一个均衡就包括均衡的资产价格 $P=1$ 以及可行的配置（x，y，c），这样，在任一状态 $s=H$，L 中，消费计划（c_{1s}，c_{2s}）在满足该状态下的预算约束能够实现期望效用的最大化。

7.3.1　比较静态分析

在我们开始最优管制分析之前，我们必须确定若干个比较静态属性。

开始，我们主要关注金融中介在特定状态下的行为。由于两种自然状态是对称的，我们可以暂时不考虑这两种状态。如果在时期 1 早期消费者的比例为 λ，那么金融中介在时期 1 的预算约束为

$$\lambda c_1+(1-\lambda)\frac{c_2}{R}=1 \tag{7.4}$$

在此预算约束下最大化期望效用可得到通常的一阶条件

$$U'(c_1)=RU'(c_2) \tag{7.5}$$

注意，尽管早期消费者的数量不出现在一阶条件中，但它确实对最优消费配置产生着影响，因为它存在于预算约束中。一阶条件意味着 c_1 与 c_2 一起变化，所以 λ 的变化通常会提高或降低两期的消费。事实上，当且仅当 $c_1>c_2/R$ 时，λ 的增加才会使得（7.5）式左边变大。直观地说，如果早期消费的现值高于后期消费的现值，后期消费者比例的增加将会提高总消费的现值。为了满足预算约束，金融中介将不得不降低平均消费。如果 $c_1<c_2/R$，λ 的增加将会产生相反的效果。

命题 3 对满足一阶条件（7.5）的所有（c_1，c_2），如果 $c_1>Rc_2$，那么，在各期 $t=1$，2，状态 H 时的消费要低于状态 L。相反的，如果 $c_1<Rc_2$，对所有满足一阶条件（7.5）的有序对（c_1，c_2），状态 H 时的消费要高于状态 L。

207 这样的结果对均衡上的比较静态属性是至关重要的，所以我们需要对此进行更细致的研究。要做到这一点，我们需要考虑一种特殊的情况，其中 VNM 效用函数具有常数相对风险厌恶系数 σ：

$$U(c)=\frac{1}{1-\sigma}c^{1-\sigma}$$

此时，一阶条件（7.5）变为

$$(c_1)^{1-\sigma}=R(c_2)^{-\sigma}$$

这意味着

$$c_1=c_2R^{\frac{-1}{\sigma}}=(\frac{c_2}{R})R^{1-\frac{1}{\sigma}}$$

可以得到

$$c_1 > \frac{c_2}{R} \Leftrightarrow R^{1-\frac{1}{\sigma}} > 1 \Leftrightarrow \sigma > 1$$

当且仅当相对风险厌恶系数大于 1 时，时期 1 消费的现值大于时期 2。

命题 4　如果消费者的相对风险厌恶系数为常数 σ，那么当且仅当 $\sigma>1$ 时，所有满足一阶条件（7.5）的（c_1，c_2）均满足 $c_1>Rc_2$。

我们可以很直观地阐释风险厌恶在消费分配决策中的作用。一阶条件意味着时期 2 的边际效用低于时期 1 的边际效用。换言之，c_1 小于 c_2。在其他条件等同时（例如，预期消费价值保持不变），风险厌恶的消费者更偏好于降低消费水平的不确定性。当然，其他条件并不是相等的。为了降低消费风险，就必须持有更多的短期资产以及更少的长期资产。流动性越高的资产组合，获得的平均收益与平均消费将会越低。鉴于消费风险与平均消费水平的这种权衡替代，我们期望风险厌恶系数会影响金融中介的决策。消费者越厌恶风险，为了在两期之间平滑风险，保险对他的价值就越高，他所能接受的平均消费水平也越低。临界值 $\sigma=1$ 对应于最优状态为使两期消费现值相等的情况，即 $c_1=c_2/R$。如果风险厌恶系数小于 1，延迟消费的
回报就会超出保险的价值，最优的消费配置就会给予早期消费更低的现值，208
后期消费更高的现值。如果风险厌恶系数大于 1，保险的价值就会超出延迟消费的回报，最优消费配置就会给予早期消费更高的现值，后期消费更低的现值。

图 7.1 显示了风险厌恶与消费风险之间的关系。当相对风险厌恶系数很

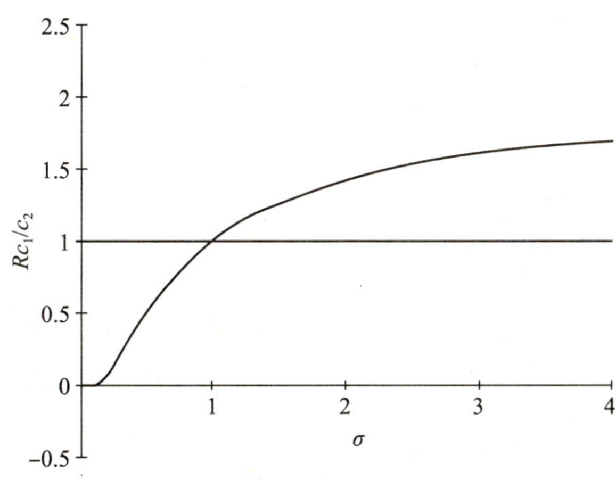

图 7.1　σ 与 c_1 和 c_2/R 现值的关系图，$R=2$

低的时候，最优的选择是冒着成为获得很少消费的早期消费者的巨大风险，来坚持成为一个获取高消费的后期消费者。相反，当相对风险厌恶系数很高的时候，在保证未来消费的现值低于先期消费价值的情况下，两期之间的消费差别将会缩小。

风险厌恶与两期消费现值之间的对应关系可以转化为风险厌恶和与 λ 值以及消费水平相关的消费函数斜率的对应关系。如果 σ 大于 1，那么 c_1 与 c_2 将随着 λ 的上升而下降。如果 σ 小于 1，那么 c_1 与 c_2 将随着 λ 值的上升而上升。

命题 5 假设消费者的相对风险厌恶系数为常数 σ，令 $c=(c_{1H}, c_{2H},$
209 $c_{1L}, c_{2L})$ 为代表性金融中介选择的最优消费配置。那么，当且仅当 $\sigma>1$
时，有 $c_{1H}<c_{1L}$，且 $c_{2H}<c_{2L}$。

图 7.2 阐释了相对风险厌恶系数大于 1 时，时期 1 与时期 2 的最优消费水平与早期消费者比例 λ 的函数关系。对每一个 λ 值，时期 1 的消费都要少于时期 2，但 c_1 与 c_2 的比例要小于 $R=2$，所以时期 1 消费的现值大于时期 2 消费的现值。从而，当 λ 上升时，两期的消费都要下降。

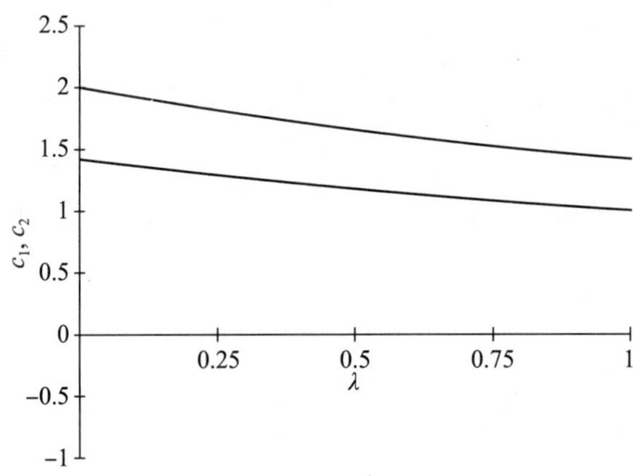

图 7.2 λ 与 (c_1, c_2) 的关系图，$\sigma=2$，$R=2$

在福利方面，如果 $\sigma>1$，当早期消费者数量很少时，消费者会过得更好；如果 $\sigma<1$，当早期消费者的数量很多时，两期的消费者都会更好。

7.3.2 流动性过剩还是不足?

在上一章我们看到，当不存在总体不确定性时，帕累托最优配置使得每个消费者拥有一个独立于自然状态的消费分配（c_1，c_2）。上述分析表明，在没有能够允许财富在不同状态之间转移的阿罗证券时，均衡的消费配置
将取决于早期消费者所占的比重，并因此取决于自然状态。因此，一个没 210
有约束的中央计划者当然可以比不存在阿罗证券时的金融中介达到更高的福利水平；然而，正如我们在7.1节中所说的，相关问题是此时的均衡是否为约束有效的。

众所周知，具有不完全市场的模型一般是非约束有效的，所以我们的假定是，通过操纵时期0的决策，计划者可以潜在地改善自由放任的配置。更确切地说，就是存在一个福利改进的干预，但是它具体是什么却不甚明确。对于政策制定者来说，这是一个很重要的特性：仅仅知道存在某些可以改善福利的政策（可能很复杂）是不够的。政策制定者还需要知道具体要做什么；否则，他可能会使事情变得更糟。在这一节中，我们的目的就是要找出福利改善政策的特点。正如我们将看到的那样，即使在一个简单的例子中，也很难说正确的政策是什么样的。

下面，我们假设计划者的干预仅限于控制金融中介的资产组合决策，特别是它们所持有的短期资产的数量。计划者改善自由放任配置的能力由其改变均衡价格的能力所决定。在自由放任均衡中，视未来面临的资产价格是给定的情况下，金融中介选择最优的资产组合和消费计划。金融中介将价格视为不受它们控制的参数是合理的，因为金融中介的数量太多以至于没有一家单独的金融中介可以对市场出清资产价格有显著的影响。另一方面，计划者不认为未来价格是给定的。虽然金融中介可以认为价格是给定的从而制定未来的消费决策，但是计划者预料他对于金融中介资产组合决策的作用将会对价格产生一些影响。通过资产组合决策对价格的影响，计划者可以潜在地改进金融中介的存款人的福利。

假设计划者要求金融中介在其资产组合中持有更多的短期资产。这一行为将有两个直接影响。首先，它将直接影响资产组合，增大 y 减少 x；其次，它将改变时期1市场出清的资产价格。据推测，增加流动性的同时减少长期资产的库存将会提高资产价格。消费者的福利仅仅依赖于消费，所以资产组合与价格的任何变化对福利的影响都是直接的。资产组合与时期1资产价格的改变都将引起金融中介在时期1面临的预算约束的改变，使得它们选择不同的消费计划。我们知道，由于长期与短期资产具有相同的回报，
所以所有可行的资产组合（x，y）在时期1具有相同的市场价值。因此，211

通过一阶近似可知，资产组合的微小变化对金融中介的预算约束没有任何影响。另一方面，价格的变化将会对金融中介的预算约束产生影响，事实上，它将同时具有收入效应与替代效应。在分析政策干预对消费者福利的影响时，我们仅需要关注收入效应。包络定理（the envelope theorem）使我们确信，由于金融中介选择消费计划来最大化其代表性消费者的期望效用，预算约束的微小变动对期望效用是没有影响的，所以只有价格变化的收入效应与福利分析相关。

假设 y 的变化导致了各期 P（与 p）的升高。这一变化的收入效应是什么呢？我们考虑一下金融中介在状态 H 时的预算约束：

$$\lambda_H c_{1H}=(1-\lambda_H)pc_{2H}=y+pRy$$

p 的升高使得式子左边的值增加，因为它提高了时期 2 提供的消费的现值。p 的升高也使右边的值增加，因为它提高了长期资产回报的现值。从而，p 升高的收入效应由 $Ry-(1-\lambda_H)c_{2H}$ 给出。更确切地说，这是我们在状态 H 保持预算平衡的条件下所能增加早期消费者支出的额度。同样的，在状态 L 时价格变化的收入效应由 $Ry-(1-\lambda_L)c_{2L}$ 给出。

现在，时期 2 市场出清的条件要求

$$\frac{1}{2}[(1-\lambda_H)c_{2H}+(1-\lambda_L)c_{2L}]=Ry$$

所以，在这种情况下，两期收入效应之和为零：

$$Ry-(1-\lambda_H)c_{2H}+Ry-(1-\lambda_L)c_{2L}=0$$

价格变化的收入效应提高了一种状态的消费，相应等量地降低了另一状态的消费。市场完全时，各状态消费的边际效应相等，将消费从一状态转移到另一状态是没有任何影响的。相反，市场不完全时，消费的边际效用在一状态时要高于另一状态，这使通过收入效应来提高期望效用成为可能。

例如，假设相对风险厌恶系数大于 1，则状态 L 时各期消费要高于状态 H。这意味着：

$$Ry-(1-\lambda_H)c_{2H}>0>Ry-(1-\lambda_L)c_{2L}$$

212 所以提高 p 的收入效应在状态 H 时为正，状态 L 时为负。此外，状态 H 时早期消费者的边际消费效用要高于状态 L。所以，如果我们假设实际收入的变化反映在早期消费者在各种状态下的消费上，则早期消费者在状态 H 时

的消费将多于早期消费者在状态 L 时的损失。形式上，

$$U'(c_{1H})\{Ry-(1-\lambda_H)c_{2H}\}>-U'(c_{1L})\{Ry-(1-\lambda_L)c_{2L}\}$$

如果我们假设相对风险厌恶系数小于 1，通过类似的讨论就可以得出相反的结论。

不失一般性的，假设只有早期消费者的消费变化。根据包络定理，我们不能通过将消费的变化在早期与后期消费者之间进行分配来做得更好。从而，在以下的命题中我们给出了通过提高 p 来改善福利的充要条件。

命题 6　给定初始时经济为自由放任均衡状态，当且仅当相对风险厌恶系数大于 1 时，p（或 P）的提高才会增进福利（即提高存款人的期望效用）。

时期 0 资产组合的变化与时期 1 价格的变化仍然存在着联系。直观上，我们期望 y 的提高与 P（或 p）的提高相关，因为价格的提高会导致时期 1 商品供给的增加和长期资产供给的减少。然而，在自由放任均衡上，这两种资产是无差异的，对金融中介来说，在时期 0 对于这两种资产在资产组合中的持有量是由时期 1 市场出清条件所决定的。如果时期 1 的消费上升，为了提供消费，短期资产的供给量必须上升。所以 p 的上升是否与 y 的上升有关依赖于市场对金融中介消费计划的反应。我们可以说，对 p 的任何变化都将存在某种均衡，在该均衡下，金融中介的投资决策都受到合理的限制。

欧文等人（Irwin et al.，2006）将此简单模型扩展到艾伦与盖尔（2004）模型以及本章所考虑的流动性管制中去。他们指出，尽管当金融中介在事前同质时，最低流动资金控制能够实现帕累托改进，但是当金融中介在事前不同质时，情况就不一样了。在这种情况下，为了有效地改进福利，我们需要一些其他的政策，比如状态依存税（state-contingent tax）、转移方案或依存贷款（state-contingent lender）等必要的政策。

我们能从本节的论述中学到些什么呢？对初学者来说，一个希望增进
福利的政策制定者需要详细了解金融领域的风险分担安排。更一般的，市 213
场流动性增加的影响是间接的，在资产价格以及消费计划的一般均衡决策中起着作用。所以，要想预测政策对均衡的影响，必须获得大量的关于模型结构及其均衡的信息。如果信息要求在相当不重要的例子中也是存在的，那么可以预料的是，在“现实”中政策制定者所面临的问题将会非常棘手。

7.4 文献回顾

现在，已经有很多关于银行管制的好的研究与看法，包括桑托默若（Santomero，2000），桑托斯（Santos，2001），桑托默若（Santomero，2004），巴特（Barth，2006）等等。出于这个原因，本节将会很短。

人们普遍同意，银行管制最重要的理由是规避系统风险，但是，正如本章开头所讨论的那样，对于市场失灵导致系统风险的本质还并未达成共识。曾试图被用来限制系统风险的政策包括资本充足率、流动性要求、准备金要求、存款保险与资产限制。管制的另一个重要动机是保护消费者。利率管制与贷款利率上限就是旨在保护消费者的例子。其他政策，例如竞争政策，针对的是一般产业，但却提高了银行系统的有效性。政府也试图通过管制实现更广泛的社会目标，比如通过要求大额现金交易报告来防止洗钱（money laundering）。迪瓦特里庞特与悌若尔（Dewatripont and Tirole，1994）指出了银行监管的另一种正当理由：银行家，和任何其他公司的经理一样，需要受投资者监督。银行存款人尤其不适合这一角色，因为他们通常都只有有限的资源和经验。管制可以替代监督，从而确保银行从存款人的利益出发来行动。

7.5 结束语

在这一章中，我们认为，寻求最优管制政策的第一步是定义市场失灵。第6章所考虑的模型为我们提供了条件，在这个条件下，市场力量引导资源的有效配置。此外，最优配置可能涉及金融危机。所以，消除系统风险并不总是最优的。为了了解何时干预是必需的，需要对风险的成本和收益做出细致的分析。这种分析通常在对资本充足率管制的提案中被遗漏，比如在《巴塞尔协议》（Basel Accords）中。不完全的金融市场是市场失灵的一个可能来源，为资本管制提供了一个可能的理由。然而，这一管制所采取的形式非常复杂，而且对信息要求很高，因此这是否为切实可行的政策提供了基础仍然是不清楚的。我们还需谨记，持续的金融创新使得银行可以采取比以往更加复杂的方式来规避风险。这样是否会使完全市场的假设逐步成为现实，就成了一个具有开放性而且重要的经验问题。艾伦与盖尔（2006）对其中一些问题作了进一步讨论。

管制仅仅是政府干预金融系统的一个途径，另一个重要的途径来自于中央银行的行动。下一章中，我们将考虑货币政策的作用。

参考文献

Allen, F. and D. Gale (2003). "Capital Adequacy Regulation: In Search of a Rationale," in *Economics for an Imperfect World: Essays in Honor of Joseph Stiglitz* edited by R. Arnott, B. Greenwald, R. Kanbur and B. Nalebuff, Cambridge, MA: MIT Press, 83 - 109.

Allen, F. and D. Gale (2004). "Financial Intermediaries and Markets," *Econometrica* 72, 1023 - 1061.

Allen, F. and D. Gale (2006). "Systemic Risk and Regulation," in R. Stulz and M. Carey (eds.), *Financial Risk and Regulation*. Cambridge, MA: NBER.

Barth, J., G. Caprio Jr. and R. Levine (2006). *Rethinking Banking Regulation: Till Angels Govern*, Cambridge, New York and Sydney: Cambridge University Press.

Besanko, D. and G. Kanatas (1996). "The Regulation of Bank Capital: Do Capital Standards Promote Bank Safety?" *Journal of Financial Intermediation* 5, 160 - 183.

Bhattacharya, S. (1982). "Aspects of Monetary and Banking Theory and Moral Hazard," *Journal of Finance* 37, 371 - 384.

Dewatripont, M. and J. Tirole (1994). *The Prudential Regulation of Banks*, Cambridge, MA: MIT Press.

Freixas, X. and A. Santomero (2004). "Regulation of Financial Intermediaries: A Discussion," in *Credit Intermediation and the Macroeconomy, Models and Perspectives*, edited by S. Bhattacharya, A. Boot and A. Thakor, Oxford and New York: Oxford University Press.

Furlong, F. and M. Keeley (1989). "Capital Regulation and Bank Risk-Taking: A Note," *Journal of Banking and Finance* 13, 883 - 891.

Gale, D. (2003). "Financial Regulation in a Changing Environment," in T.
215 Courchene And E. Neave (eds.), *Framing Financial Structure in an Information Environment*. Kingston, Ontario: John Deutsch Institute for the Study of Economic Policy, Queen's University.

Gale, D. (2004). "Notes on Optimal Capital Regulation," in P. St—Amant and C. Wilkins (eds.), *The Evolving Financial System and Public Policy*. Ottawa: Bank of Canada.

Gale, D. and O. zgür (2005). "Are Bank Capital Ratios Too High or Too Low: Risk Aversion, Incomplete Markets, and Optimal Capital Structures," *Journal of the European Economic Association* 3, 690 - 700.

Geanakoplos, J. and H. Polemarchakis (1986). "Existence, Regularity, and Constrained Suboptimality of Competitive Allocations When the Asset Market Is Incomplete," in W. Heller, R. Starr, and D. Starrett (eds.), *Essays in honor of Kenneth J. Arrow: Volume 3, Uncertainty, information, and communication*. Cambridge, New York and Sydney: Cambridge University Press, 65 - 95.

Gennotte, G. and D. Pyle (1991). "Capital Controls and Bank Risk," *Journal of Banking and Finance* 15, 805 - 824.

Hellmann, T., K. Murdock, and J. Stiglitz (2000). "Liberalization, Moral Hazard in Banking, and Prudential Regulation: Are Capital Requirements Enough?" *American Economic Review* 90, 147 - 165.

Herring, R. and A. Santomero (2000). "What is Optimal Financial Regulation?" *The New Financial Architecture, Banking Regulation in the 21st Century*, edited by B. Gup, Westport, Connecticut: Quorum Books, 51 - 84.

Irwin, G., V. Saporta, and M. Tanaka (2006). "Optimal Policies to Mitigate Financial Stability when Intermediaries are Heterogeneous," working paper, Bank of England.

Keeley, M. (1990). "Deposit Insurance, Risk, and Market Power in Banking," *American Economic Review* 80, 1183 - 1200.

Kim, D. and A. Santomero (1988). "Risk in Banking and Capital Regulation," *Journal of Finance* 43, 1219 - 1233.

Rochet, J-C. (1992). "Capital Requirements and the Behaviour of Commercial Banks," *European Economic Review* 36, 1137 - 1178.

Santos, J. (2001). "Bank Capital Regulation in Contemporary Banking Theory: A Review of the Literature," *Financial Markets, Institutions and Instruments* 14, 289 - 328.

第 8 章　货币和价格

216 在前面的章节中，我们一直假设金融中介向存款人提供的是“真实”合同，也就是说，合同以实物形式标价。例如，金融中介向它的存款人提供存款合同，承诺如果存款人在时期 1 提款将支付 c_1 单位商品；如果存款人在时期 2 提款将支付 c_2 单位商品。在现实中，存款合同和债务合同通常以“名义”形式标价，即他们签订的款项以货币形式衡量。经济学家常常为“真实”合同取代“名义”合同辩护，他们声称货币是遮盖我们感兴趣的真实世界（亦即企业生产和消费者消费的商品和服务）的“面纱”。但事实上，以货币形式标价的合同具有一些“真实”合同所不具有的重要含义，名义合同最重要的一个特性就是价格水平（通常以货币形式衡量价格水平）的变化会导致合同真实价值的改变。

庇古（A. C. Pigou）等人首先提出了价格水平对债务真实价值的影响。更确切地说，外部货币，即构成对政府的债权的部分货币供给，代表了私人部门的部分净财富。根据定义，价格水平的下降提高了外部货币的实际价值，进而提高了私人部门的真实财富（也就是以商品和服务形式衡量的财富值）。这种“财富效应”后来被称作“庇古效应”，庇古用它来批判凯恩斯所认为的价格普遍下跌不影响对商品和服务的需求这一观点。凯恩斯依据的是需求函数常见的齐次性质：由于需求和供给只取决于相对价格，因而价格和工资的同比例变化并不影响需求和供给。相反，庇古则认为价格水平的普遍下降会提高私人部门对财富的感知，从而导致消费者对商品和服务产生更多的需求。

庇古观点中的一个重要因素就是要区分出内部货币和外部货币。外部货币包括通货、在联邦储备系统的存款，有时又称为基础货币或高能货币。内部货币由银行存款和银行体系中的其他债务构成。内部货币由私人部门 217
之间的债权关系组成，外部货币则代表政府对私人部门的债务关系。价格水平的下跌将提高私人债务的价值，从而减少债务人的净财富，对债权人财富产生对等但相反的影响。综合全部私人部门，价格水平的变动对债务和债权的影响将会相互抵消，从而对整个私人部门净财富的影响为零。这就只剩下价格变化对外部货币的财富效应，但是由于外部货币的数量通常很小，相应的财富效应也很小。

在通常情况下，一阶近似也许是一个合理的方法。但是金融危机时期，如在 20 世纪 30 年代的大萧条时期，价格水平变动很大，再采取这种一阶近似方法就可能产生误差。原因在于价格水平的大幅下跌使得企业和个人无法偿付他们的债务，在这种情形下，他们不得不违约并寻求破产保护。如果破产对债权人债权的价值不会产生真实影响，那么对庇古的观点可能没有影响。但现实中，破产常常伴随着巨大的额外成本，其中不仅包括清算的法律成本，还包括企业停止生产时发生的组织资本损失，以及生产活动重组过程中发生的可能影响整个经济的配置错位。这种额外损失可能会在 GDP 中占据显著的比例，而这也正是政策制定者认为金融危机如此恐怖的原因之一。

如同一般价格水平的下跌会使经济中真实债务水平增加一样，价格水平的上升也会导致真实债务水平的减少。政府经常求助于通货膨胀这一权宜之计来减少其所负担的大量债务。这一现象被称作债务“货币化”，因为通货膨胀发端于货币供给的增加，最终会导致债务真实价值的下降，以及个人持有的货币数量的增加，并不是必须要发生恶性通货膨胀才会对国债真实价值产生显著影响。例如，稳定而温和的通货膨胀就对二战遗留下来的美国国债的真实价值产生了巨大影响，其他许多国家也有着类似的经历。

许多新近的事件也说明了名义债务合同的重要性，其中一个很好的例子就是 1997 年亚洲金融危机。许多受这次危机影响的国家拥有大量以美元标价的外债，外国借款人不愿意接受以本地货币发行的债务，因为他们不相信当地政府有能力保持其本币币值。相反，如果他们的投资以美元标价，
218 那么同样的贷款人会觉得多少有了保障。泰国就是受外币债务影响的国家的一个例子。许多泰国企业都借入美元来投资本国的经济活动。泰国货币（泰铢）的价值是钉住美元的，因此对借款人而言，借款风险看上去比较小。然而，当美元相对于其他货币开始升值时，泰铢币值也随之上升，结果泰国出口品价格上升，导致贸易收支恶化。投机者预期到政府将使泰铢贬值，于是开始抛售泰铢，这一货币冲击加剧了贸易收支危机以及泰铢的贬值。泰国企业由于借入大量美元而陷入困境。它们的收益是以泰铢计价，但债务却是以美元计价。相对于其不变的支付能力，企业承担的债务却增加了，最后许多企业不得不违约。

日本是另一个显示名义合同重要性的例子。由于 1990 年资产价格泡沫破裂，日本在整个 90 年代遭受了低投资和低增长。日本政府采用了凯恩斯主义的补救措施（建设项目上进行政府支出及推行低利率）却收效甚微。在一段时间内，许多人曾一度担心通货紧缩（商品和服务价格的普遍下跌）可能引发严重问题。由于许多日本企业背负沉重的债务，许多银行也被不良贷款缠身，这种对通货紧缩的担忧变为现实。幸好通货紧缩并不是十分严重，之后也没引起进一步的灾难，但通过此事我们也客观地了解到当债务以货币计价时价格水平与实体经济的关联。

这一章，我们将关注名义合同条件下价格水平较良性的方面。特别是，我们将证明，价格水平的改变如何通过改变债务的真实价值来实现风险分担合同的或有性的合意水平。简单的债务合同承诺固定的支付，与自然状态无关；而最优的风险分担合同的支付，一般都随自然状态而定。在价格水平变动的情况下，固定的名义支付可能意味着或有性的真实支付。这种合同的或有性的提高可能会改善某些特定条件下的风险分担。

8.1　一个例子

我们通过艾伦和盖尔（1998）给出的一个例子，说明价格水平的变化在有效率的风险分担中的决定作用。如往常一样，我们假设将时间分成三个时段或时期，定义为：$t=0$，1，2。只存在单一商品，在每一时期均可用于 219
消费或投资。存在两类（真实）资产：**短期资产**，代表某种储存技术，该技术下时期 t 的每单位投资在时期 $t+1$ 会产出 1 单位商品；**长期资产**，代表某种长期投资技术，使时期 0 的每单位投资在时期 2 生产出 $R>1$ 单位的商品。时期 0 存在大量相同的消费者，每人在时期 0 拥有 1 单位商品禀赋，而从时期 1 起禀赋为 0。消费者面临着不同的流动性偏好冲击：他们既可以是只重视时期 1 消费的**早期消费者**，也可以是只重视时期 2 消费的**后期消费者**。有两种自然状态：$s=H$，L，概率分别为 π_H 和 π_L。单个消费者成为早期消费者的概率取决于自然状态，λ_s 表示早期消费者的比例，该比例为一个消费者成为早期消费者的概率，其中 $s=H$，L，并假设 $0<\lambda_L<\lambda_H<1$。在时期 1 所有的不确定性都得以明确，此时自然的真实状态被揭露，消费者获悉自己是早期消费者还是后期消费者。

自由进入和竞争的假设迫使金融中介在零利润约束下最大化典型存款人的期望效用。金融中介在时期 0 从每个存款人处获得 1 单位存款，并将其投资于由 x 单位的长期资产和 y 单位的短期资产构成的资产组合（x，y）。作为交换，金融中介提供一个风险分担合同 $c=(c_{1H}, c_{2H}, c_{1L}, c_{2L})$，该合同承诺向时期 $t=1$、2，且 $s=H$、L 状态下提款的消费者支付 c_{ts} 单位商品。如果 $U(c)$ 表示消费者消费 c 单位商品获得的效用，则该合同的期望效用是：

$$\sum_{t,s}\{\pi_s\lambda_s U(c_{1s})+(1-\lambda_s)U(c_{2s})\} \tag{8.1}$$

则竞争性的金融中介会选择资产组合（x，y）和消费配置 c 来最大化（8.1）式，并满足可行性约束的限制：

$$x+y\leqslant 1 \tag{8.2}$$

$$\lambda_s c_{1s}\leqslant y, \forall s=H,L \tag{8.3}$$

$$\lambda_s c_{1s}+(1-\lambda_s)c_{2s}\leqslant y+Rx, \forall s=H,L \tag{8.4}$$

假设已经选择了资产组合（x，y），考虑在给定状态 s 条件下的最优消费配置。消费配置（c_{1s}，c_{2s}）在此状态下能实现最大化期望效用，即在满足可
220 行性约束（8.3）式与（8.4）式下最大化下式：

$$\lambda_s U(c_{1s})+(1-\lambda_s)U(c_{2s})$$

我们知道，c_{1s}一定小于或等于c_{2s}，否则可以利用短期资产将消费转移到时期 2 来增加预期效用。我们也知道，如果 $\lambda_s c_{1s}<y$，则短期资产实际上被用于在两时期之间转移消费，由此 c_{1s}必定等于 c_{2s}；否则我们可以通过减少在短期资产中的投资，并将消费转移到时期 1。因此，有两个情形需要考虑：

$$\lambda_s c_{1s}<y \text{ 和 } c_{1s}=c_{2s}=y+Rx$$

或者

$$c_{1s}=\frac{y}{\lambda_s}\leqslant c_{2s}=\frac{Rx}{1-\lambda_s}$$

对于给定的资产组合（x，y），我们可以发现，消费配置（c_1，c_2）① 是 λ 的函数（如图 8.1 所示）。

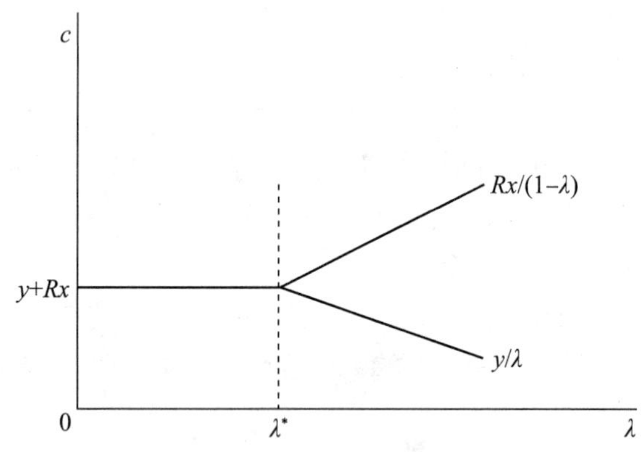

图 8.1　作为早期消费者比例 λ 函数的时期 1 的消费 c_1 和时期 2 的消费 c_2

均衡的消费配置说明了什么问题呢？由 $\lambda_L<\lambda_H$ 可知存在三种可能情形，这三种情形取决于 λ_L 和 λ_H 相对于 λ^* 的位置，一种情形在图 8.2 中描绘出

① 原文中为（x，y），存在错误。——译者注

来，且该情形可以被立即排除。

如图 8.2 所示，如果 λ_L 和 λ_H 均在 λ^* 的左边，则消费水平在任一时期和任一状态下都相等。但是这与以通常方法获得的资产选择最优的一阶条件不符。通过减少短期资产的投资和增加长期资产的投资，金融中介可以在时期 1 的两种状态下减少 $1/\lambda_s$ 的消费并在时期 2 的两种状态下增加 $R/$ 221
$(1-\lambda_s)$的消费。这种操作将不会改变期望效用函数，当且仅当 $U'(c_{1s})=RU'(c_{2s})$ 时，如果 $c_{1s}=c_{2s}$效用函数将会改变。因此图 8.2 表示的情形是不可能发生的。于是只剩下图 8.3 表示的情形或图 8.4 表示的情形。

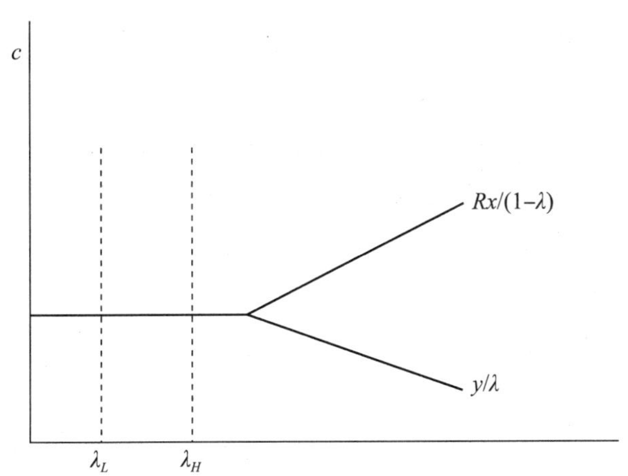

图 8.2　作为早期消费者比例 λ 函数的时期 1 的消费 c_1 和时期 2 的消费 c_2

在图 8.3 或图 8.4 描绘的任一种情形中，消费水平取决于时期 1 和时期 2 的自然状态。如果由于信息原因或交易成本，金融中介被限制采用简单的债务合同（即承诺在每一时期固定消费数量的存款合同），那么金融中介想 222
要实现这种消费配置是存在困难的。简单的存款合同无法实现图 8.3 和图 8.4 所表示的消费模式。

违约可以带来一些额外的或有性，而且在特定的条件下也可以促使金融中介达到最优配置，但它也会引起额外成本从而造成福利损失。

在如下情形，名义合同就可能比真实合同更有优势了：假设金融中介承诺在时期 1 或者时期 2（取决于存款人在何时提款）支付存款人 D 单位货币，如果 $t=1$、2 时期和 $s=H$、L 状态下的价格水平（即以货币形式计价的商品价格）表示为 p_{ts}，则消费者的消费必须满足：

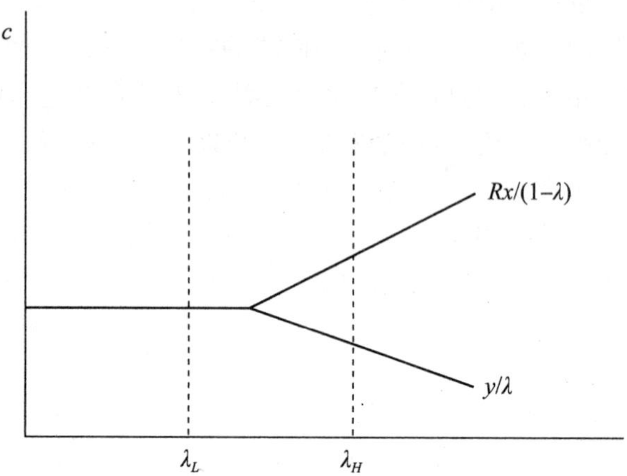

图 8.3 作为早期消费者比例 λ 函数的时期 1 的消费 c_1 和时期 2 的消费 c_2

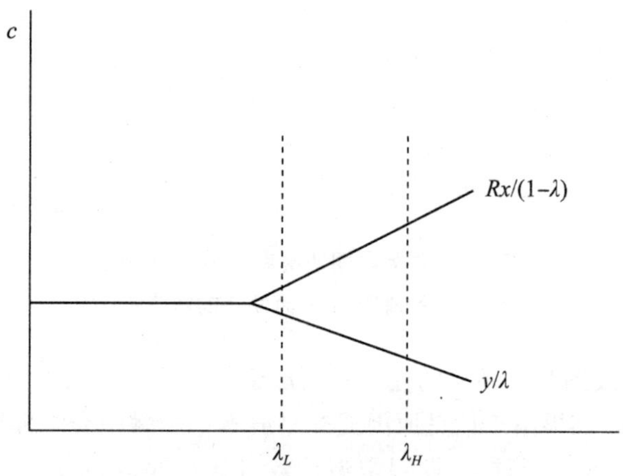

图 8.4 作为早期消费者比例 λ 函数的时期 1 的消费 c_1 和时期 2 的消费 c_2

$$p_{1H}c_{1H}=p_{2H}c_{2H}=p_{1L}c_{1L}=p_{2L}c_{2L}=D$$

如果中央银行可以控制价格水平，那么只要通过规制价格水平，使存款的真实价值 D/p_{ts} 等于每一状态每一时期的最优消费配置，就可以确保实现最优消费配置。

注意，$c_{1s}\leqslant c_{2s}$ 意味着每一状态 s 下 $p_{1s}\geqslant p_{2s}$ 的事实，名义价格的下降仅

仅意味着正的真实利率。另一个替换的等价方法是假设银行在账目上支付名义利率，则早期提款人获得 D 单位，而后期提款人获得 $(1+r)D$ 单位。这将与稳定的或上升的价格水平相一致，而真实价值却保持不变。

给定正确的价格水平和一个固定的名义支付合同，且消费者得到合理 223
的消费水平，但这是均衡吗？这些公式的背后蕴含了什么？为了在时期 1 偿付存款人，金融中介不得不从中央银行借入货币，并将货币支付给要求偿付的存款人，随即这些存款人将货币花费在商品上。银行提供商品来换取货币，并获得正好足以在期末偿还中央银行贷款的收入。时期 2 的操作程序与此相同。我们需要再一次区分早期消费者消费所有短期资产收益的情形，和存在过剩的流动性且一些短期资产转存到后一时期的情形。在第一种情形下，我们有 $c_{1s}<c_{2s}$ 和 $p_{1s}>p_{2s}$。持有短期资产并保有至时期 2 所得的名义收益为 $p_{2s}-p_{1s}<0$，于是银行会愿意将所有短期资产的产出卖出。由于 $\lambda_s c_{1s}=y$，这就是此时的均衡结果。另一种情形下，如果 $\lambda_s c_{1s}<y$，则 $p_{1s}=p_{2s}$，且短期资产的收益是 $p_{2s}-p_{1s}=0$，金融中介将愿意回购一些时期 1 生产出来的商品，并将其再投资于短期资产。在任何一种情形中，市场都会出清，且在既定价格条件下，银行所做乃是其所能达到的最优状态。图 8.5 展现的是收入流的循环图。

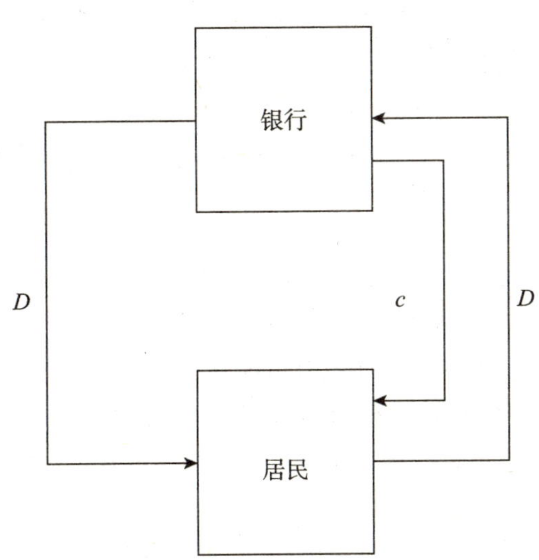

图 8.5　银行向居民部门支付存款 D，居民部门用此货币购买消费品 c

8.2 最优的货币危机

如同国内价格水平的变化会改变一国内名义合同的真实价值一样，国
224 家之间汇率的变化也会改变以本国货币标价的债务的外在价值。这一节我们将构建艾伦和盖尔（2000）模型的简单版本，并证明适当的汇率调整，对于通过将风险从一个小国转移到世界其他国家而实现的最优风险分担具有重要意义。

设想一个国家，与世界其他国家相比（The rest of the world 简写为 ROW），该国是很小的，从操作目的出发，我们假设小国发生的任何事件对 ROW 均没有影响。小国面临的风险用 GDP 规模的不确定性来表示，此外假设 ROW 是风险中性的，并将无风险资产的毛收益标准化为 1。小国和 ROW 之间的最优风险分担应该是所有的风险由风险中性的团体（即 ROW）承担。如果小国的产出在世界债券市场上销售，其价值将等于 GDP 的期望价值 $E[\tilde{Y}]$。由于资本市场的缺陷，ROW 可能不愿意持有小国的债券。如果负债被用于小国国内投资，且或者（a）债务以外币标价或者（b）汇率固定，那么 GDP 的波动风险将会由国内投资者承担。相反，如果小国可以发行以本国货币标价的债务并适当调整本国汇率，我们发现大部分风险可以转移给 ROW。

假定国内投资者有 W 单位的禀赋来进行投资，该国产出水平由生产函数决定：

$$Y=\theta F(K)$$

其中 Y 为产出，K 是国内资本存量，随机变量 θ 是生产力冲击，$F(\cdot)$ 为递增的凹函数。假设国内银行体系有可能从 ROW 获得低利率借款，并贷放给国内企业用于国内资本投资。在均衡状态下，资本的边际产出应该等于资金的机会成本，也就是均衡的资本存量 K^* 应该满足：

$$E[\theta F'(K^*)]=1$$

假设银行部门的资产组合由无风险的国际债券和给国内生产者的贷款构成，国内投资者将其禀赋 W 存入银行，银行部门购入 B 单位国际债券，贷出 K^* 单位给国内生产者。对支持国内贷款投资的国外借款及国际债券的需求

是 $B+K^*-W$。表 8.1 表示的是以真实水平衡量的银行部门资产和负债。 225

表 8.1 **银行部门资产负债平衡表**

资产		负债	
贷款	K^*	国内存款	W
证券	B	国外存款	$B+K^*-W$
总计	$B+K^*$	总计	$B+K^*$

假设 ROW 的价格水平不变且等于 1，因而国际货币（美元）与商品等价，且汇率 e（1 单位本国货币的美元价格）等于本国货币的真实价值。现在假设国内银行发行的债务（存款）等于 D 单位的本国货币，部分由国内投资者用其禀赋 W 购买，部分由外国人用美元和国际债券 B 购买。未来的汇率将发生调整，以使债务的真实价值与该国产出和国外资产存量的组合价值相等：

$$eD=\widetilde{Y}+B$$

令 ROW 持有的债务比例为 k，由于 ROW 是风险中性的，它的期望收益必定等于投资于安全资产的收益，因此它的总期望收益等于其在小国的投资额，因此有

$$kE[\widetilde{Y}+B]=B+K^*-W$$

或者

$$k=\frac{B+K^*-W}{E[\widetilde{Y}+B]}$$

此时国内投资者持有的剩余金额就通过下式给出：

$$\begin{aligned}(1-k)(\widetilde{Y}+B)&=\left(1-\frac{B+K^*-W}{E[\widetilde{Y}+B]}\right)(\widetilde{Y}+B)\\&=(E[\widetilde{Y}]-(K^*-W))\frac{\widetilde{Y}+B}{E[\widetilde{Y}+B]}\end{aligned}$$

其中$\frac{\widetilde{Y}+B}{E[\widetilde{Y}+B]}$项的值是随机的，但随着 $B\rightarrow\infty$ 它依概率收敛于 1，这表明国内投资者的投资份额收敛于一个常数： 226

$$\lim_{B\rightarrow\infty}(1-k)(\widetilde{Y}+B)=E[\widetilde{Y}]-(K^*-W)$$

换句话说，通过借入一大笔资金并将其转变为一个由小部分国内贷款和大部分国际债权构成的大的资产组合，就能够将大部分风险转嫁给 ROW，从而可以无成本地提高本国风险厌恶投资者的福利。

在本例中我们假设汇率波动的作用仅限于将本国货币标价的债务转换成股本，若无此假设，则风险仍将由国内投资者承担。

8.3 美元化和激励

在前一节，我们假设国外投资者愿意接受以本国货币标价的债务，并证明这一安排符合最优风险分担。该结果需要两个重要的假设作为基础：第一，国外投资者会准确地预测到未来汇率的波动，并相应地调整债务的价值；第二，本国政府能够坚持一个稳定的汇率政策。国外投资者可能不愿意接受以本国货币计价的债务的一个原因，是担心政府会通过通货膨胀或者汇率降低来剥削他们。出于这个考虑，国外投资者可能会坚持债务以国际货币如美元进行标价。此外的选择还可以是，小国政府采取行动来确保汇率稳定，例如通过建立一个**货币委员会**（currency board）使本国货币钉住某种外币和取消政府对货币政策的控制。

通过放弃控制汇率和货币政策，政府可能要支付昂贵的成本来获取国外的投资。然而，也有观点认为这种安排施加的约束力可能会给国家带来好处。来自盖尔和维弗斯（Gale and Vives，2002）的一个简单例子将说明这一点。假设一个代表性的企业家想利用国外资本从事一个风险项目，这一风险项目需要的投资为 K，如果投资成功则产生收入 Y_H，如果不成功则为 Y_L，有：

$$Y_H > K > Y_L > 0$$

227 成功的概率取决于该企业家的努力，如果该企业家付出了努力，则成功的概率为 $\pi > 0$，否则为 0，努力的成本是 C。

假设该企业家通过发行票面价值为 D 的真实或美元债券来为该项目融资；国外投资者是风险中性的，且安全资产的收益为 1，那么当且仅当期望的支付等于 K 时，外国投资者才愿意借出 K。如果企业家不努力，产出是 Y_L 的概率为 1，此时投资者能获得的最大收益为 Y_L，低于 K。这样，除非投资者能够确定企业家会做出努力，否则就不会愿意买入该企业家发行的债券。

现在我们假设企业家做出了努力。如果项目成功了他将偿付 $D<Y_H$，但是如果项目失败了他只能偿付 $Y_L<D$。因此，总支付为：

$$\pi D+(1-\pi)Y_L=K$$

这意味着 $\pi D=K-(1-\pi)Y_L$。如果成功，企业家将获得 Y_H-D 的利润；如果失败，他将一无所获。于是，他的期望利润就是：

$$\pi(Y_H-D)=\pi Y_H+(1-\pi)Y_L-K$$

如果努力的成本很高，企业家能获得的利润就可能不足以鼓励他做出使项目以概率 π 取得成功的努力。若努力的成本是 C，则：

$$\pi Y_H+(1-\pi)Y_L-K<C$$

此外，假设他从项目的成功中获得的私人利益为 B，例如，他树立起成功企业家的声望，该声望使他可以更好地利用未来的有利机会。这样如果

$$\pi Y_H+(1-\pi)Y_L-K+\pi B>C$$

该企业家将愿意为该项目付出努力，而此时每个人也都会高兴。

现在假设该企业家以本国货币形式借款，政府控制汇率 e。事前，政府为了鼓励国外投资，就有激励表示将维持汇率不变；事后，如果投资项目不成功，政府有激励降低汇率，使得债务的票面价值变为 $eD=Y_L$。这使得 228
企业家避免了违约，从而保持住了其私人利益 B，并使国外投资者在低状态也能得到 Y_L 的产出。有人可能会认为，既然国外投资者在每一状态下都能获得相同的支付，那么他们就不会关心本国货币是否贬值。但是由于企业家面对的激励发生了改变，所以他们实际上应当关心本币币值的变动。由于企业家在任何情况下都能获得私人利益 B，私人利益将不会影响他做出努力的意愿。企业家做出努力的净收益现在为：

$$\pi Y_H+(1-\pi)Y_L-K<C$$

于是该企业家不会做出努力，产出必然会是 Y_L，而国外投资者将不愿意为此项目提供融资。

8.4　文献回顾

货币和银行危机

如在第 3 章中讨论的，大部分银行危机的模型没有考虑货币的作用，银

行和存款人之间以实物形式联系着。艾伦和盖尔（1998）阐述了采用名义存款合同和中央银行注入货币如何可以用来防止危机。如上面所探讨的，价格水平的变化允许风险得到分担，并可以代替状态或有合同（state contingent contracts）来发挥作用。

斯密斯（Smith，2002）考虑了一个模型，其中空间分离和有限的交流可以将货币因素引入到划分为早期消费者和后期消费者的标准银行模型中。他证明了通货膨胀率和名义利率越低，则发生银行危机的概率越低。遵从弗里德曼规则（the Friedman rule），将通货膨胀率降为零则会消除银行危机。然而，这种操作的结果是无效率的，因为银行会持有过多的现金储备而放弃将资金投资于高收益资产的机会。

除了关于货币和银行危机的文献外，还有一些文献涉及如何解决银行危机后向银行提供资助的费用问题。应当利用税收收益还是通过货币增发来支付呢？博伊德等人（Boyd et al.，2004）证明在储蓄、存款、银行准备金和通货膨胀税基都是内生的一般均衡框架下，至少部分费用货币化是比较可取的。

戴蒙德和瑞詹（Diamond and Rajan，2001）构建了一个模型，其中银行具有特殊技能来确保贷款的偿还。通过发行真实需求存款，银行能够预
229 先保证偿还它们的贷款。这样，长期项目就能获得资助并且存款人的流动性需求也能得到满足。然而，当真实冲击发生时，这一安排可能会导致流动性短缺，银行将被迫紧缩信贷。戴蒙德和瑞詹（Diamond and Rajan，2006）在模型中导入货币和名义合同来研究货币政策是否有助于缓解这一问题。他们假设货币价值有两个来源：一是货币可用来支付税金（财政价值）；二是货币能促进交易（交易需求）。他们证明，由于价格调整可以将某种形式的或有性引入到合同中，因而货币的使用可以改善风险的分担。但这并不是唯一的可能性。在某些情况下，货币交换价值的变化可能导致银行经营失败，而货币干预则能缓解这一问题。如果中央银行用货币购买债券，这将改变市场的流动性条件，使银行能够资助的长期项目的数量多于不干预时可能资助的数量。因此，该模型提供了通过银行借款来执行货币政策的一个不同视角。

货币危机与孪生危机

在货币危机方面存在着大量的文献。弗拉德和玛丽昂（Flood and Marion，1999）提供了一个综述。克鲁格曼（Krugman，2000）对历史的和最近的货币危机进行了大量分析。弗肯斯和弗兰克（Fourcans and Franck，2003）的著作更是这方面的优秀书籍。崔和盖（Chui and Gai，2005）解释了分析危机采用的全局博弈方法。因此本文献回顾将会比较简洁。

第一代货币危机模型是用来解释一些拉丁美洲国家在20世纪70年代和80年代前期所经历的问题的。这些事件的一个重要特征是它们都起源于不平衡的宏观经济。克鲁格曼（Krugman，1979）及弗拉德和加伯（Flood and Garber，1984）提供了该方面的经典文献。这些文章显示了固定的汇率加上政府预算赤字是如何导致货币危机的。在均衡状态下，汇率的变动不可能是不连续的，否则将会引起套利投机。相反，汇率调整必须是连续的，以保证本国货币与外国货币的真实收益率相等。外汇储备的消耗与对本国货币存量征收的通货膨胀税结合起来弥补了财政赤字。当汇率达到没有支持时所处的水平时，投机冲击将会发生而外汇储备将会被消耗。

尽管第一代模型有很多优良的特点，但却难以解释诸如1992年的汇率机制（ERM）危机等事件，当时英镑和里拉退出了汇率机制。首先，这些货币危机的时间很难预料；其次，汇率经常“不连续”跳跃；最后，模型假设政府没有采取任何措施来消除赤字。

这些问题导致了第二代模型的发展。例如，奥伯斯菲尔德（Obstfeld，1996）说明了有条件的政府政策是如何导致多重均衡的——一个均衡中不存在投机冲击，而另一个均衡中则存在着投机冲击。多重均衡的存在以及冲击时间的不确定导致汇率的不连续涨跌。冲击的最终结果取决于政府为了维持汇率水平所愿意使用的资源。

在这些文献中，均衡的选择是重要的问题。莫里斯和席恩（1998）指出了在货币危机模型中不对称信息如何能导致协调博弈货币危机模型的唯一均衡。崔和盖（2005）对所谓全局博弈方法做了出色的概述。

1997年发生在许多东南亚国家的汇率大变动导致了第三代货币危机模型的发展。与第一代和第二代模型相比，许多经历了最近的东南亚危机的国家推行的是一贯的且可持续的宏观经济政策，最近这次危机的特征引发了对货币危机理论模型进行重新检验的要求。

东南亚危机的另一个特征是危机同步发生在这些国家的银行系统中。卡明斯基和莱因哈特（Kaminsky and Reinhart，1999）调查了银行危机和货币危机之间的关系。他们发现在20世纪70年代，许多国家的金融系统受到高度管制，货币危机并没有伴随着银行危机；然而80年代的金融自由化之后，货币危机与银行危机就纠结在一起了。事件发生的一般次序是银行部门出现问题之后紧跟着是货币危机，而货币危机又进而加剧和深化了银行危机。尽管银行危机通常先于货币危机，但两者的共同诱因通常都是由经济不景气或衰退导致的资产价值下跌。资产价值的下跌经常是金融自由化以后的繁荣——衰退周期的一部分。在经济基础很坚实的时候，银行和货币危机是罕有发生的。

在最近的事件中，尽管货币危机和银行危机之间显然是相互联系的，但涉及这一主题的文献却在很大程度上是将二者分开来进行研究的。很重要的例外是常和维拉斯科（Chang and Velasco，2000，2001）的两篇文章。第一篇文献以戴蒙德和迪布维格（1983）的银行挤兑模型为基础构建了货
231 币危机和银行危机模型。常和维拉斯科在效用函数中引入货币参数，中央银行控制着货币对消费的比率。不同的汇率制度对应不同的货币——消费比率调节规则。模型中不存在总体的不确定性，即银行危机和货币危机是“太阳黑子”现象。换句话说，至少存在两个均衡：“好”均衡，即早期消费者获得短期资产的收益，后期消费者获得长期资产的收益；“坏”均衡，即每人都认为危机将发生且这种观念是自我实现的。常和维拉斯科（2000）证明坏均衡的存在取决于现行的汇率制度：在某些制度下，只存在好均衡；另一些制度下，除了好均衡外，还附加着坏均衡。但好均衡或坏均衡的选择问题没有被模型化。在常和维拉斯科（2001）的论文中，相似的模型被用来分析当前新兴市场的危机。同样不存在总体不确定性，危机是太阳黑子现象。

科塞提等人（Corsetti et al.，1999）构建了一个孪生危机模型来解释1997年的亚洲崩溃。在他们的框架里，孪生危机发生的根本原因是由于政府担保而产生的道德风险。由于政府承诺会在将来进行救助，外国人甚至愿意借钱给无利可图的项目。而当项目的收益被证明很低时，银行危机就发生了。政府利用铸币税来资助救助对象的预期导致了人们对通货膨胀的预期，进而货币发生崩溃。

卡明斯基和莱因哈特（Kaminsky and Reinhart，1999）关于危机与经济基础的发现与美国19世纪和20世纪前期金融危机的研究是一致的。戈顿

(Gorton，1998) 以及卡洛莫里斯和戈顿 (Calomiris and Gorton，1991) 认为，证据与银行危机是经济周期的重要组成部分而非太阳黑子现象的假说相一致。如上所述，艾伦和盖尔 (2000) 扩展了他们此前 (1998) 的模型来考察孪生危机。在模型中“孪生”危机是资产低收益的结果。汇率的大幅度变动是否是合意的，取决于风险在一国的银行存款人与国际债权市场间是否能够得到更好的分担。

美元化

德尼科罗等人 (De Nicoló et al.，2003) 指出近年来在本国使用外币的现象（换言之，即美元化）大体上呈上升趋势。在加林多和莱德曼 (Galindo and Leiderman，2005) 看来，在拉丁美洲国家尤为如此。一些国家全盘采用外币，而大部分国家则采取美元（或欧元）和本国货币同时通用的混合制度。

美元化的好处是什么？在大多数国家，美元化开始时是作为对高通货 232
膨胀率的一个反应，用来保持储蓄价值的。德尼科罗等人 (2003) 发现只有在通货膨胀率已经很高的情况下，美元化才会带来金融中介服务的增加。如上所述，根据盖尔和维弗斯 (Gale and Vives，2002) 的理论，全盘美元化的另一个好处是促进了企业的自律。

美元化所伴随的潜在问题多种多样。尽管通常认为美元化限制了政府自主行动的能力，但莱因哈特等人 (Reinhart et al.，2003) 没有发现在部分美元化的经济中政府控制通货膨胀或稳定产出的能力有明显的差别。他们同时发现铸币税收入一般与美元化水平无关。引用秘鲁的实例，加林多和莱德曼 (Galindo and Leiderman，2005) 认为部分美元化没有阻碍国家实行自主的货币政策。然而，美元化似乎确实会使国家更容易受到负面冲击的危害。

8.5　结束语

本书大部分章节所涉及的危机理论中，合同都是以实物计价的。本章考虑了名义合同以及将货币引入到分析中的效应。本章关注了三种效应：一是价格水平的变化使得名义债务可以成为有效的状态随附的，从而可以改善风险分担；二是汇率的波动，结合国外持有国内债务与国内持有外债的情形，使得风险可以从国内经济中转移到多元化的国际投资者身上；三是全盘美元化可以为企业提供好的激励。这些问题只是货币政策和金融危机间相互影响相关主题的一小部分。在这个领域还有许多未尽的工作要做。下一章中，我们将考虑一种危机发生机制：扩张性货币政策通过造成泡沫而引起了金融危机。

参考文献

Allen, F. and D. Gale (1998). "Optimal Financial Crises," *Journal of Finance* 53, 1245 - 1284.

Allen, F. and D. Gale (2000). "Optimal Currency Crises," *Carnegie-Rochester Conference Series on Public Policy* 53, 177 - 230.

233 Boyd, J., C. Chang, and B. Smith (2004). "Deposit Insurance and Bank Regulation in a Monetary Economy: A General Equilibrium Exposition," *Economic Theory* 24, 741 - 767.

Calomiris, C. and G. Gorton (1991). "The Origins of Banking Panics, Models, Facts, and Bank Regulation," in R. Hubbard (ed.), *Financial Markets and Financial Crises*, Chicago, IL: University of Chicago Press.

Chang, R. and A. Velasco (2000). "Financial Fragility and the Exchange Rate Regime," *Journal of Economic Theory* 92, 1 - 34.

Chang, R. and A. Velasco (2001). "A Model of Financial Crises in Emerging Markets," *Quarterly Journal of Economics* 116, 489 - 517.

Chui, M. and P. Gai (2005). *Private Sector Involvement and International Financial Crises*, Oxford and New York: Oxford University Press.

Corsetti, G., P. Pesenti, and N. Roubini (1999). "Paper Tigers? A Model of the Asian Crisis," *European Economic Review* 43, 1211 - 1236.

De Nicoló, G., P. Honohan, and I. Ize (2003). "Dollarization of the Banking System: Good or Bad?" World Bank Policy Research Working Paper 3116, Washington, DC.

Diamond, D. and P. Dybvig (1983). "Bank Runs, Deposit Insurance, and Liquidity," *Journal of Political Economy* 91, 401 - 419.

Diamond, D. and R. Rajan (2001). "Liquidity Risk, Liquidity Creation and Financial Fragility: A Theory of Banking," *Journal of Political Economy* 109, 287 - 327.

Diamond, D. and R. Rajan (2006). "Money in a Theory of Banking," *American Economic Review* 96, 30 - 53.

Flood, R. and P. Garber (1984). "Gold Monetization and Gold Discipline," *Journal of Political Economy* 92, 90 - 107.

Flood, R. and N. Marion (1999). "Perspectives on the Recent Currency Crisis Literature," *International Journal of Finance & Economics* 4, 1 - 26.

Fourcans, A. and R. Franck (2003). *Currency Crises: A Theoretical and Empirical Perspective*, Cheltenham, UK; Northampton, MA, USA: Edward Elgar.

Gale, D. and X. Vives (2002). "Dollarization, Bailouts, and the Stability of the Baking System," *Quarterly Journal of Economics* 117, 467 - 502.

Galindo, A. and L. Leiderman (2005). "Living with Dollarization and the Route to Dedollarization," Inter-American Development Bank, Research Department, Working Paper #526.

Gorton, G. (1988). "Banking Panics and Business Cycles, *Oxford Economic Papers* 40, 751 - 781.

Kaminsky, G. and C. Reinhart (1999). "The Twin Crises: The Causes of Banking and Balance-of-Payments Problems," *American Economic Review* 89, 473 - 500.

Krugman, P. (1979). "A Model of Balance of Payments Crises," *Journal of Money, Credit and Banking* 11, 311 - 325.

Krugman, P. (ed.) (2000). *Currency Crises*, National Bureau of Economic Research, Chicago: The University of Chicago Press.

Morris, S. and H. Shin (1998). "Unique Equilibrium in a Model of Self-Fulfilling Currency Attacks," *American Economic Review* 88, 587 - 597.

Obstfeld, M. (1996). "Models of Currency Criseswith Self-fulfilling Fea- *234*
tures," *European Economic Review* 40, 1037 - 1047.

Reinhart, C., K. Rogoff, and M. Savastano (2003) "Addicted to Dollars," NBER Working Paper 10015.

Smith, B. (2002). "Monetary Policy, Banking Crises, and the Friedman Rule," *American Economic Review* 92, 128–134.

第 9 章　资产价格泡沫与金融危机

在上一章，我们讨论了货币和价格水平在风险分担中的作用。本章我们讨论货币和信贷在决定资产价格和预防危机方面的作用。认为货币量和可得信贷是影响资产价格的重要因素已不是什么新思想了。在描述历史上的资产泡沫时，金德尔伯格（Kindleberger，1978，p. 54）强调了这些因素的作用："投机热会通过货币和信贷的扩张而加速，或者在有些情况下，投机热就肇始于货币和信贷的扩张。" 235

在最近的一些事件中，资产价格上升，然后急剧崩溃，金融自由化（financial liberalization）后出现的信贷扩张似乎是导致此类事件的一个重要因素。也许这类现象中最广为人知的例子，是 20 世纪 80 年代后期发生在日本的不动

产价格和股价的狂涨，以及随后 1990 年这些资产价格的崩溃。发生在 20 世纪 80 年代期间的金融自由化和 80 年代后期支持美元的愿望，导致了信贷扩张。在 20 世纪 80 年代的大部分时间里，资产价格稳步增长，最终达到了很高的水平。比如，1985 年日经 225 指数是 10 000 点左右，到了 1989 年 12 月 19 日达到了 38 916 点的顶峰。日本银行的新主管，不关心支持美元，更关心降低通货膨胀和紧缩性货币政策，结果导致了 1990 年初利率的迅速上涨（见 Frankel，1993；Tschoegl，1993），泡沫破灭了。1990 年前期，日经 225 指数迅速下跌，到 1990 年 10 月 1 日已经降到了 20 222 点。不动产价格也以同样的方式迅速下跌。之后几年经济的特点是大范围的违约及金融体系的紧缩。泡沫破灭后，实体经济受到了严重的影响，20 世纪 90 年代期间经济增长率是微正或为负，与战后大部分时期的高增长率完全相反。

20 世纪 80 年代，同样的事情也发生在挪威、芬兰和瑞典（见 Heiskanen，1993；Drees and Pazarbasioglu，1995；Englund and Vihriälä，2006）。在挪威，银行贷款对名义 GDP 的比率从 1984 年的 40%上升到了 1988 年的 68%。资产价格上升，同时投资和消费也显著增长。油价暴跌促
236 使泡沫破灭，引发了战后最严重的银行危机和衰退。芬兰 1987 年的扩张性预算导致了严重的信贷扩张。银行贷款利率和名义 GDP 的比率从 1984 年的 55%增长到了 1990 年的 90%。在 1987 和 1988 年，房价整体上涨了 68%。1989 年央行提高利率，并施加了准备金要求，以缓和信贷扩张。1990 和 1991 年由于和苏联的贸易下滑，经济形势恶化。资产价格暴跌，银行需要靠政府支持才能维系，GDP 缩水了 7%。在瑞典，20 世纪 80 年代末稳定的信贷扩张导致了财富繁荣。1990 年秋，信贷紧缩，利率上升。1991 年，由于发放的贷款是基于膨胀的资产价格，许多银行出现了严重的问题。政府不得不进行干预，之后便出现了严重的经济衰退。

关于新兴经济体受这类问题影响的情况，墨西哥提供了一个生动的例子。20 世纪 90 年代初墨西哥的银行实行私有化，开始了金融自由化。此外，也许最重要的是，准备金制度被取消了。米什金（Mishkin，1997）记录了对私营非金融企业的银行信贷额是如何从 20 世纪 80 年代后期占 GDP 10% 左右的比重，上涨到了 1994 年占 GDP 40% 的比重。20 世纪 90 年代初股票市场显著上涨。1994 年 Colosio 刺杀事件（the Colosio assassination）和恰帕斯起义（the uprising in Chiapas）引发了泡沫破灭。股价及其他资产价格下跌，银行危机和外汇危机发生。这些事件之后就出现了严重的经济衰退。

这些例子说明，资产价格的剧增或者正泡沫（positive bubbles）的产生和货币政策及信贷政策之间存在着关联。这些例子同时也表明，泡沫的破灭会引发严重的问题，因为资产价格下跌会给银行业带来压力。持有价格下跌的不动产和股票的银行（或者是贷款给这些资产所有者的银行）常常需要承受提款的沉重压力，因为银行的债务是固定的。这迫使银行收回贷款，清算其资产，最终这些措施似乎使资产价格下跌的问题更加严重了。换句话说，也许同时存在负资产价格泡沫（negative asset price bubbles）和正资产价格泡沫。资产价格下降太多时的负泡沫可能会对银行系统有很大的破坏力，这可能使实体经济的问题更为严重。另外，除了货币政策和信贷政策在引发正价格泡沫上的作用，还有一个问题，那就是货币政策在阻止资产价格下降过多时是否会发挥作用。如上所述的斯堪的纳维亚和墨西哥的例子中，资产价格迅速地反弹，金融市场对实体经济的溢出效应也十分短暂。在日本，资产价格在很长一段时间内都没有恢复，实体经济也缺乏稳健性。一直到 2005 年，日本经济才又开始了强有力的增长。

尽管货币政策和资产价格泡沫之间的关系明显有着重要的实际意义，但 *237*
却没有关于此关系本质且得到广泛认可的理论。本章考虑资产价格泡沫、金融危机和央行的作用之间的关系。第 9.1 节将对信贷扩张和正泡沫的关系进行考察。艾伦和盖尔（2000）基于代理问题的存在提供了一个这方面的理论。许多不动产和股票市场的投资者从外界获得其投资资金来源。如果资金的最终提供者无法观测到投资的特征，就会存在一个经典的风险转移（risk-shifting）问题。风险转移提高了投资在风险资产上的回报率，并使投资者将价格哄抬到其基本价值之上。于是，提供的信贷额度就成了资产价格的一个重要的决定因素。通过扩张信贷额度和给信贷扩张的未来路径创造不确定性，金融自由化同代理问题互相作用，导致了资产价格泡沫。

当泡沫破灭时，无论是由于回报率低下，还是中央银行紧缩信贷，银行都将面临巨大的压力。它们的债务是固定的，而其资产却发生了缩水。储户和其他客户可能会预期到问题的出现，从而决定提出他们的资金。这将迫使银行变现一部分资产，由于市场上缺乏流动性资金，这一举措有可能导致资产价格进一步下降。第 9.2 节将考察负泡沫是如何产生的，这一节集中研究储户及其决策，而没有像第 9.1 节一样考虑银行和投资决策的借款者之间的关系。可以看出如果存在风险资产市场，那么在某些状态下风险资产的价格将会由市场现金定价机制决定，且此价格有可能跌到其基本价

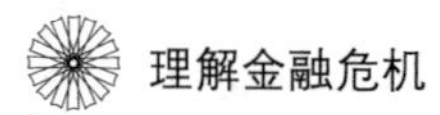

值以下。这就产生了无效的资源配置。央行可以通过注入适量的流动性资金来消除这些无效率的配置。

最后，第 9.3 节给出结束语。

9.1　代理问题和正资产价格泡沫

如何理解上面提到的在日本、斯堪的纳维亚和墨西哥发生的正资产价格泡沫和随后的崩溃呢？这类危机中事件的典型序列如下所示。

最初会出现某种类型的金融自由化，它导致了信贷的大规模扩张。银行借贷大规模增长，贷款的一部分做了新的投资，但是大部分都被用来购
238 买供给量固定的资产，如不动产和股票。由于这些资产的供给是固定的，所以其价格会上升超过其“基本价值”(fundamental)。如标准理论所表明的，卖空这些资产的实际操作阻止了其叫价下降。该进程会一直持续下去，直到发生了一些真正意味着资产回报率将在未来下降的事件。另外一种可能是，由于担心“经济过热”和通货膨胀，中央银行被迫限制信贷。一个或两个这类事件的结果将会是不动产和股票价格的崩溃。银行危机的出现是由于价值以“泡沫”价格衡量的资产被用作抵押品。当外国投资者撤出资金，而央行在试图缓和银行危机或保护汇率之间做选择时，又可能会出现外汇危机。这种危机溢出到实体经济时，就出现了经济衰退。

在大众出版物和学术论文中，这些泡沫和危机往往和所涉及的国家的具体特点有关。然而，既然相似的一系列事件可能发生在如此不同的国家，如日本、挪威、芬兰、瑞典和墨西哥，那就说明泡沫和崩溃是一种普遍的现象。

那么我们要如何理解这一现象呢？接下来我们将集中考虑以下问题：

（ⅰ）什么引发了泡沫？

（ⅱ）银行系统的作用是什么？

（ⅲ）什么导致了泡沫的破灭？

9.1.1　风险转移问题

艾伦和盖尔（2004）用一个简单的例子分析了以前他们（Allen and

Gale，2000）建立的模型。①基于理性行为假设，他们构建了一个理论，试图对这些问题提供一些解释。标准资产定价模型假设人们用自己的钱做投资。我们把该基准模型中的资产价格定义为“基本价值”。当资产价格高于这一基本价值时，我们就说泡沫产生了。②如果进行投资决策的人们借钱投资，那么由于违约的存在，他们只对风险资产收益分布的上半部分感兴趣。因此就存在着风险转移问题，且风险资产价格被哄抬到高于基准价值，从而产生了泡沫。

在这个例子中，做出投资决策的人用借来的钱进行投资。如果违约，239
他们将只承担有限责任。贷款人无法观测到投资项目的风险，因此存在代理问题。对于不动产，代理问题可以直接适用。对于股票，则存在边际极限（margin limits），可以防止人们直接借钱投资在此资产上。然而，对此问题的一个更合适的解释是投资决策是由机构投资者做出的。在许多国家，这个群体构成了市场的很大一部分。发生的代理问题和债务合同的情况是类似的。首先，提供资金的人无法控制投资者的投资行为。其次，奖励结构同债务合同下发生的情形相似。如果基金经理投资的资产表现良好，将来他就会吸引更多的资金，获得较高的回报，如果投资的资产表现不好，施加给基金经理的处罚是有限的，最坏的情况就是他们被解雇，这就类似于有限责任（见 Allen and Gorton，1993）。

首先，有两个时期，$t=1$，2。本例中有两种资产。第一种是供给量不固定的安全资产（safe asset），时期 1 在这种资产上的每单位投资会在时期 2 创造 1.5 单位的产出。第二种是供给量固定的风险资产（risky asset），可代表不动产或者股票，共有 1 单位风险资产供给。时期 1 以价格 P 购买的每 1 单位风险资产，在时期 2 以 0.25 的概率收益为 6，以 0.75 的概率收益为 1，因此时期 2 的期望收益是 2.25。两种资产的详细描述见表 9.1。

基本价值

假设一开始每个投资者拥有 1 单位财富，且直接用该财富进行投资。由于投资者都是风险中性的，因此两种资产的边际回报必须相等：

$$\frac{2.25}{P_F}=\frac{1.5}{1}$$ 240

---

① 为了便于论述，例子和论文中的模型有些不同。

② 要了解基本价值和泡沫的定义，见 Allen，F.，S. Morris，and A. Postlewaite (1993)。

表 9.1　　　假设模型中的所有参与者都是风险中性的

资产	供给	时期 1 投资	时期 2 支付
安全的	可变	1	1.5
风险的	1	P	$R\begin{cases}6 & \text{概率为 }0.25\\ 1 & \text{概率为 }0.75\\ ER=2.25 & \end{cases}$

或者

$$P_F=\frac{2.25}{1.5}=1.5$$

资产的价值是简单的支付贴现值，其中贴现率为投资者的机会成本，这是基本价值的经典定义。资产的基本价值是 1.5，任何高于此价值的价格都被认为是泡沫。

中介情况

下面假设投资者没有自己的财产。他们可以 $33\frac{1}{3}$ 个百分点的利率借钱来购买资产。最多能借 1 单位。若投资者借了 1 单位，有能力偿付的话他们将要偿还 1.33 单位。如果他们还不了这么多，贷款者可以占有他们所拥有的任何资产。如上所述，贷款者无法观测到借出去的钱是如何投资的，这就产生了代理问题。

首先，问题是，$P=1.5$ 是均衡价格么?

我们来考虑一下，如果投资者借了 1 单位资金并投资于安全资产，那么会发生什么。

$$\begin{aligned}\text{安全资产的边际回报}&=1.5-1.33\\&=0.17\end{aligned}$$

如果投资者借了 1 单位资金并投资于风险资产，这样他购买了 1/1.5 单位的风险资产。如果收益是 6 时，他可以偿还本金和利息 1.33 而保留余额；如果收益是 1 时，他将会违约，所有的收益都支付给了贷款者而自己的收益为 0。

$$\begin{aligned}\text{风险资产的边际收益}&=0.25\left(\frac{1}{1.5}\times6-1.33\right)+0.75\times0\\&=0.25(4-1.33)\\&=0.67\end{aligned}$$

当 $P=1.5$ 时，因为 $0.67>0.17$，风险资产显然会被偏好。投资 1 单位在安全资产上的期望收益是 1.5，这和投资 1/1.5 单位在风险资产上的期望收益是一样的。当然此时风险资产对借款人更具有吸引力。对于安全资产，借款人将得到 0.17，贷款人得到 1.33。对于风险资产，借款人将获得 0.67，贷款人获得 $0.25\times1.33+0.75\times1\times(1/1.5)=1.5-0.67=0.83$。违约风险使 0.5 单位的预期值从贷款人转移给了借款人。这就是风险转移问题。如果贷款人可以阻止借款人投资在风险资产上，他会这么做，但是他 241
不能这么做，因为投资行为是无法观测到的。

当存在代理问题时，风险资产的均衡价格是多少呢？

在使用安全资产的均衡中，风险资产的价格 P 会被哄抬，因为风险资产供给是固定的，直到借款者在风险资产和安全资产上的期望收益相等为止：

$$0.25\left(\frac{1}{P}\times6-1.33\right)+0.75\times0=1.5-1.33$$

则

$$P=3$$

风险资产的价格高于基本价值 1.5，泡沫产生了。

当贷款人无法观察到投资行为时会发生风险转移问题的观点并不新鲜（见 Jensen and Meckling，1976；Stiglitz and Weiss，1981）。但是该理论在资产定价的文献中还没有得到广泛的应用。这里代理问题所表现出的是以债务融资的投资者愿意投资于价格高于基本价值的资产，而不是公司金融教科书里的标准结果所说的以债务来融资的公司愿意接受净现值为负的投资。

风险转移的数量取决于该风险资产到底有多大的风险。风险越大，潜在风险转移越多，而价格也越高。为了说明这一点我们使用前面的例子，但是这里假设风险资产的回报是原始报酬的均值保留展型（mean preserving spread），如表 9.2 所示。现在风险资产的价格由下式给出：

$$0.25\left(\frac{1}{P}\times9-1.33\right)+0.75\times0=1.5-1.33$$

更多的风险得到了转移，结果风险资产的价格也被哄抬到更高的水平。

表 9.2

资产	供给	时期 1 投资	时期 2 支付
风险的	I	P	$R=\begin{cases}9 & 概率\ 0.25\\0 & 概率\ 0.75\\ER=2.25\end{cases}$

242 则

$$P=4.5$$

一个值得注意的有趣现象是，20 世纪 20 年代和 90 年代的股市繁荣时期，表现最好的股票都是“高科技”(high-tech)股。20 年代收音机股和公用事业股表现非常好(见 White，1990)。90 年代则是电信股、传媒与娱乐股、技术股表现最佳。而恰恰就是这些股票，因为其所在产业的性质，其支付也最不确定(即风险最大)。

最重要的问题之一就是既然存在违约风险，为什么银行还愿意借钱给投资者。为了弄明白这个问题，我们再次考虑一下表 9.1 中 $P=3$ 时的风险资产回报情况。在这种情况下，当有人借款 1 单位时，风险资产的购买量是 $1/P=1/3$。上面的均衡中，投资者在安全资产和风险资产上的投资是没有差别的。为了便于分析，假设风险资产的固定供给是 1。储户拥有的资金是 10，借款者的个数是 10。均衡时 $P=3$，为了将 1 单位风险资产的固定供应用完，借款者中的 3 个投资在风险资产上，7 个投资在安全资产上。这种情况下，30%的投资者投资于风险资产，70%的投资者投资于安全资产。银行借出 1 单位资金的期望收益由下式给出：

$$\begin{aligned}银行的期望收益&=0.3[0.25\times1.33+0.75\times(1/3)\times1]+0.7[1.33]\\&=1.11\end{aligned}$$

第一项是银行从 30%的风险资产投资者那里得到的收益。有 0.25 的概率收益是 6，贷款和利息将全额还清。有 0.75 的概率收益是 1，借款者将违约，银行得到借款者拥有的全部 1/3 单位资产。因此收益是 $(1/3)\times1$。70%的安全资产投资者可以全额偿付贷款本金和利息 1.33 单位。

如果银行业是竞争性的，这 1.11 单位的贷款收益将付给储户。这种情况下，是储户承担了代理问题的成本。为了使这种配置可行，市场必须是分隔开的。存款者和银行必须无法获得借款投资者进行投资的资产。因为很明显，如果他们可以取得这些资产，那么直接投资于安全资产比把钱存到银行要更好。

9.1.2　信贷和利率决定

到目前为止我们都假定信贷数额和利率是外生的。后面的例子中我们 243
将这两个因素都考虑进来，以说明信贷数额和利息水平的关系。我们从最简单的情况开始，即央行决定其他银行可得的信贷总额 B，这可以通过设定准备金要求及设定可以用做储备的资产数额来实现。为了便于论述，我们没有给出模型的细节，只是简单地假设央行设定 B。银行业是竞争的。银行数目标准化为 1，投资者数目也标准化为 1。因此每个投资者可以从每个银行借到 B。

安全资产的回报由经济中的资本边际产出决定。而资本边际产出又取决于为了在时期 2 能获得 $f(x)$ 单位的产出，而在时期 1 投入生产技术的消费品 x 的数量。总的可投资额度是 B，由于总共存在 1 单位的风险资产，所以时期 1 投资于风险资产的数额为 P。因此时期 1 的预算约束意味着

$$x=B-P$$

假设

$$f(x)=3(B-P)^{0.5} \tag{9.1}$$

假设贷款市场是竞争性的，银行的贷款利率 r 为

$$r=f'(B-P)=1.5(B-P)^{-0.5} \tag{9.2}$$

在该利率水平下，借款并投资于安全资产将不会给投资者带来任何利润。如果 r 低于此值，向银行贷款以购买安全资产的需求将是无穷大。如果 r 高于此值，向银行贷款的需求将是零，没有人会投资于安全资产，但由于 $f'(0)=\infty$，所以这是矛盾的。

假设回报如表 9.1 所示，则投资者准备投资到风险资产的投资额度由下式给出：

$$0.25\left(\frac{1}{P}\times 6-r\right)+0.75\times 0=0$$

使用（9.2）式得

$$P=4(B-P)^{0.5}$$

244 解出 P 得

$$P=8(-1+\sqrt{1+0.25B}) \tag{9.3}$$

当 $B=5$ 时，则 $P=4$，$r=1.5$。B 和 P 的关系可以由图 9.1 中的实线表示。通过控制信贷额度，央行控制了利率水平和资产价格水平。注意，这种关系和标准资产定价模型里不同，在后者中风险资产价格是期望收益的贴现值：

$$P=\frac{2.25}{r}$$

这种情况由图 9.1 中的虚线表示。比较这两种情况可以看出，和存在代理问题情况下的信贷数额相比，基本价值相对来说是不敏感的。存在代理问题时，总信贷额的变动会引发资产价格比较大幅度的变动。

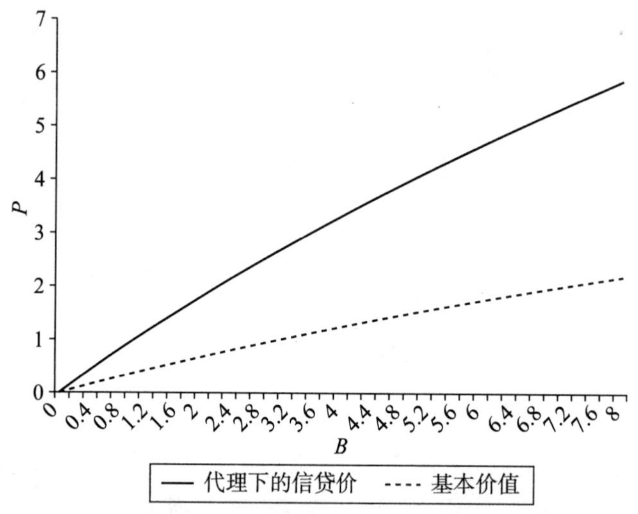

图 9.1 信贷和资产价格（摘自 Allen and Gale（2004，图 1））

9.1.3 金融风险

245 上一节假设央行可以决定信贷额度 B。实际上央行在控制信贷额度上的能力是有限的，这意味着 B 是随机的。此外，政策偏好也有可能发生改变，管理的变化、外部环境的变化都给 B 的水平带来更多的不确定性。这种不确定性在金融自由化的国家特别大。为了探讨这种不确定性的影响，我们需要在模型中增加一个时期。在时期 1 和时期 2 之间，所有的情形都和以前一样。在时期 0 和时期 1 之间，要解决的唯一不确定性是时期 1 的 B 的水平。因此在时期 0 和时期 1 之间存在着金融不确定性。时期 1 信贷总额 B 的不确定性导致了时期 1 价格的不确定性。已知投资者在时期 0 从银行借款，和以前一样，价格的不确定性再次导致了代理问题和风险转移。时期 0 风险资产的价格将反映价格的不确定性，并有可能导致资产价格比时期 1 还要高。

假设在时期 1 有 0.5 的概率 $B=5$，有 0.5 的概率 $B=7$。然后解（9.2）式和（9.3）式，得出的价格和利率如表 9.3 所示。

表 9.3

概率	B	P	r
0.5	5	4	1.5
0.5	7	5.27	1.14

时期 0 的定价公式是

$$0.5\left(\frac{1}{P_0}\times 5.27-r_0\right)+0.5\times 0=0$$

其中 r_0 是时期 0 的利率，由（9.2）式给出，用 B_0 和 P_0 代替 B 和 P。代入 r_0 并化简

$$P_0=\frac{5.27}{1.5}(B_0-P_0)^{0.5}$$

考虑 $B_0=6$ 并解出 r_0 和 P_0 得

$$r_0=1.19$$
$$P_0=4.42$$

当不确定性是由于资产收益的变动时，金融不确定性越大，P_0 越大。 *246*
考虑一下金融不确定性的均值保留展型，我们可以用表 9.4 取代表 9.3。

表 9.4

概率	B	P	r
0.5	4	3.14	1.81
0.5	8	5.86	1.03

这种情况下可以看出

$$r_0=1.27$$
$$P_0=4.61$$

金融风险的风险转移效应同实体风险的风险转移效应的作用方式一样。虽然时期 2 的期望收益只有 2.25，在最后一个例子中风险资产在时期 1 的价格是 4.61。数年的信贷扩张的可能性对泡沫有多大以及什么时候破灭造成极大的不确定性，尤其是当经济正在经历金融自由化时。随着时期的增加，泡沫可能会变得很大，市场价格可能会远远高于基本价值。

9.1.4 金融脆弱性

前一节的这些例子说明，在时期 0 确定风险资产价格时，最重要的是时期 1 信贷总额的期望值。如果信贷总额上升，则资产价格会很高，违约将被避免。然而，如果信贷总额下降，则资产价格会较低，违约就会发生。这里的问题是，信贷总额变化的动态路径是什么。关键在于，投资者在决定为风险资产借多少还多少的问题时，对信贷扩张的预期已经考虑在内了。如果信贷扩张比预期的要低，或者只是没有达到预期的最高水平，投资者就可能无法偿还贷款，违约也就发生了。艾伦和盖尔（2000）证明了即使信贷一直扩张，还是有可能出现违约。事实上，我们可以看到在某些情况下信贷额可能会任意接近预期上限，普遍的违约几乎是不可避免的。

9.2 银行危机和负资产价格泡沫

247 上一节我们重点研究资产价格是如何变得过高的，原因是在贷款人和做投资决定的投资人之间存在代理问题。在本节中，我们考虑相对于基本价值来说资产价格较低时，会发生什么情形。许多历史性的和最近的银行危机的一个重要特点是与危机相伴随的资产价格的崩溃。本节的目的是，用艾伦和盖尔（1998，2004）的模型来研究这一现象。我们首先建立一个简单模型，并导出资源的最优配置。如果存在着一个风险资产市场，这个市场允许银行出售其资产，那么配置将会是效率低下的。伴随着危机来临，所有银行的资产被同时变现，这将会导致负泡沫和低效率的风险分担。然而，通过采取适当的货币政策，央行可以促使最优配置的实现。

9.2.1　模型

我们把时间分为三个时期，$t=0$，1，2。有两种类型的资产，安全资产和风险资产，以及一种消费品。安全资产可以被看成一种储存技术，它将时期 t 的 1 单位消费品转换成时期 $t+1$ 的 1 单位消费品。风险资产是一种随机生产技术，可以将时期 0 的 1 单位消费品转化为时期 2 的 R 单位消费商品，其中 R 是非负随机变量：

$$R=\begin{cases}R_H & \text{以概率 } \pi \\ R_L & \text{以概率 } 1-\pi\end{cases}$$

在时期 1 存款者会观察到一个信号，我们可以将其看作是一个主要的经济指标，与戈顿（1988）的观点相似。这一信号十分精确地预测了将在时期 2 实现的 R 值。首先，我们假定实现的消费随主要经济指标进行变动，从而也就取决于 R 值。之后，我们讨论当银行提供给储户一个标准的存款合同（即支付不是随附于主要经济指标的合同）时会发生什么事情。

存在一个事前同质的储户（消费者）的闭联集，在时期 0 他们拥有 1 单位消费商品禀赋，而在时期 1 和时期 2 什么都没有。事前消费者不确定自己的时间偏好。在时期 1 有一些将成为早期消费者，即只希望在时期 1 进行消
费；而另一些则成为后期消费者，即只希望在时期 2 进行消费。在时期 0 消 248
费者知道他成为早期消费者或后期消费者的概率，但是他们并不知道自己到底属于哪种类型。在时期 1 所有的不确定性都会得到解决，每个消费者都会知道自己是早期消费者还是后期消费者，也会知道风险资产的回报到底是多少。为简单起见，我们假设存在相同数量的早期消费者和后期消费者，并且每个消费者有同样的几率属于这两种类型。如此，一个典型消费者的期望效用就可以写成：

$$\lambda U(c_1)+(1-\lambda)U(c_2) \tag{9.4}$$

其中 c_t 表示在时期 $t=1$，2 的消费。假设每个时期的效用函数 $U(\cdot)$ 是二阶连续可微的、递增的且严格凹的。消费者的类型无法观测，因此后期消费者可以冒充是早期消费者。于是，明确区分消费者类型的合同是不可行的。

银行的作用是代表消费者做投资。我们假设只有银行可以持有风险资产，这使得银行在两个方面比消费者更有优势。第一，银行可以持有两种

类型的资产组成的投资组合，它通常会比仅仅由安全资产组成的投资组合要好。第二，通过把大量消费者的资产混合在一起，银行可以给消费者提供保障，以应对其不确定的流动性需求，带给早期消费者风险资产的部分高收益，却不会使他们受到资产市场波动的影响。

银行业自由进入迫使银行通过提供最大化消费者期望效用的存款合同来竞争。因此，银行业的行为可以用一个最优风险分担问题来表示。许多不同的风险分担问题都可以用来表示对信息和监管环境方面的不同假设。

9.2.2 最优风险分担

首先，考虑银行可以签订状态或然合同的情形，即合同中每期的提款量取决于 R 值。这为最优风险分担提供了一个基准。由于风险资产回报直到时期 1 才能知道，所以资产组合选择不受 R 的影响，但是对早期消费者和后期消费者的支付是在 R 值显示之后才发生的，因此它们会取决于 R 的值。
249 用 y 和 $x=1-y$ 分别表示代表性银行持有的安全资产和风险资产。存款合同可以用两个函数 $c_1(R)$ 和 $c_2(R)$ 来表示，它们给出了基于风险资产回报的早期和后期消费者的消费。

于是，最优风险分担问题就变成：

$$
\begin{aligned}
&\max E[\lambda U(c_1(R))+(1-\lambda)U(c_2(R))]\\
&\quad \text{s.t. (i) } y+x\leqslant 1;\\
&\qquad\ \text{(ii) } \lambda c_1(R)\leqslant y;\\
&\qquad\ \text{(iii) } \lambda c_1(R)+(1-\lambda)c_2(R)\leqslant y+Rx;\\
&\qquad\ \text{(iv) } c_1(R)\leqslant c_2(R)
\end{aligned}
\tag{9.5}
$$

第一个约束条件是说投资总量必须小于或者等于存款总量。不失一般性的，我们可以假定消费者把他们的所有财富都存在银行，因为他们能做的任何事，银行都可以为他们做。第二个约束条件是说持有的安全资产必须足够提供早期消费者在时期 1 的消费。银行可能想持有严格超过此数量的安全资产，并将之转存直到最后期限，以便减少后期消费者的不确定性。第二和第三个约束条件加起来，说明了后期消费者的消费不能超过风险资产总值和偿付早期消费者后剩下的安全资产的数额之和，亦即：

$$(1-\lambda)c_2(R)\leqslant(y-\lambda c_1(R))+Rx \tag{9.6}$$

最后一个约束条件是激励相容约束，即对于每个 R 值，后期消费者至少得到和前期消费者一样数量的消费品。因为后期消费者在时期 2 被偿付，所以早期消费者不能冒充是后期消费者。然而，后期消费者却可以冒充为早期消费者，在时期 1 获得 $c_1(R)$ 并用储存技术在时期 2 给自己提供 $c_1(R)$ 单位消费。除非对所有的 R 值 $c_1(R)\leqslant c_2(R)$ 都成立，否则这种选择对后期消费者来说就是最优的。

为确保内部最优，以下假设将在本节中始终成立。假定偏好和技术满足下面的不等式：

$$E(R)>1 \tag{9.7}$$

与

$$U'(0)>E[U'(R)R] \tag{9.8}$$

第一个不等式确保持有的风险资产数额是正的，第二个不等式确保了持有的 250
安全资产数额是正的。

最优风险资产问题的分析向我们表明，激励约束条件（ⅳ）可以省去。假设我们只用前三个约束来解这个问题。实现最优配置的必要条件是两类消费相等，除非可行性约束 $\lambda c_1(R)\leqslant y$ 式等号成立，此时符合一阶条件 $c_1(R)\leqslant c_2(R)$。既然我们仅用前三个约束条件就能达到最优，那么激励约束条件就总是满足的，此时（9.5）式的解就是最优配置。

可以得到问题的解为：

$$c_1(R)=c_2(R)=y+Rx \qquad 若\frac{y}{\lambda}\geqslant\frac{Rx}{1-\lambda} \tag{9.9}$$

$$c_1(R)=y/\lambda, c_2(R)=Rx/(1-\lambda) \qquad 若\frac{y}{\lambda}<\frac{Rx}{1-\lambda} \tag{9.10}$$

$$y+x=1 \tag{9.11}$$

$$E[U'(c_1(R))]=E[U'(c_2(R))R] \tag{9.12}$$

（正式推导参见 Allen and Gale，1998。）

图 9.2 描述了最优配置。若时期 1 的信号表明在时期 2 $R=0$，早期消费者和后期消费者将得到 y，因为 y 是可获得的所有资产，并且在给定目标函数形式时，两种消费相等是有效的。早期消费者在时期 1 将他们的份额 λy 消费了，剩下的 $(1-\lambda)y$ 将会保持到时期 2 给后期消费者。随着 R 的增长，两组消费者都将增加，直到 $y/\lambda=\bar{R}x/(1-\lambda)$。如果 $R<(1-\lambda)y/\lambda x\equiv$
$\bar{R}$，最优配置将会涉及将部分流动资产保留到时期 2，用以增补后期消费者 251

风险资产的低回报。

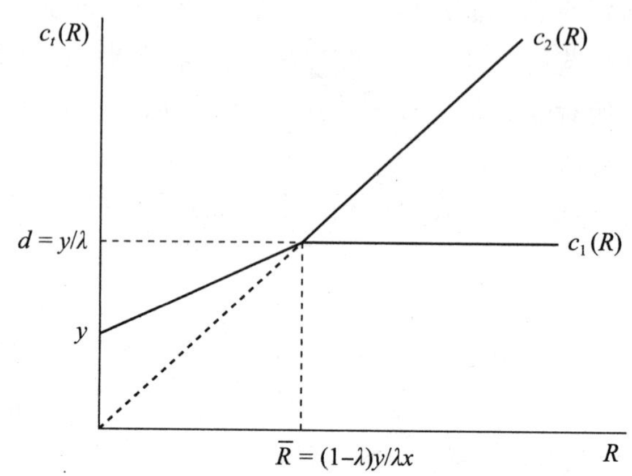

图 9.2　最优风险分担

当信号表明时期 2 的 R 值将会很高时（即 $R \geqslant (1-\lambda)y/\lambda x \equiv \bar{R}$），则早期消费者在时期 1 应该尽可能多地消费，即消费 y/λ，因为在任何情况下时期 2 的消费都会比较高。理想的状况下，时期 2 的高产出可以和时期 1 的早期消费者分享，但这在技术上是不可行的。唯一可行的是将消费带到将来(carry forward consumption)，而非将消费从未来带回来。

为了说明最优合约的作用方式，我们举出以下数值例子：

$$
\begin{aligned}
&U=\ln(c_t)\\
&EU=0.5\ln(c_1)+0.5\ln(c_2)\\
&R=\begin{cases}2 & \text{概率为 } 0.9;\\ 0.6 & \text{概率为 } 0.1\end{cases}
\end{aligned}
\tag{9.13}
$$

对于这些参数，可以很容易地看出$(y,x)=(0.514,0.486)$且$\bar{R}=1.058$。消费水平为：

$$
\begin{aligned}
&c_1(2)=1.028;c_2(2)=1.944 && \text{概率为 } 0.9\\
&c_1(0.9)=c_2(0.6)=0.806 && \text{概率为 } 0.1
\end{aligned}
$$

实现的期望效用水平为 $EU=0.290$。

9.2.3　最优存款合同

下面假设合同设定不能明确地随附于 R 值。我们用 d 来表示时期 1 承诺给早期消费者的固定支付。首先我们假设不存在长期资产市场。如果银行不能在时期 1 向所有取款者支付 d，则其拥有的短期资产必须平均分给这些人。因为银行间是竞争的，且银行的目标是最大化存款者的期望效用，因此在最后一期银行有多少后期消费者就能得到多少支付。在这种情况下，均衡时的早期消费者和后期消费者将会获得相同的消费。

从例子中可以直接看出，最优配置可以通过采用存款合同来实现。为此银行将选择 $(y, x)=(0.514, 0.486)$，并规定 $d=1.028$。留在时期 2 的任何东西都会在剩下的存款者之间平均分配。当 $R=R_H=2$ 时，银行用所有的短期资产支付其早期消费者，早期消费者可以获得 $c_1(2)=d=0.514/0.5=$ 252
1.028。后期消费者获得 $c_2(2)=0.486\times2/0.5=1.944$。

当 $R=R_L=0.6$ 时后期消费者会计算出，如果所有的早期消费者获得 $d=1.028$，并耗尽所有的短期资产，那么时期 2 留给每个后期消费者的为：

$$\frac{0.6\times0.486}{0.5}=0.583<1.028$$

因此会有一部分后期消费者也在时期 1 取款。这意味着银行将不能满足所有的取款要求。如前面所述，因为没有长期资产市场，银行只有把现有的所有收益在提款人之间平均分配。假设有 $\alpha(0.6)$ 的后期消费者提前取款，那么当下面的式子成立时，$\lambda+\alpha(0.6)$ 在早期取款的和 $1-\lambda-\alpha(0.6)$ 在后期取款的消费者就会有同样的期望效用：

$$\frac{y}{\lambda+\alpha(0.6)}=\frac{Rx}{1-\lambda-\alpha(0.6)}$$

代入已知数值得：

$$\frac{0.514}{0.5+\alpha(0.6)}=\frac{0.6\times0.486}{1-0.5-\alpha(0.6)}$$

并解出 $\alpha(0.6)$ 得到：

$$\alpha(0.6)=0.138$$

所以每个人的消费是：

$$c_1(0.6)=\frac{0.514}{0.5+0.138}=c_2(0.6)=\frac{0.6\times0.486}{1-0.5-0.138}=0.806$$

艾伦和盖尔（1988）更一般地表明了可以用存款合同来实现最优配置。

9.2.4 一个资产市场

下面假设有一个可以以价格 P 进行变现的竞争性长期资产市场。如果银行在时期 1 能够向时期 1 要求取款的储户支付 d，就可以一直持续到时期 2。但是如果银行不能予以支付，那么银行将会破产，并将清算资产按存款
253 比例在储户间分配。那么标准存款合同承诺早期消费者的就是 d 单位的支付，而如果这是不可行的，就是平均分配的清算资产。

长期资产市场的参与者是通过市场获取流动性资金的银行，以及拥有大量财富的、风险中性的投机者，投资者寄希望于有些银行需要流动性贱卖资产并从中赚取利润。投机者会持有一些现金（安全资产），以便当时期 1 风险资产价格足够低时购进风险资产。现金的回报率很低，但是可以由风险资产价格低于基本价值时的投机利润所弥补。假设风险中性的投机者持有一些投资组合（y_s，x_s）。他们不能卖空或者借入。均衡上他们在持有投资组合（y_s，x_s）与将所有的钱都投资于风险资产之间是无差异的。

图 9.3 可以用来说明引入资产市场的影响。图中的曲线分别表示的是作为风险回报 R 的函数的早期消费者和后期消费者的消费水平。R 值较高（即 $R \geqslant R^*$）的时候，不会出现银行挤兑的可能。早期消费者的消费通过标准存款合同固定在 $c_1(R)=d$,后期消费者的消费由预算约束 $c_2(R)=(y+Rx-\lambda d)/(1-\lambda)$给出。$R$ 值较低（$R<R^*$）的时候，在不违反

$$\frac{y+Rx-\lambda d}{1-\lambda} \geqslant d$$

的后期消费者激励约束条件的前提下，要想向早期消费者支付标准存款合同所承诺的固定数额 d 是不可能的，从而银行挤兑将不可避免地发生。

254 依据标准存款合同的条款要求，如果银行不能偿付 d 给所有取款的储户，它将要在时期 1 清算其所有资产。因为根据激励兼容性要求，后期取款者必须总能获得和早期消费者一样多的支付，所以除非银行可以向所有消费者支付至少 d，否则就必须清算其所有资产。R^* 的值由银行恰好能够支付给所有人 d 的条件决定，因此有：

$$(1-\lambda)d = y + R^* x - \lambda d$$

或

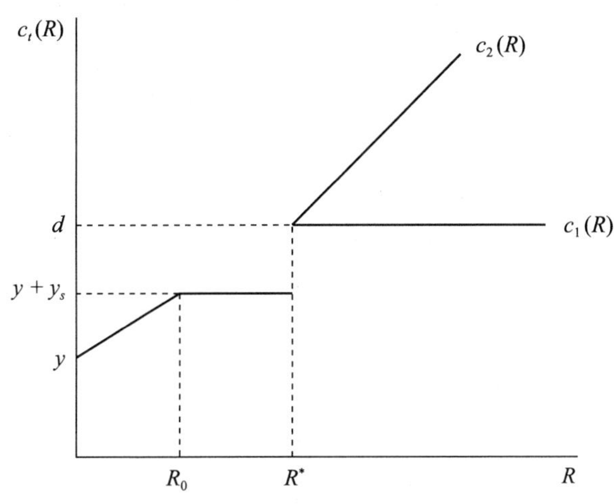

图 9.3　没有央行干预的消费[①]

$$R^*=\frac{d-y}{x}$$

当 R 值低于 R^* 的时候，银行不可能向所有的储户支付 d，它唯一的选择就是在第 0 期清算其所有资产，并向所有消费者提供少于 d 的支付。由于后期取款者什么都得不到，所有的消费者都会选择在第 1 期取出其存款。

R^* 标志着挤兑发生的区间上界，在临界值点 R^* 处，消费集合会出现中断。中断的原因来自于资产出售对风险资产价格的影响。通过出售资产，银行推动了风险资产价格的下降，从而使投机者发了一笔横财，而储户却遭受了意外的损失。这种意外的损失是作为不连续的消费下降而感受到的。

图 9.4 给出的是时期 1 的风险资产定价。当 $R>R^*$ 的时候，投机者将继续持有两种资产，而且在这两种资产之间无差异。因为 1 单位安全资产在最后一期的价值是 1，那么 1 单位风险资产的基本价值就是 $R/1=R$。而当 $R<R^*$ 的时候，银行将被迫清算所有资产。

投机者可以用他们持有的现金来购买风险资产了。假设 R 满足 $R_0<R<R^*$，其中 255

① 原图中 R_0 为 R^0，疑误。——译者注

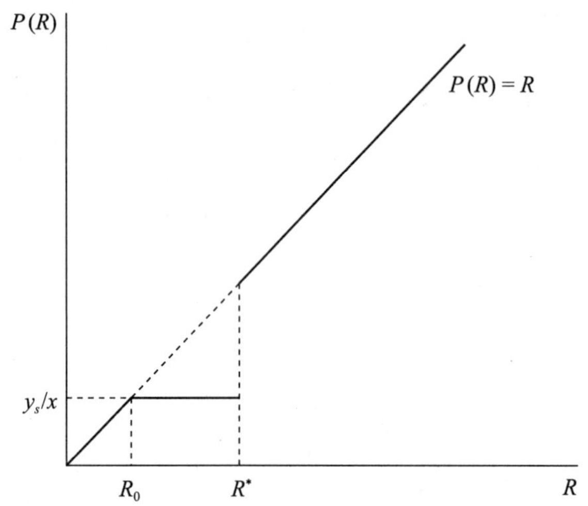

图 9.4　没有央行干预的资产定价①

$$R_0 = \frac{y_s}{x}$$

此时投机者就会想用其所有现金来购买风险资产。市场上的现金数额 y_s 不足以支付风险资产的基本价值，所以风险资产的价格就由投机者持有的现金和银行持有的风险资产的比率来决定：

$$P(R) = \frac{y_s}{x}$$

当 $R_0 < R < R^*$ 时，就会存在现金市场定价机制，风险资产的价格将会低于其基本价值。换句话说，就是存在着负资产价格泡沫。当 R 值较小（$R < R_0$）时，风险资产的基本价值就会小于市场上的现金数额，因此资产价格将再次等于其基本价值。

正如图 9.3 所示，由于当 $R_0 < R < R^*$ 时，风险资产价格不依赖于 R 值，在这个区间内消费也与 R 值无关。时期 1 可得的消费由银行持有的安全资产 y 和投机者持有的安全资产 y_s 组成，这些资产在早期消费者和后期消费者之间进行分配，因此每人将会获得 $y + y_s$。

总而言之，引入风险资产市场会产生许多重要影响。它允许银行清算

① 原图中 R_0 和 y_s 有误，已经改过。——译者注

其所有资产来满足早期取款者的需求，但是也使得情况更加糟糕。首先，在时期 1 挤兑耗尽了银行的资产，后期消费者到时期 2 取钱的时候将一无所获，所以只要发生银行挤兑，涉及的就是所有的后期消费者，而不仅是其中的部分人。其次，如果风险资产市场是非弹性的，代表性银行出售其持有的风险资产将会压低价格，使得银行更难满足储户的要求。

当然，银行挤兑的全有或全无（all-or-nothing）特点与戴蒙德和迪布维格（1983）的文章有些类似。不同的是，这里的模型中银行挤兑并不是“太阳黑子”现象：只有当其他均衡结果都不可能发生的时候挤兑才会发生。此外，在这个例子中银行挤兑的额外成本（the deadweight cost）是内生的，次优的风险分担是有成本的。当代表性银行被迫清算风险资产时，它们将资产以低价出售。这时价值转移给了风险资产的购买者，不构成经济成本。额外成本发生是由于价值转移发生在糟糕的状态，此时消费者的消费已经很低了。换句话说，就是市场提供的是负保险。

资产市场产生的实际上是次于帕累托最优配置的结果。显然银行储户 256
的效用变差了，当 $R_0 \leqslant R \leqslant R^*$ 时，银行储户的效用降低是因为他们的消费减少了，而此时的投机者的效用则没有改变。这可以用上面的数值例子的一个变型来阐释。假设投机者的财富是 $W_s=1$，其他参数与前文一样。那么对于储户来说最优合同就应当包括 $(y, x)=(0.545, 0.455)$，$R_0=0.070$，$R^*=1.193$，当 $R_0<R<R^*$ 时，有 $P(R)=0.070$，并且 $EU=0.253$。①对于投机者而言，$(y_s, x_s)=(0.032, 0.968)$，其期望效用为 $EU_s=1.86$。如果他们把所有资金都投资到风险资产上，其期望效用水平将会与之相同。注意，和（9.5）式相应解 $EU=0.290$ 的配置相比，在这个均衡中储户的结果明显变糟了。

9.2.5 最优货币政策

当存在资产市场时，低效配置是由资产价格负泡沫引发的。通过适当的干预，央行可以阻止资产价格的崩溃，保证资源配置同图 9.2 描述的一样。实现（9.5）式解的政策背后的基本思想是，央行和代表性银行订立回购协议（或抵押贷款），即在时期 1 代表性银行将一些资产卖给央行换取一些现金，并在时期 2 再以同样的价格把这些资产购回。通过以这种方式提供流动

① 原书中有误，R_0 写成了 R^0。——译者注

性资金，央行保证了代表性银行不会因清算未到期的风险资产而遭受损失。

现在，我们假设标准化存款合同是用名义条款签订的。合同承诺在中间时期向储户支付固定数额的货币 D，在最后一期支付资产的剩余价值。在时期 t 状态 R 下的价格水平用 $p_t(R)$ 表示，时期 1 风险资产的名义价格用 $P(R)$表示。我们希望风险资产以其基本价值出售，因此我们假设 $P(R)=p_1(R)R$。在这个价格下，安全资产和风险资产是完全替代品。我们用（y，x）表示对应于（9.5）式解的投资组合，并用（$c_1(R)$，$c_2(R)$）表示相应的消费配置。对于较大的 R 值，我们有 $c_1(R)=y/\lambda<c_2(R)=Rx/(1-\lambda)$；对于较小的 R 值，我们有 $c_1(R)=c_2(R)=y+Rx$。实现这一配置我们需要通过价格变动引入或然性：当 $R>\bar{R}$ 时，$p_1(R)c_1(R)=D<p_2(R)c_2(R)$；当 $R<\bar{R}$ 时，$p_1(R)c_1(R)=D=p_2(R)c_2(R)$。这些等式决定了 $p_1(R)$ 和 $p_2(R)$的唯一值，剩下需要决定的元素只有资产出售价格和银行挤兑规模了。

257 在银行挤兑事件中，最后只有提前取款的后期消费者才会持有现金，因为早期消费者会立刻消费掉所有流动性财富。如果 $\alpha(R)$ 是提前取款的后期消费者的比率，那么注入经济系统的现金必须为 $\alpha(R)D$。为简单起见，我们假设注入市场的现金数额是常数 M，它决定了挤兑规模大小 $\alpha(R)$。由于在这一点上安全资产和风险资产是完全替代的，因此只要资产的名义价值等于 M，代表性银行将哪种资产出售给央行都是一样的。根据签订的回购协议，代表性银行将会在时期 1 向中央银行出售资产以换取 M 金额的现金，并用同样多的现金在时期 2 将这些资产购回。

在规定的价格下，投机者将不再希望持有任何安全资产，所以 $y_s=0$，且 $x_s=W_s$。

我们很容易证明，所有的均衡条件都得到了满足：储户和投机者在给定价格下的行为都是最优的，且满足可行性条件。

总而言之，央行可以通过和代表性银行在时期 1 达成回购协议来使（9.5）式的解得到实现。已知对应于（9.5）式解的配置｛(y，x），$c_1(R)$，$c_2(R)$｝，当 $R>\bar{R}$ 时均衡价格的值由条件 $p_1(R)c_1(R)=D<p_2(R)c_2(R)$给出；当 $R<\bar{R}$ 时，均衡价格的值由条件 $p_1(R)c_1(R)=D=p_2(R)c_2(R)$给出。发生挤兑事件时，经济中会注入固定数额为 M 的现金，参与挤兑的后期取款者比重满足 $\alpha(R)D=M$。时期 1 风险资产的价格满足 $p_1(R)R=P(R)$，投机者的最优投资组合是$(y_s,x_s)=(0,W_s)$。

可以看出，央行的干预确保了风险资产的价格总是等于其基本价值。这意味着当 $R_0 \leqslant R \leqslant R^*$ 时，投机者不会盈利，存款者也不会有损失。因此可以直接看出，与有资产市场的模型的均衡相比，这样的配置是（严格）帕累托占优的。

我们可以用一个数值例子来说明。回想一下，(9.5) 式的解有 $(y, x)=(0.514, 0.486)$，$\bar{R}=1.058$ 和 $EU=0.290$。假定 $D=1.028$。若 $R \geqslant \bar{R}=1.058$，则 $p_1(R)=p_2(R)=1$。若 $R<\bar{R}=1.058$，两期的价格水平就依赖于 R 的水平。对状态 $R_L=0.6$ 来说，$c_1(0.6)=c_2(0.6)=0.806$，所以 $p_1(0.6)=p_2(0.6)=1.028/0.806=1.275$。$R$ 值越低，$p_t(R)$ 就会越高，因此价格水平上升会使消费降低，并且有 $P(R)=1.028 \times 0.6=0.617$。提前取款并持有现金的后期消费者的比率是由 M 决定的。假设 $M=0.1$，则有 $\alpha(R)=0.1/1.028=0.097$。对投机者来说 $(y_s, x_s)=(0, 1)$，其期望效用是 $EU_s=1.86$。与没有央行干预的市场均衡相比，有央行干预的均衡显然是帕 258
累托占优的。

9.3　结束语

本章说明，货币政策可以通过两种重要方式对资产价格产生影响。第一，当银行与进行投资决策的借款人之间有代理问题时，资产价格会上升到高于它们的基本价值的水平。代理问题意味着，投资者会倾向于选择风险更高的项目进行投资，并抬高资产价格。风险越大泡沫就可能变得越大。但是并非只有同真实资产回报相联系的风险才会引起泡沫，与货币政策的不确定性相联系的金融风险，尤其是金融自由化也会引起泡沫。第一个重要的结论是，央行应该将不确定性降低到最低限度，不确定性越小，正泡沫的规模就会越小。

第二个问题发生在资产价格下降的时候。如果资产价格的下跌导致银行同时清算资产，那么资产价格就会降到其基本价值以下，换句话说，就是出现了负泡沫。这个泡沫也可能是极具破坏力的。在这种情况下，央行就可以介入并提供流动资金来防止资产价格降到其基本价值之下。这可以通过对银行资产发放贷款来实现。

央行有一项复杂的任务，即需要防止这两种泡沫的发生。此外，正确识别哪个是相关问题以及选择适当的解决政策也是很重要的，否则情况只会更加糟糕。

参考文献

Allen, F. and D. Gale (1998). "Optimal Financial Crises," *Journal of Finance* 53, 1245 - 1284.

Allen, F. and D. Gale (2000). "Bubbles and Crises," *Economic Journal* 110, 236 - 255.

Allen, F. and D. Gale (2004). "Asset Price Bubbles and Monetary Policy," in M. Desaiand Y. Said (eds.), *Global Governance and Financial Crises*, New York and London: Routledge, Chapter 3, 19 - 42.

Allen, F. and G. Gorton (1993). "Churning Bubbles," *Review of Economic Studies* 60, 813 - 836.

Allen, F., S. Morris, and A. Postlewaite (1993). "Finite Bubbles with Short Sale Constraints and Asymmetric Information," *Journal of Economic Theory* 61, 206 - 229.

259 Diamond, D. and P. Dybvig (1983). "Bank Runs, Deposit Insurance, and Liquidity," *Journal of Political Economy* 91, 401 - 419.

Drees, B. and C. Pazarbasioglu (1995). "The Nordic Banking Crises: Pitfalls in Financial Liberalization?" Working Paper 95/61, International Monetary Fund, Washington, DC.

Englund, P. and V. Vihriälä (2006). "Financial Crises in Developed Economies: The Cases of Finland and Sweden," Chapter 3 in L. Jonung (ed.), *Crises, Macroeconomic Performance and Economic Policies in Finland and Sweden in the 1990s: A Comparative Approach*, forthcoming.

Frankel, J. (1993). "The Japanese Financial System and the Cost of Capital," in S. Takagi (ed.), *Japanese Capital Markets: New Developments in Regulations and Institutions*, Oxford: Blackwell, 21 - 77.

Gorton, G. (1988). "Banking Panics and Business Cycles," *Oxford Eco-*

nomic Papers 40, 751 - 781.

Heiskanen, R. (1993). "The Banking Crisis in the Nordic Countries." *Kansallis Economic Review* 2, 13 - 19.

Jensen, M. and W. Meckling (1976). "Theory of the Firm: Managerial Behavior, Agency Cost and Ownership Structure," *Journal of Financial Economics* 3, 305 - 360.

Kindleberger, C. (1978). *Manias, Panics, and Crashes: A History of Financial Crises*, New York, NY: Basic Books.

Mishkin, F. (1997). "Understanding Financial Crises: A Developing Country Perspective." Annual World Bank Conference on Development Economics 1996, 29 - 61, Washington, DC: The International Bank for Reconstruction and Development.

Stiglitz, J. and A. Weiss (1981). "Credit Rationing in Markets with Imperfect Information," *American Economic Review* 71, 393 - 410.

Tschoegl, A. (1993). "Modeling the Behavior of Japanese Stock Indices," in S. Takagi (ed.), *Japanese Capital Markets: New Developments in Regulations and Institutions*, Oxford: Blackwell, 371 - 400.

White, E. (1990). *Crashes and Panics: The Lessons from History*, Homewood, IL: Dow Jones Irwin.

第10章 传 导

260 金融传导是指始于一个地区或国家的金融危机蔓延到与之有经济联系的地区或国家的过程。有时传导的基础是由信息提供的。科德里斯和普里茨克（Kodres and Pritsker，2002）、卡尔沃和门多萨（Calvo and Mendoza，2000a，b）以及卡尔沃（Calvo，2002）说明了不对称信息是如何引致传导发生于受共同基本面影响的国家之间的。一个例子是两个不同国家的资产市场，价格变化或许源于在两国均影响资产价值的共同冲击（Common Shock），或许源于对资产价值没有影响的异质冲击（流动性冲击），或许源于只影响其中一国的异质冲击（Idiosyncratic Shock）。由于异质性冲击可能被误认为共同冲击，一国价格的下跌可能导致其他国家价格也会下跌的自我实现的预期。在这种情况下，一个不必要的但却可能代价高昂的不稳定性会在后一国家产生，仅仅是由于前一国家一个与之无关的危机。

本章将探讨第二种传导类型，这种传导的可能性源于不同地区或部门的银行系统相互持有的重叠债权（Overlapping Claims）。当一个地区遭受银行危机时，另一地区由于持有问题地区价值贬损的债权也遭受损失。如果这种外溢效应足够大，便可在邻近地区引发危机。在极端情况下，危机一个地区接一个地区地传播，最终影响的覆盖面比其最初的发源地要大得多。

本章的主要目的是为金融危机的传导提供一些微观基础。下文展开的模型并不在于描述某一特殊事件，它与近期的亚洲金融危机具有某些相关性。例如范里杰克汉姆和韦德（Van Rijckeghem and Weder，2000）考虑了日本的银行与亚洲新兴国家、拉美和东欧之间的相互关联。可以设想，日本银行在亚洲新兴经济体中的暴露性（Exposure）最强。当亚洲危机于1997年7月于泰国爆发时，日本银行不仅从泰国，而且也从其他新兴国家，尤其是其暴露性最强的亚洲国家那里取兑资金。通过这种方式，泰国的危机冲击蔓延到其他亚洲国家。欧洲和北美的银行也通过从亚洲取兑的方式 261
对亚洲危机做出反应，但它们实际上增加了对拉美和东欧的贷款。最终，正是亚洲国家受初始冲击的影响最深。

我们接下来描述的模型与美国19世纪晚期和20世纪早期的金融危机最为相似。就像在第1章所见到的，美国中西部或其他地区的银行在纽约银行有存款。一旦在某一区域爆发危机，这种关联性为危机在银行间溢出提供了渠道。

为集中分析金融传导的这一特定机制的作用，下文我们排除了尽管对于全面理解金融传导可能十分重要的其他传播机制。特别的，我们假设经纪人关于其环境有完全信息。而上面已提到，不完全信息本身可能导致另一条传导途径。我们也排除金融危机从一国传导到另一国过程中国际货币市场的影响。货币危机中的传导得到了相当广泛的研究，并且在马森（Masson，1999）的出色综述中做了总结。

我们使用带有稍许变动的标准模型以便集中于相互关联的传导分析。特别的，我们假定长期资产是通过一种变现技术（Liquidation Technology）而非以市场价格出售得以变现。总共有三个时期 $t=0$，1，2，并有大量完全相同的消费者，每个人都有1单位既可用于消费又可用于投资的同质商品作为禀赋。在时期 1，消费者得知他们是否是只注重在时期 1 消费的前期消费者，抑或是只注重在时期 2 消费的后期消费者。他们偏好的不确定性引致了流动性需求。

银行在提供流动性方面有比较优势。在初始期，消费者将其禀赋存入银行，银行代表客户利益进行投资。作为交换，储蓄者被允诺在接下来的时期中有一固定数量的消费，这依赖于他们何时取款。银行可以投资于两种资产。短期资产一期过后的回报为 1 单位，长期资产一期过后的变现回报为 $r<1$ ，或者持有两期的回报为 $R>1$ 。长期资产若持有至到期日会有更高的回报，但在中期将其变现需付出代价，因此它对于为前期消费者提供消费来说用处不大。银行部门完全竞争，因此银行提供最大化储蓄者事前预期效用的风险分担合同，并受零利润约束。

利用这一框架，我们构建了一个微小冲击通过传导产生巨大效应的简
262 单模型。更准确地说，在一个单部门内的冲击可蔓延到其他部门，并最终导致整体经济的金融危机（Economy-Wide Financial Crisis)。这种形式的传导是由真实冲击或区域间的真实联系所驱动。我们已看到，一种观点认为金融危机是纯粹的随机事件，与实体经济的变化无关（金德尔伯格 1978)。而被戴蒙德和迪布维格（1983）及其他人发展的这一观点的现代版本，则认为银行挤兑是自验证预言（Self-Fulfilling Prophecies)。将传导视为“太阳黑子”现象的缺点在于，没有不同区域间的一些真实联系，任何形式的相关性都是可能的。因此，太阳黑子理论没有为不同区域间的危机提供因果联系。我们采取了另一观点，即金融危机是经济周期的内在部分米切尔(Mitchell，1941)；戈顿（1988)；艾伦和盖尔（1998）并证明在某些情况下，模型中的任意均衡必须以传导为特征。

整个经济由许多区域组成，在每个区域前期和后期的消费者数量是随机变动的，但对流动性的总需求是常数。这使得区域间保险成为可能，因为有多余流动性的地区可以为流动性短缺的地区提供流动性。一种组织提供保险的方法是通过银行间储蓄的交换。假设区域 A 有大量前期消费者，同时区域 B 前期消费者很少，反之亦然。由于区域 A 和区域 B 在其他方面是完全相同的，其储蓄可完全替代。银行于初期在观察到流动性冲击之前相互交换存款。如果区域 A 在时期 1 有一个比平均数量更高的前期消费者，区域 A 的银行可以通过变现其在区域 B 银行的部分存款来满足它们的承兑义务，区域 B 也乐于帮忙——以短期资产的形式，因为它们有过剩流动性

供给。在最后一期，过程刚好相反，区域 B 的银行变现其持有的在区域 A 的存款，以满足区域 B 高于平均水平的后期消费者的需求。

只要整个银行系统有足够的流动性，存款的区域间交叉持有不会有什么问题。然而如果存在流动性的过度需求，交叉持有形成的金融关联性(Financial Linkages）可能成为一种灾难。储蓄的交叉持有有助于银行系统内部流动性的再分配，但却不能增加流动性总量。如果整体经济中的消费者需求大于短期资产存量，提供更多消费的唯一方式就是变现长期资产。而对于变现多少长期资产以至于不引发挤兑有一个极限，所以如果初始冲击比这一缓冲要求得要多，则将会有银行挤兑，并且银行将被迫破产。银行持有的在无法履约的银行中的储蓄将遭受资本损失，这将使得这些银行在它们的地区无法兑现提供流动性的承诺。因此，发生在一个地区的金融 263
危机，会因为存款的交叉持有通过传导蔓延至其他地区。

金融危机究竟是否会蔓延，关键取决于由存款交叉持有产生的内在关联性的形式。如果每个地区都跟其他地区相连接，我们说银行间网络是完全的；如果每个地区只与其他一小部分区域相连，就说网络是不完全的。在完全网络中，银行间存款量均匀分布于众多银行之间。结果，在一个地区的金融危机的初始影响可能被削弱。另一方面，在不完全网络中，金融危机的初始冲击集中在一小部分邻近的区域，结果它们也很容易屈服于危机。每个区域受危机影响，使得它们提前变现长期资产，随之而来的是价值损失，因此先前不受影响的地区发现它们也被传染了。

在解释传导过程中注意到搭便车问题是重要的。存款的交叉持有对于流动性的重新分配很有用，但却不能创造流动性。所以当经济整体有过多的流动性需求时，每家银行都试图利用其在其他银行的存款来满足外部流动性需求。换言之，每家银行都在向另一家银行“推卸责任”(Pass the Buck)。结果是所有的银行间存款消失，没有人获得任何额外的流动性。

整体流动性短缺（取款量超过短期资产）的唯一解决方式是变现长期资产。我们已知悉，每家银行通过变现长期资产只能获取一个有限的缓冲。若超越该缓冲，银行必然破产。这是理解完全网络和不完全网络间传导差异的关键。当网络是完全的，问题地区的银行可以向每个其他地区的银行直接发出要求权(Claim)。每个地区都承受一个小的打击（变现一小部分长期资产)，因此不会有全球性危机。当网络不完全时，问题地区的银行只能向邻近地区的银行发出直接要求权。其他地区的银行不被要求变现长期资产，直至它们发现自己已身处感染的第一线。而此时，为时已晚。

10.1 流动性偏好

本节我们将用标准要素模拟流动性偏好。共有三个时期 $t=0$，1，2。有一个商品，该商品可被消费，也可投资于产生未来消费的资产。资产则
264 有两种，如图 10.1 所示，短期资产和长期资产。短期资产由储存技术表示，在时期 t 1 单位投资于储存技术的消费品会在时期 $t+1$ 产出 1 单位消费。对长期资产的投资只可以发生在初始期，并且 1 单位于初始期投资于长期资产的消费品会在末期产生 $R>1$ 单位的产出。

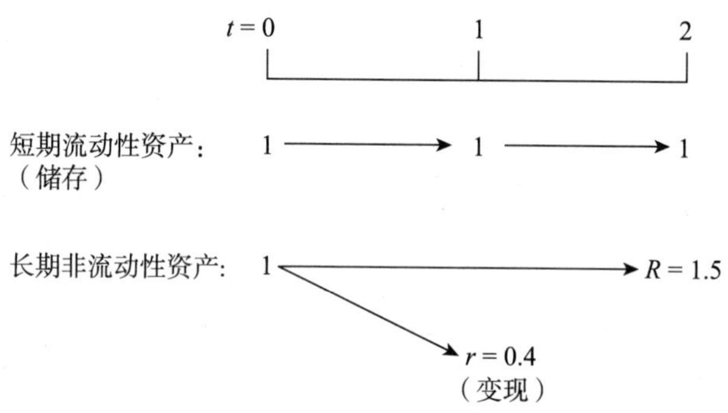

图 10.1 短期和长期资产

每单位的长期资产可以在中期提前变现以获得 r（$0<r<1$）单位的消费品。在此我们假设变现采取的是资产实物贬值（Physical Depreciation）的方式，并且清算价值被视作“报废价值”（Scrap Value）这一技术常量（Technological Constant）来对待。如我们在前面章节所指出的，实际中，资产更可能是通过变卖而清算的，在此情况下清算价值由市场价格决定。引入资产可得以出售的二级市场（Secondary Market）只会使分析复杂化而不改变模型的性质特征。

经济被分为四个事前相同的区域，标记为 A、B、C 和 D。区域结构是一个可以被多种方式解释的空间象征（Spatial Metaphor）。对分析来说重要的是不同区域受到不同流动性冲击，任何促使不同（组）银行受到不同冲击的素材都是区域结构的可能解释。所以一个区域可以对应一个银行，一国

的某一地理区域，或整个国家；它也可以对应银行业中的一个专业化部门。

每个地区包含了一个事前相同消费者（储蓄者）的闭联集。每个消费者在时期0具有等同于1单位消费品的禀赋，而在时期1和时期2禀赋为0。消费者被假设具有通常的偏好：以概率λ为只注重在时期1消费的前期消费者；以概率$1-\lambda$为只注重在时期2消费的后期消费者。单个消费者的偏好 265
由下式给出：

$$U(c_1,c_2)=\begin{cases}u(c_1) & \text{以概率 } \lambda \\ u(c_2) & \text{以概率 } 1-\lambda\end{cases}$$

其中以c_t表示在时期$t=1$，2的消费。假设时期，效用函数$u(\cdot)$二阶连续可导，单调递增并且严格凹。在我们考虑的对模型进行解释的例子中

$$u(\cdot)=\ln(c_t)$$

不同区域间的概率λ是不同的，记λ^i为在区域i成为前期消费者的概率，λ^i有高、低两个可能取值，分别记为λ_H和λ_L，其中$0<\lambda_L<\lambda_H<1$。这些随机变量的实现取决于自然状态。两种等可能状态S_1和S_2及其对应的流动性偏好冲击的实现由表10.1给出。注意，事前每个地区具有相同的高流动性冲击的概率。并且，每种状态下流动性的总需求是相同的：一半的地区是高流动性偏好，一半的地区是低流动性偏好。在时期0于每个区域中成为前期或后期消费者的概率是$\bar{\lambda}=\dfrac{(\lambda_H+\lambda_L)}{2}$。

表10.1　　区域流动性冲击

	A	B	C	D
S_1	$\lambda_H=0.75$	$\lambda_L=0.25$	$\lambda_H=0.75$	$\lambda_L=0.25$
S_2	$\lambda_L=0.25$	$\lambda_H=0.75$	$\lambda_L=0.25$	$\lambda_H=0.75$
	概率S_1=概率$S_2=0.5$			
	前期消费者平均比重=后期消费者平均比重=0.5			

在时期1所有的不确定性被消除，状态S_1或S_2已显示出来，并且每个消费者均得知自己是前期还是后期消费者。同往常一样，每个消费者的类型是不可观测的，所以后期消费者总可以模仿前期消费者。

在引入银行部门之前，刻画一下风险的最优配置是合适的。

10.2 最优风险分担

266 本节我们刻画作为计划问题（Planning Problem）解的最优风险分担(Optimal Risk Sharing)。既然消费者是事前相同的，很自然可以对称地看待他们。为此，可以设想计划者在做所有的投资和消费决策时，目标是最大化未加权的消费者预期效用之和。

开始，我们假设计划者可以识别前期和后期消费者。目标函数的对称性和凹性以及约束的凸性极大地简化了问题。

● 既然没有总体不确定性，最优消费配置将与状态独立。

● 既然一个地区的消费者与另一地区的消费者于事前是完全一样的，所有消费者都可以被同等地对待。

那么，不失一般性，我们假设每个前期消费者的消费为 c_1，每个后期消费者的消费为 c_2，并且其消费独立于地区及状态。在初始期，计划者在如下的可行约束下选择组合（y，x）$\geqslant 0$：

$$y+x\leqslant 1 \tag{10.1}$$

其中 y 和 $1-x$ 分别是投资于短期和长期资产的人均量。

● 由于在每期提供的消费总量是个常数，在时期 1 通过持有短期资产提供消费是最优的，并且在时期 2 通过持有长期资产提供消费是最优的。

既然前期消费者的平均比重被记为$\bar{\lambda}=\frac{(\lambda_H+\lambda_L)}{2}$，则在时期 1 的可行约束为

$$\bar{\lambda}c_1\leqslant y \tag{10.2}$$

在时期 2 的可行约束为

$$(1-\bar{\lambda})c_2\leqslant Rx \tag{10.3}$$

在时期 0，每个消费者以同等的概率成为前期或后期消费者，所以事前的期望效用为

$$\bar{\lambda}u(c_1)+(1-\bar{\lambda})u(c_2) \tag{10.4}$$

267 这正是计划者寻求最大化的目标，受式（10.1）、式（10.2）和式（10.3）的约束。该约束问题[①]的唯一解是最优配置（First-Best Allocation）。

① 应为约束问题。原文为 unconstrained problem，有误。——译者注

最优配置必须满足一阶条件

$$u'(c_1)\geqslant u'(c_2)$$

否则,可以通过使用短期资产将前期消费者的部分消费转移给后期消费者的方式增大目标函数。因此最优配置自动满足激励约束

$$c_1\leqslant c_2 \tag{10.5}$$

这说明后期消费者将发现，真实表露他们的类型弱优于（Weakly Optimal）装作前期消费者。激励有效配置（Incentive-Efficient Allocation）最大化目标方程（10.4），并受可行约束（10.1）、约束（10.2）、约束（10.3）以及激励约束（10.5）的限制。我们所证明的是激励有效配置与最优配置是相同的。

命题1 最优配置（x，y，c_1，c_2）与激励有效配置等价，所以即使计划者无法观测到消费者的类型，最优配置也可以实现。

例1 为解释最优配置，假设资产回报为 $R=1.5$ 及 $r=0.4$，流动性冲击为$\lambda_H=0.75$及 $\lambda_L=0.25$。前期消费者的平均比重为 $\bar{\lambda}=0.5$，计划者选择 y 以最大化

$$0.5\ln\left(\frac{y}{0.5}\right)+0.5\ln\left(\frac{R(1-y)}{0.5}\right)$$

一阶条件简化为 $y=1-y$，其解为 $y=0.5$，这给出我们最优化的消费组合 $(c_1, c_2)=(1, 1.5)$。

如图10.2，考虑一下计划者在本例背景下如何实现这一消费配置是有益的。由于有0.5的前期消费者和0.5的后期消费者，每个地区在时期1共需要有0.5单位和0.75单位的消费。为了达到这一最优配置，计划者需要在不同区域间转移资源。例如在状态 S_1 下，区域 A 和 C 有0.75的前期消费者，区域 B 和 D 有0.25的前期消费者。每个区域有0.5单位的短期资本，其提供了0.5单位的消费。所以区域 A 和 C 有0.25单位的过量消费需求，而区域 B 和 D 有0.25单位的过量消费供给。通过重新配置 268
消费，计划者可以满足每个地区的需要。在时期2，转移的流向相反，因为区域 B 和 D 各有0.375单位的过量需求，而区域 A 和 C 各有0.375单位的过量供给。

	A	B	C	D
时期 1：				
流动性需求：	0.75	0.25	0.75	0.25
流动性供给：	0.5	0.5	0.5	0.5
转移：	←0.25—		←0.25—	
时期 2：				
流动性需求：	0.25×1.5=0.375	0.75×1.5=1.125	0.375	1.125
流动性供给：	0.25×1.5=0.75	0.75	0.75	0.75
转移：	—0.375→		—0.375→	

图 10.2　在状态 S_1 达到最优配置

10.3　分散化

在本节我们描述最优配置是如何通过竞争的银行部门实现分散的。聚焦于最优的原因有两个。第一个是技术上的，当配置为最优时很容易刻画均衡条件。第二个原因是，通常我们感兴趣的是想知道在何种条件下市场在“起作用”。此时此刻，我们只关心分散化的可行性。

银行的角色是代表消费者进行投资，并为他们面对的流动性冲击提供保险。我们假设只有银行可以投资于长期资产，这使得银行较消费者而言有两方面优势。首先，银行可以持有由两种资产构成的资产组合，它通常要优于那种只包含短期资产的组合。其次，通过聚集大量消费者的资产，银行可以为消费者不确定的流动性需求提供保险，将具有高产出的长期资产的部分收益惠及前期消费者，而不使他们受制于在第二时期提前变现长期资产的高成本。

269 在每个地区有一个相同银行的闭联集，我们主要分析所有银行都采取相同行为的对称均衡。因此，我们可以按照每个地区代表性银行的行为描述分散化的配置。

不失一般性的，可以假设每个消费者将其 1 单位消费品的禀赋存储于所在区域的代表性银行中。银行将禀赋投资于组合（y^i，x^i）$\geqslant 0$，并且作为交换，提供（c_1^i，c_2^i）的存款合同，它使得储蓄者要么在时期1提取 c_1^i 单位的消费品，要么在时期2提取 c_2^i 单位的消费品。注意，存款合同并不依赖于区域 i 的流动性冲击。为了通过分散化的银行部门来达到最优，我们使（y^i，x^i）=（y，x），并且（c_1^i，c_2^i）=（c_1，c_2），其中（y，x，c_1，c_2）为最优配置。

这一方法的问题在于，当投资组合在时期0满足银行的预算约束 $y+x\leqslant 1$ 时，它不会满足时期1的预算约束。计划者可以在区域之间转移消费，所以他只需满足平均约束 $\bar{\lambda}c_1\leqslant y$。另一方面，代表性银行不得不面对在其区域中前期消费者的比重高于平均水平 $\lambda_H>\bar{\lambda}$ 的可能性，这种情况下它将需要多于 y 的数量来满足前期消费者的需求。这一过量需求可以通过变现部分长期资产得到满足，但这样的话就不会有足够的消费来满足后期消费者在时期2的消费。事实上，如果 r 足够小，银行甚至可能无法支付消费者 c_1。于是后期消费者将会选择在时期1取款，并将消费品储存至时期2，由此引起银行挤兑。

总体上并不存在流动性短缺，只是分布得太糟糕而已。一种克服流动性分布不均的方法便是引入银行间储蓄。使用例1的数据，我们首先考虑，当存在银行间关系的完全网络时，利用银行间储蓄实现最优的逻辑，然后考虑不完全的关联网络的情形。

例2（完全网络） 假设银行间网络是完全的，并且所有银行可以在第0期交换储蓄，图10.3对此做出了说明。每个区域与其他两个区域负相关，这些存款的回报对所有消费者完全相同。在时期0的1单位存款，银行可在时期1提取1或在时期2提取1.5。我们感兴趣的是最优配置是如何实现的。假设每个银行持有的组合(y，x)为（0.5，0.5），如果区域 i 的每家银行在各个 $j\neq i$ 的地区持有 $z^i=(\lambda_H-\bar{\lambda})/2=0.25/2=0.125$ 的存款，那么无 270

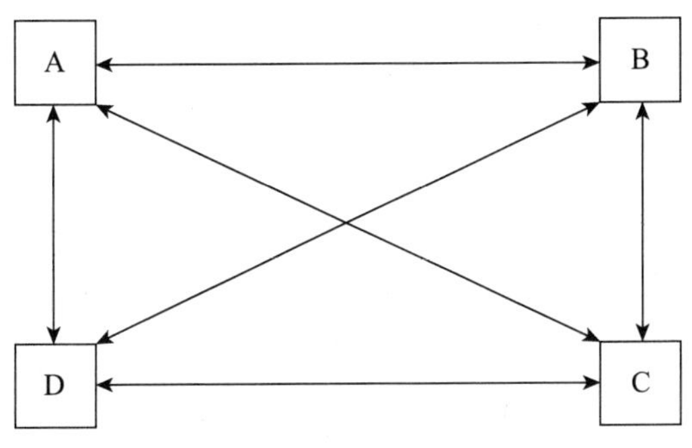

图10.3 完全网络

论是状态 S_1 还是 S_2 发生，它们都有能力为储蓄者提供最优配置。在时期 1 状态 S 已被观察到，银行必须调整其组合来满足预算约束。若某一地区具有高流动性需求 $\lambda^i=\lambda_H=0.75$，它将变现存于其他地区的储蓄。另一方面，若该地区具有低流动性需求 $\lambda^i=\lambda_L=0.25$，它将继续持有存于其他地区的储蓄直至末期。

假设状态 S_1 发生，考虑地区 A 一家银行的预算约束，如图 10.4 所示，该地区具有高流动性冲击。首先应注意的是，该银行存于区域 C 某银行的 0.125 单位的存款，由于区域 C 也面临高需求冲击，从而与区域 C 存于该地区的 0.125 单位的存款相互抵消。并且区域 A 的该银行必须在其所在区域，对比例为 $\lambda_H=0.75$ 的前期消费者支付 $c_1=1$ 从而总量为 0.75 的消费。而在分类账的另一方，该银行具有 0.5 单位的短期资产并在区域 B 和 D 持有 $2\times 0.125=0.25$ 的存款，因此它具有足够的资产去平衡负债。对区域 C 某银行的分析与此完全相同。

时期 1:

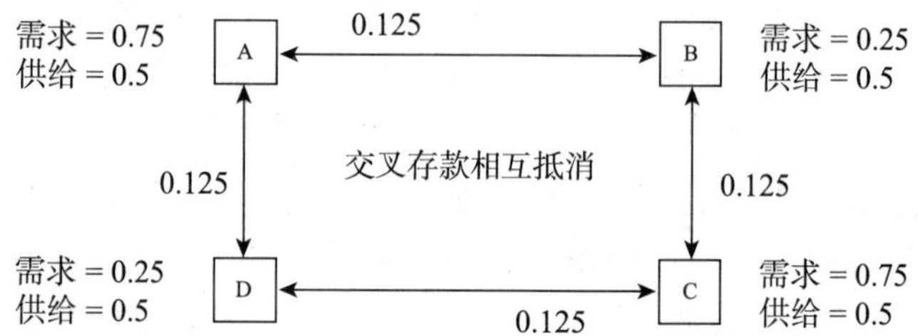

时期 2:

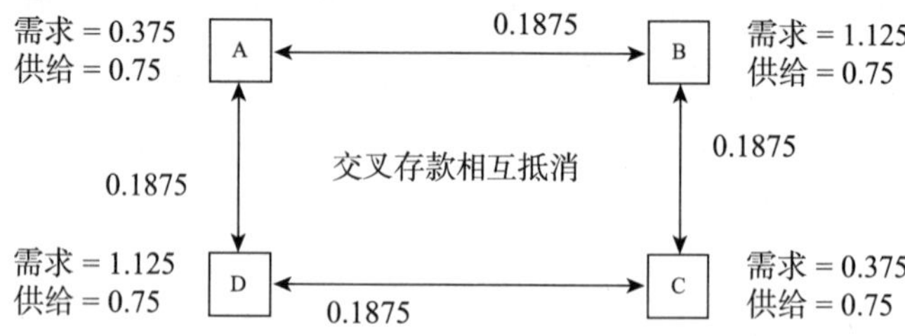

图 10.4　状态 1 中完全网络结构下银行间的资金流动

接下来考虑具有低流动性需求的区域 B 的某家银行，它必须从其自有存款中向比例为 $\lambda_L=0.25$ 的消费者支付 $c_1=1$，并兑现高流动性需求区域 A

和 C 总共 $2\times0.125=0.25$ 单位存款的赎回。它拥有 0.5 单位的短期资产来满足这些需求，因此资产多于负债。同样的分析也适用于区域 D 的某家银行。

在时期 2，所有银行清算其剩余资产，并从图 10.4 中可知它们有足够的资产来偿还负债。首先考虑在区域 A 或 C 的一家银行，它必须在其所在区域为比例 $1-\lambda_H=0.25$ 的后期消费者①支付 $c_2=1.5$ 从而总量为 0.375 单位的消费，同时区域 B 和 D 的银行对其有 $2\times0.125\times1.5$ 的债权，因此对它的索求总量为 0.75。而在账本的另一侧，它有 $1-y=0.5$ 单位的长期资产从而给予它 $0.5\times1.5=0.75$ 的回报。因此它有足够的资产变现负债。同样的分析对于区域 C 的某银行也成立。

B 和 D 地区的银行必须从其存款中各自对比例为 $1-\lambda_L=0.75$ 的人做出 $c_2=1.5$ 的支付，因此它们的负债总额为 $0.75\times1.5=1.125$。就资产而言，它们有 0.5 单位的长期资产，并给予它们 $0.5\times1.5=0.75$ 的回报，在区域 A 和 C 银行中的存款价值为 $2\times0.125\times1.5=0.375$，所以其总资产为 271
$0.75+0.375=1.125$，与负债刚好持平。

因此，通过利用银行间网络在不同区域间挪动储蓄，银行有可能在每个时期 $t=0$，1，2 及在每种状态 S 下满足预算约束，并通过标准存款合约为储蓄者提供最优消费配置。

例 3（不完全网络） 上节中银行间网络为完全的是从区域 i 的银行可以在其他每个 $j\neq i$ 的区域持有存款的意义上来说的。某些情况下，这并不现实。银行部门通过多种方式相互关联，但交易和信息成本也可能阻止它们获取偏远地区银行的债权。从某种程度上讲，银行在特定商业领域进行专业化，或者与在同一地理或政治单元里经营的银行有更紧密的联系，因此储蓄倾向于集中在"临近的"银行。为捕获这一在下文中至关重要的效应，我们通过假设在区域 i 的银行只能持有某些但不是全部其他区域的存款的方式引入不完全银行网络的概念。具体的，如图 10.5，我们假设每个区域的 272
银行只能持有一个临近地区的存款。也就是说区域 A 的银行可以在区域 B 持有存款，区域 B 的银行可以在区域 C 持有存款，依此类推。

这一网络结构再一次允许银行实现最优配置。本例与先前的主要区别在于，不是在两个银行存储 0.125，而是每家银行在一个银行中存储 0.25。于是时期 1 和时期 2 的转移在图 10.6 中给出。

① 应为后期消费者，原文为 early consumers，有误。——译者注

图 10.5　不完全网络结构

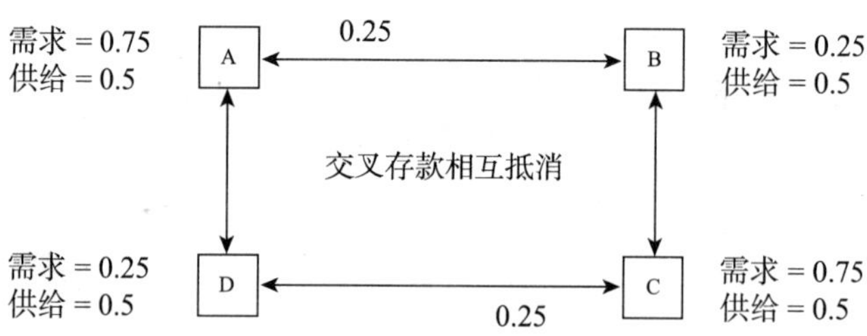

图 10.6　状态 S_1 中不完全网络结构下银行间的资金流动

图 10.5 中网络结构的一个有趣的特点是，尽管每个区域对流动性的需求仅依赖于其邻居，但整个经济是关联的。区域 A 在区域 B 中持有存款，
273 后者又在区域 C 中持有存款，等等。事实上，在给定了假设的网络结构下，这是不可避免的。考虑图 10.7 这样一个备择的网络结构，区域 A 在区域 B 持有存款的同时，区域 B 也在区域 A 持有存款。同样地，区域 C 在区域 D

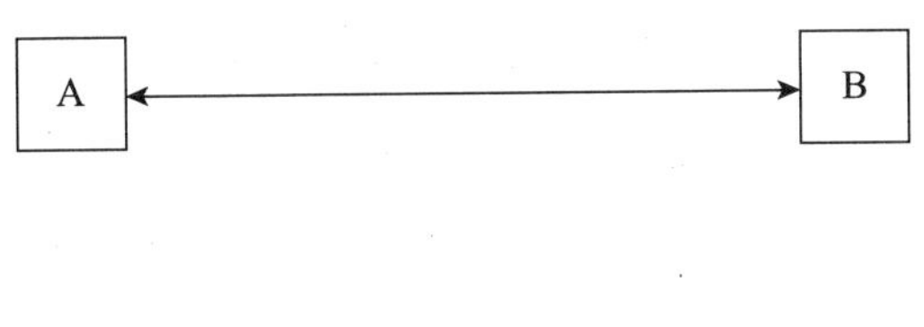

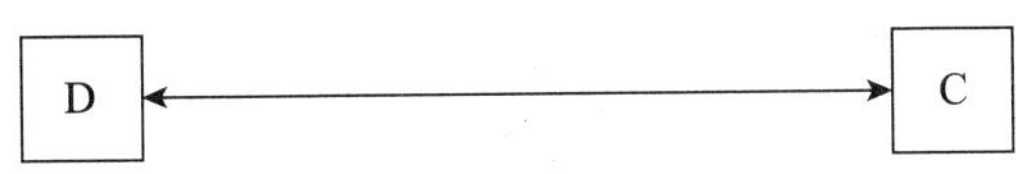

图 10.7 分离的不完全网络

持有 1 单位存款的同时，区域 D 也在区域 C 持有 1 单位存款。该网络结构比
图 10.2 中的更不完全，并且图 10.5 的资产结构也与之不相容。不过通过图
10.8 的持有形式仍有可能实现最优。尽管由于区域 A 与 B 相互贸易但不与 274
区域 C 和 D 相互来往，区域 C 和 D 相互贸易但不与区域 A 和 B 相互来往，
从而经济被分割开来，但最优配置仍可达到。再一次的，就实现最优配置
来讲，这些形式似乎无关紧要，但在传导方面却有天壤之别。

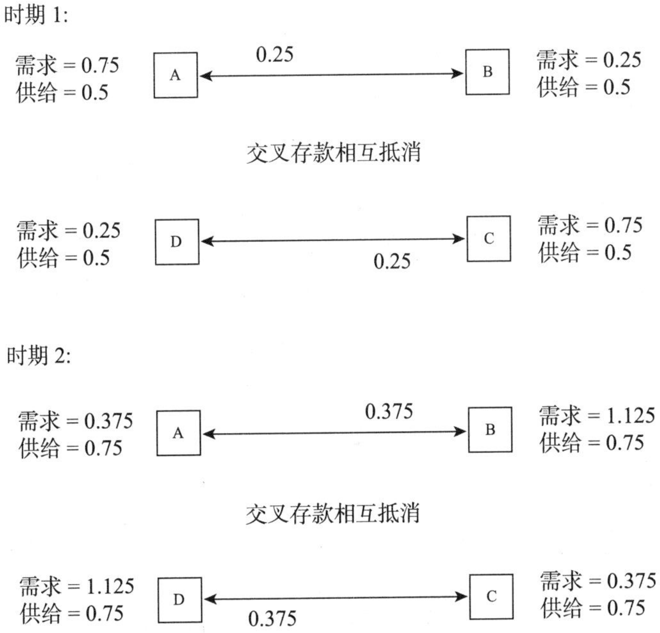

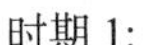

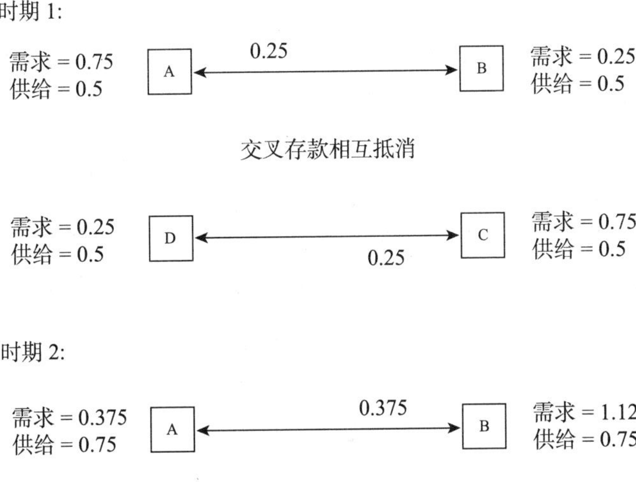

图 10.8 状态 S_1 下分离不完全网络的银行间资金流动

10.4 传　导

为解释小冲击如何引致大效应，我们使用第 10.3 节的分散化的结果。然后对模型施加干扰，使得状态 $\bar{S}$ 下发生流动性的总需求超过系统的流动性供给能力，并证明这可能导致整个经济体的危机。

假设网络结构由图 10.5 给出，相应分配要求每家银行持有初始投资组合（y，x），并提供存款合约（c_1，c_2），其中（y，x，c_1，c_2）为最优配置。为使得这一存款合约可行，每个地区的代表性银行在邻近区域持有 $z=0.25$ 的存款。注意，z 是满足预算约束的最小值。我们将在下面说明，更高的交叉存款持有量，尽管它与第 10.3 节的最优配置相一致，也将会使得传导问题变得更糟。

现在，让我们将配置视为给定，考虑对模型施加干扰会发生什么。借助于干扰，我们意在说明，在时期 0 状态 $\bar{S}$ 的实现被赋以 0 概率，并具有与以正概率发生的状态非常接近的流动性需求。具体的，表 10.2 说明了流动性冲击。在状态 $\bar{S}$，每个地区都有先前的平均流动性需求 $\bar{\lambda}$，但区域 A 例外，其流动性需求稍高一点，为 $\bar{\lambda}+\varepsilon$。一个重要的事实是，整个四个区域的平均流动性需求比正常状态 S_1 和 S_2 稍高一些。既然非正常状态 $\bar{S}$ 发生的概率可
275 以忽略不计（在极限处，概率为零），它并不改变在时期 0 的配置。在状态 S_1 和 S_2 下，连续均衡（Continuation Equilibrium）在时期 1 与先前是一样的；在状态 $\bar{S}$ 下连续均衡则不相同。

表 10.2　　**扰动下的区域流动性冲击**

	A	B	C	D
S_1	$\lambda_H=0.75$	$\lambda_L=0.25$	$\lambda_H=0.75$	$\lambda_L=0.25$
S_2	$\lambda_L=0.25$	$\lambda_H=0.75$	$\lambda_L=0.25$	$\lambda_H=0.75$
$\bar{S}$	$\bar{\lambda}+\varepsilon=0.5+\varepsilon$	$\bar{\lambda}=0.5$	$\bar{\lambda}=0.5$	$\bar{\lambda}=0.5$

在时期 1 开始的连续均衡中，消费者将对时期 1 或时期 2 取款做最优化决策，并且银行将变现其资产以力图满足其存款者的取款需求。前期消费者总会在时期 1 取款；后期消费者在时期 1 还是时期 2 取款，则取决于何时给予他更高的消费量。因为我们把焦点放在本质银行危机（Essential Bank

Crises）上，所以我们假设只要时期 2 取款（弱）优于时期 1 取款，后期消费者便总会在时期 2 取款。银行必须兑现给时期 1 需要取款的储蓄者 c_1 单位消费的许诺，如果无法做到，则必须在时期 1 清算其资产，清算收益以通常的方式在存款人之间按比例分配。如果银行在时期 1 兑现了许诺，那么其剩余资产将在时期 2 变现，并给予一直等到时期 2 取款的储蓄者。在本节剩余部分，在假设行动与时期 0 的最优配置相一致的情况下，我们将描述时期 1 状态 $\bar{S}$ 下的连续均衡。

10.4.1　变现的“融资排序”

在时期 1 银行会发现其身处三种情形之一。如果仅使用其流动性资产——短期资产和在其他地区的存款——便能满足每位想要取款的存款者（包括其他地区的银行）的需求，则该银行是有偿付能力的（Solvent）。如果银行只能通过变现其部分长期资产才能满足存款者的需求，则该银行是无偿付能力的（Insolvent）。最后，如果银行变现其所有资产仍不能满足存款者的需求，则该银行破产（Bankrupt）。

以上定义由这样一个假设所推动，即银行在时期 1 总会按某种特定次序变现资产，我们称其为资产变现的“融资排序”（Pecking Order），并且遵循：首先，银行变现短期资产，然后变现储蓄存款，最后是长期资产。为保证长期资产在最后清算，我们需要一个额外的假设：

$$\frac{R}{r}>\frac{c_2}{c_1} \tag{10.6}$$

该假设始终贯穿于下文。由于最优消费配置（c_1，c_2）独立于 r（该变量并不出现在第 10.2 节的最优问题中），我们总可以选择 r 使之足够小来保证条件（10.6）得到满足。可以看出在我们的例子中条件（10.6）是满足的， 276
因为 $R/r=1.5/0.5>1.5/1=c_2/c_1$。

三种资产具有不同的以远期（时期 2）消费来度量当期（时期 1）消费的成本。最便宜的是短期资产，1 单位短期资产与 1 单位今天的消费相等，若再投资于短期资产，它与明天 1 单位消费的价值相等。类似的，通过变现 1 单位储蓄，银行放弃 c_2 单位远期消费来获取 c_1 单位现期消费，所以变现储蓄以获取流动性的成本为 c_2/c_1。从一阶条件 $u'(c_1)=Ru'(c_2)$ 中，我们得知 $c_2/c_1>1$。最后，通过变现长期资产，银行放弃 R 单位远期消费而获取 r 单位现期消费，因此变现长期资产以获取流动性的成本为 R/r。因此，我们得出了融资排序，短期资产，储蓄存款，长期资产：

$$1<\frac{c_2}{c_1}<\frac{R}{r}$$

为最大化存款人的利益，银行必须在变现短期资产后才能变现在其他区域的存款，在变现了储蓄存款后才变现长期资产。

前述分析假设吸收存款的银行并未破产，破产要求破产机构的所有资产被立即清算且收益分配给存款人。所以前述分析只适用于非破产银行的存款。

10.4.2 变现价值

如果银行不破产，在时期 1 存款的价值为 c_1；但若银行破产，它便等于所有银行资产的变现价值。记 q^i 为时期 1 代表性银行在区域 i 存款的价值。如果 $q^i<c_1$，那么所有存款人将会在时期 1 尽可能多地取出存款。特别的，其他地区的银行将会争相取出在该银行的存款，同时该银行也会尽力赎回在这些银行中的债权。所有的存款人被同等地对待，也就是说，每个存款人——无论他是消费者抑或是来自另一区域的银行——均为其在初始期的 1 单位投资而从银行中取得 q^i。于是 q^i 的价值必须被同时决定。例如，考虑区域 A 的代表性银行，如果所有的存款人取款，总需求将会是 $1+z$，因为
277 银行在区域 D 持有储蓄 z，而区域 A 的消费者持有储蓄 1。银行负债的价值为 $(1+z)q^A$，该资产由 y 单位短期资产，x 单位长期资产和在区域 B 的 z 单位储蓄构成。该资产的价值为 $y+rx+zq^B$。q^A 和 q^B 的均衡价值必须使资产和负债的价值相等：

$$q^A=\frac{y+rx+zq^B}{1+z} \tag{10.7}$$

对于任意区域 i，只要 $q^i<c_1$，一个类似的公式必定成立。

如果 $q^B=c_1$，则可以利用这一公式计算 q^A 的价值；但如果 $q^B<c_1$，则我们需要另外的方程决定 q^B，并且该方程将包括 q^C 的价值，等等。

10.4.3 缓冲与银行挤兑

银行可以满足时期 1 的某一过度流动性需求，我们称其为缓冲（Buffer），即在尚未陷入挤兑下变现长期非流动性资产。为说明这是如何得以运作的，考虑如图 10.5 中存在不完全网络结构时状态 $\overline{S}$ 下会发生什么事情的

一个例子。

例 4　$\varepsilon=0.04$

在此情形下遵循表 10.2，前期和后期消费者的比重如下。

	前期消费者	后期消费者
银行 A 客户比例	0.54	0.46

既然银行许诺 $c_1=1$，它必须给出 0.54 单位的消费，为实现这一点它按融资排序顺次进行。

（Ⅰ）为满足 0.54 中前 0.5 单位的流动性需求，它变现所持有的短期资产 0.5。

（Ⅱ）它需要更多的流动性，所以下一步调入其存于银行 B 的存款。从表 10.2 可知，在状态 $\overline{S}$ 下银行 B 面对来自其前期消费者的 0.5 的流动性需求，它利用短期资产收益 0.5 来满足此需求。当银行 A 要求调入其在银行 B 的存款时，银行 B 步入其融资排序的第二项，并从银行 C 调入存款。银行 C 与银行 B 的情形相同，因此银行 C 从银行 D 调入存款，而后者转过来要从银行 A 调入存款。所以总的来说，银行 A 就提升流动性而言并未获得改 278
善。它拥有 0.25 单位额外的流动性资产，但同样也有来自银行 D 的 0.25 单位额外的流动性需求。

（Ⅲ）银行 A 进入其融资排序的第三项，即变现其持有的长期资产。由于 $r=0.4$，并且它需要 0.04，因此它必须变现 $0.04/0.4=0.1$。

短期资产的应用和 0.1 单位长期资产的变现意味着银行 A 有能力满足其负债。它仍剩有 $0.5-0.1=0.4$ 单位的长期资产。在时期 2 从长期资产的持有中可获益 $0.4\times1.5=0.6$，并可以分配 $c_2=0.6/0.46=1.30$ 给后期消费者。由于这大于他们装作前期消费者可以获得的 $c_1=1$，因此不存在银行挤兑。流动性需求增加仅有的效果只是减少了银行 A 后期消费者的消费，因为它不得不变现其部分缓冲。

例 5　$\varepsilon=0.10$

接下来考虑流动性冲击更大的情况下会发生的事情。此时，前期和后期消费者的比例如下。

	前期消费者	后期消费者
银行 A 客户比例	0.6	0.4

事情的结果与此前一样，银行 A 沿着融资排序进行，只不过此时它额外需要 0.1 单位的流动性，因此必须变现 0.1/0.4=0.25 的长期资产。在时期 2 它将剩有 0.5－0.25=0.25 的长期资产，这将产生 0.25×1.5=0.375 的支付，银行将分配 $c_2=0.375/0.4=0.94$ 给后期消费者。由于这一配置小于他们装作前期消费者可以获得的 $c_1=1$，因此将会有银行挤兑。

在银行 A 的挤兑中所有存款者，包括银行 D，将取款并承受损失，这对银行 D 也有溢出效应。关键问题是是否存在传导从而导致银行 D 也走向破产。

假设起初没有传导，并且特别的，银行 A 在银行 B 的存款债权价值为 0.25。我们将简要地检验一下这一假设是否与每个人收到的相一致。使用（10.7）式可得银行 A 的按比例清偿价值（Pro Rata Claim）为

$$q^A=\frac{0.5+0.5\times0.4+0.25}{1.25}=0.76$$

279 这意味着银行 D 的 0.25 存款债权价值 0.76×0.25=0.19。它有来自储蓄者的 0.5 单位的债权，银行 C 的 0.25 的存款债权，总共为 0.75。由于源自其持有的短期资产和在银行 A 持有的存款的总流动性为 0.5+0.19=0.69，它们需要利用缓冲，并变现足够多的长期资产来给予它们 0.75－0.69=0.06。它们必须变现的长期资产总量为 0.06/0.4=0.15，银行 D 因此剩余 0.5－0.15=0.35 的长期资产，于是在时期 2 可从长期资产的持有中获益 0.35×1.5=0.525，并可以给后期消费者分派 $c_2=0.525/0.5=1.05$ 的消费。由于这高于他们装作前期消费者可获得的 $c_1=1$，因此银行 D 不存在挤兑，并且没有传导。

注意，即便 ε 变得更大，仍不会有传导。银行 A 破产，无论其存款人为前期消费者抑或是后期消费者均得到 0.76。为使得传导出现，我们需要让 R 低于 1.5，此时银行 D 才会出现挤兑。这正是接下来我们要考虑的情况。

例 6　$\varepsilon=0.10$，$R=1.2$

例 6 与例 5 是一样的，差别仅在最后一步。在时期 2，银行 D 从长期资产的持有中获得的不是 0.35×1.5=0.525，而是 0.35×1.2=0.42。它将给后期消费者分派 $c_2=0.42/0.5=0.84$，这低于他们认为装作前期消费者可以得到的 $c_1=1$，因此银行 D 会有挤兑，并由此出现了传导。对银行 C 和 B 的分析与银行 D 完全相同，因此所有银行都破产。

在传导均衡（Contagion Equilibrium）中所有银行破产并清算，所以对所有的 $i=A$，B，C，D 有 $q^i=q$，使用（10.7）式，我们有

$$q=\frac{0.5+0.5\times0.4+0.25\times q}{1.25}$$

求解 q 得

$$q=0.7$$

因此所有储蓄者获得 0.7，并且福利低于无传导下的情形。

显然只要 R 足够低便总会有传导。事实上，一旦 $0.35\times R<0.5$ 或等价的 $R<1.43$ 便会有危机传导。

命题 2　考虑由图 10.5 描述的网络结构，对模型通过增添零概率状态 $\bar{S}$ 施加干扰。假设每家银行选择投资组合（y，x，z），提供存款合约（c_1， 280
c_2），其中（x，y）是最优投资组合，（c_1，c_2）是最优消费配置，并且 $z=(\lambda_H-\bar{\lambda})$。如果流动性冲击 $\varepsilon>0$ 足够大，并且 $R>1$ 足够低，那么在任何连续均衡中，所有地区的银行都将在时期 1 状态 $\bar{S}$ 下破产。

我们已通过一个数值例子阐述了该命题，而对这一命题更正式的阐述可参见艾伦和盖尔（2000）的论述。

10.4.4　多区域

到目前为止，我们只考虑了 A、B、C 和 D 四个区域的情形，尽管如此，从上述例子中的最后一步可以发现不管有几个区域都将会有传导。当银行 D 破产，所有其他区域也会破产。同样的结论对于成千上万的区域都成立。因此，即便初始冲击只在一个可能是经济中任意小的区域发生，仍可以导致所有区域的银行破产。这就是为什么传导的破坏性可以如此之大。

命题 3　命题 2 在无论有多少个区域的条件下均成立。

10.5　稳健性

网络的不完全性对于传导结果来说是重要的。在我们所考虑的如图 10.5 的网络下，上一个例子可以证明具有传导，如果网络如图 10.3 那样是

完全的，便没有传导。关键差别在于完全网络下，每家银行在另外两家银行中储存 0.125，而非在一家银行中储存 0.25。

例 7　$\varepsilon=0.10$，$R=1.2$

分析与前面一样，除了当我们考虑是否会有传导发生时。银行 B 和 D 在银行 A 的 0.125 的存款债权现在价值 $0.76\times0.125=0.095$。银行 B、C 和 D 有来自前期消费者的总共 0.5 的要求权，以及在他们当中持有存款的三家银行 0.125 的要求权。它们有 0.5 的流动性来自短期资产，有 0.125 来自两笔存款以及 0.095 来自于银行 A 的存款。它们需要变现足够多的长期
281 资产以筹集 $0.125-0.095=0.03$。给定 $r=0.4$，变现数量为 $0.03/0.4=0.075$，因此它们剩有 $0.5-0.075=0.425$ 的长期资产，在时期 2 从长期资产的持有中将获取 $0.425\times1.2=0.51$，于是可以向后期消费者分派 $c_2=0.51/0.5=1.02$。这高于他们装作前期消费者时可以获取的 $c_1=1$，因此银行 B、C 和 D 不存在挤兑，也没有传导。

完全网络情况下不存在传导的原因是资产的变现分布于更多的银行间，因此有更多的缓冲来吸收冲击。这意味着银行并未触及与银行挤兑相关的突变点（Discontinuity），在该点上所有的银行资产以一个明显的损失被清算，结果便没有传导。在例子中我们已对此有所解释，艾伦和盖尔（2000）证明了在更广泛的条件下类似结论仍然成立。与不完全网络相比，完全网络更不容易导致传导。

10.6　遏制（Containment）

第 10.4 节分析的传导案例中的关键因素是任意两个区域由重叠银行负债链相联结。区域 A 银行持有区域 B 银行的债权，后者又依次持有区域 C 银行的债权等等。如果我们在某点将链条剪断，从区域 A 一个微小的冲击开始的传导就可以被控制在区域集合的一个子集中。

考虑图 10.7 的不完全网络结构以及如图 10.8 所示能够实现的最优配置。这一配置要求区域 A 和 B 的银行相互持有债权，并且区域 C 和 D 的银行相互持有债权，但区域 $\{A, B\}$ 和区域 $\{C, D\}$ 之间没有关联。如果状态 $\bar{S}$ 发生，过度流动性需求会在区域 A 导致破产并会扩散到区域 B，但再没有扩散得更远的理由了，区域 C 和 D 的银行并不与区域 A 和 B 的问题银

行相关联。

比较一下到目前为止我们所考虑过的三种网络结构，图 10.3 中的完全网络，图 10.5 中的不完全网络，以及图 10.7 的分离网络结构，可以发现在完全或不完全网络以及状态 $\bar{S}$ 下金融危机严重程度之间存在非单调性。图 10.3 的完全网络结构下危机被限定在区域 A，图 10.5 的网络结构下危机扩 282
展到所有区域，而在图 10.7 的结构下危机被限定在区域 A 和 B。

可以证明网络结构并不具有单调排序：完全网络确实包含其他两者，但图 10.7 中的网络路径并非图 10.5 中网络的子集。这可以通过增加通往图 10.2 的路径来改变，但这样的话图 10.7 的均衡也将成为图 10.5 的均衡。这提出了显而易见但却相当重要的一点，即传导依赖于金融债权的内生形式。如图 10.5 那样的不完全网络结构可能排除了某种金融关联的完全形式并因此促成了金融传导；但一个完全的网络结构并不意味着截然相反：即便在完全网络下也存在引致传导的重叠债权的内生选择。事实上，到目前为止所考虑到的三个均衡均与完全网络结构相一致。完全网络结构下经济仍存有其他均衡。就像目前所考虑到的这三个，它们在状态 S_1 和 S_2 上达到最优，但在未预期到的状态 $\bar{S}$ 下具有不同程度的金融脆弱性，取决于区际的存款持有形式。

那么，图 10.5 中网络结构的重要性就在于，助长传导可能性的区际存款交叉持有形式是唯一与这一网络结构相一致的东西。既然我们感兴趣的是作为一种本质现象的传导，这一网络结构起着特殊的作用。相比而言，完全网络经济具有传导均衡和非传导均衡，因此为传导的可能性提供了较弱的条件。

10.7　讨　论

传导的存在依赖于一些条件，首先便是金融关联性采取的是时期 0 签署事前债权的形式。银行间贷款网络的运营是件好事情，原因在于它允许流动性的再分配，但当存在流动性需求水平的总体不确定性时，这种关联性会导致传导。合同是存款债权是不重要的，相同的结论对于或有合同或自由合同（Contingent or Discretionary Contracts）同样适用，因为银行间债权结出净值（Net Out）。事前合同将总会结出净值。外溢和传导发生是因为临近区域的资产价值下降，而非合同形式，从这方面讲银行间网络的运营与零售市场有很大的不同。

283 注意，如果存在一个事后的贷款市场从而合同是在时期 1 而非时期 0 签订的，那便可实现期望的流动性配置却不会有传导。没有传导的原因在于事后市场的利率必须弥补贷款人变现资产的成本，但同时在这一利率下借入是不值得的。尽管如此，还是存在犹如逆向选择和“扼制”问题（“Hold-up” Problem）这类事后市场通常遇到的困难。如果长期资产具有风险回报，那么事后市场也不会是最优选择。

为保留可塑性，我们极大地简化了问题。特别的，通过假设状态 $\overline{S}$ 以零概率发生，由于银行间存款以及由此导致的配置仍然有效，我们保证了银行的行为是最优的。当 $\overline{S}$ 以正的概率发生时，这一权衡（Trade-offs）变得更复杂了，尽管如此，只要风险分担的利益足够大，银行间储蓄仍会是最优的，并且这种关联性会导致传导的可能性（低概率）。当 $\overline{S}$ 以正概率发生时银行可以通过持有更多的流动性资产来避免挤兑，尽管这在状态 S_1 和 S_2 下存在成本。若 $\overline{S}$ 的概率足够小，这一成本便不值得承担，而承担传导的风险则是更好的选择。

本章的焦点为金融传导是均衡的本质特征。我们并不依赖包含多个均衡的论据，相反，目的在于证明在某些条件下，时期 1 的每个连续均衡都显示出金融传导。尽管如此，模型中存在多个均衡，并且如果有人愿意的话，可以利用均衡的多重性将金融传导解释为太阳黑子现象。

简单起见，我们假设长期资产具有非随机回报，但长期资产具有风险的假设更加现实。在本书中多处，比如第 3 章关于金融中介的论点中，我们已看到当长期资产具有风险性时，正是关于远期回报的利空消息（Negative Information）引发银行挤兑的。在当前框架下，长期资产回报的不确定性既可以促进区际存款的跨期持有，也可引起资不抵债或银行破产。结果应当是相似的，对结果来说重要的在于，区域间的这种金融关联性采取的是一个区域的银行持有另一区域银行的债权的形式。

本章中我们已证明某一地区或银行的微小冲击会挫伤整个银行系统，而无论这一系统相对于冲击有多庞大，这一问题的关键在于银行间存款的网络结构，若关联性的渠道变窄，则传导更容易爆发。显然，交易成本意味着
284 每家银行对所有其他银行开立一个账户，从而网络变为完全的做法代价太过高昂。尽管如此，一个低成本的等价做法是，设立与其他每家银行均有联

系的中央银行。该理论因此提供了关于中央银行的理论基础。

10.8　应　用

本节我们试图弥合前面几节发展的理论与经验应用之间的差距。我们所展示的模型勾勒出了一个虚构的并高度简化的环境，在这个环境中发生于一个地区的微小冲击可以传递到其他地区的机制得以展现。这一结果依赖于很多假设，其中一些限制性很强，另外一些则是为分析易于驾驭而作。在任何情形中，模型都与政策制定者所运作的真实世界相去甚远。但是，尽管模型只是提供了整个金融体系的一个极为简化的图景，其基本思想仍可被应用于实际数据，并为真实经济中的传导提供前景显示。这一方面已有一些研究，使用的是不同国家的数据。厄珀（Upper，2006）中含有这类文献的一个极好的综述。在此我们从一个特定的清晰例子开始，它将有助于阐述实际中可做些什么。

10.8.1　厄珀和沃姆斯

在一篇重要研究中，厄珀和沃姆斯（Upper and Worms，2004）——记为 UW——使用银行间存款数据模拟德国金融体系中银行间传导的可能性。UW 模型十分简单，存在有限数量的银行并标记为 $i=1$，…，n，每家银行具有的资本水平记为 $c_i \geqslant 0$。对任意一对银行（i，j），以 $x_{ij} \geqslant 0$ 表示银行 i 对银行 j 的债权价值，该债权可能代表在银行 j 的存款或对银行 j 的贷款抑或是两者兼而有之。c_i 和 x_{ij} 即为代表着银行间关系的数据并被用作传导分析的基础。

在传导过程中起重要作用的其他参数是损失比率 θ。当银行破产时，其资产将被清算以偿付债权人。通常，该资产会低于账面价值出售，至于资 285
产为何减价出售，理由众多且众所周知。一些潜在的买者或许极为看重这些资产，也许是由于缺乏流动性的缘故而未能投标；或者是资产出售的太仓促，有些买家尚未做好出价准备，结果导致了非竞争性的资产市场，从而某些买家在公平价值之下拍走了资产。当然，也存在不对称信息的问题，若潜在买者关于资产质量具有有限信息（有些银行资产，比如贷款，是出了名的难以估价），出于对逆向选择的担心将会导致买者在其出价中包含一个

“次品”折扣（“Lemons” Discount）。资产减价出售的部分损失将在银行资本中被吸收掉，但也可能损失过于巨大以至于资产的清算价值低于银行的负债价值。这种情况下部分损失将被分摊到债权人身上，他们仅得到其拥有的一部分而已。损失比率 θ 度量了债权人由于清算损失的债权比率。

传导过程始于某一单个银行的破产。如果损失比率为正，所有债权人会在破产银行的债权上损失一个正的比率。若这一损失足够大，部分受影响的银行可能破产。这是第一轮传导。这些新破产的银行会对它们的债权人产生类似效果，其中一些会在第二轮中破产。这种效应一轮一轮地进行下去，传导最终蔓延到整个金融部门。这一传导的递归性描述说明了源自单个银行破产的传导程度的一个算法。

算法的第一步是将给定银行的破产视作给定，并计算其对债权人银行的影响。假设银行 j 破产并且银行 i 是银行 j 的债权人，银行 i 对银行 j 的债权为 x_{ij}，并且其 θ 比例已经损失，所以银行 i 遭受的损失是 θx_{ij}。如果损失低于银行 i 的资本 c_i，银行可以把损失吸收掉，尽管其资本将有所减损。但是，如果损失高于银行的资本价值，银行资产被降低到低于其负债的水平。当资不抵债时，银行无变现能力且必须宣布破产。所以当且仅当损失 θx_{ij} 大于资本 c_i 时，银行 j 的破产会导致银行 i 的破产：

$$\theta x_{ij} > c_i.$$

满足这一不等式的银行构成了始于银行 j 破产的第一轮传导。

286 以 I_1 表示在第一轮传导中破产的银行 i 的集合，包括最先破产的银行 j。银行 j 的破产通过传导波及集合 I_1 中的所有银行，但传导并未到此为止。并未由银行 j 的初始破产而导致破产的银行，现在可能会因为 I_1 中银行的破产而破产。假设 i 不属于 I_1，对 I_1 中的每个 j，银行 i 损失 θx_{ij}，所以其总损失为 $\sum_{j\in I_1}\theta x_{ij}$。所以银行 i 会在我们所说的第二轮当中破产，当且仅当

$$\sum_{j\in I_1}\theta x_{ij} > c_i$$

记 I_2 为在第二轮中破产的银行的集合，加上 I_1 中所含有的银行。我们可以以这种方式一轮一轮地计算下去，直至破产银行集合收敛。以 I_k 表示在第 k 和之前几轮中破产的银行。由于银行数量有限，经过有限期次之后传导必定终结，从定义中很容易看出如果 $I_k = I_{k+1}$，那么对于任意 $\ell > 0$ 都

有$I_k = I_{k+\ell}$。

有趣的问题是传导会走多远。有多种方式测算传导程度。UW 报告了多种测算，包括破产银行的总数以及破产银行的资产百分比。传导程度的估计过程如下：任选一银行 i 并假设其破产，计算由于银行 i 破产而将要破产的银行集合（如上所描述的过程），对起始银行 i 的每种可能选择重复这一过程。传导程度即是，比如说破产银行总数或破产银行资产比重与所有初始值 i 之比，这类相关度量的最小上界。换言之，我们选择初始的破产银行来最大化传导度量，并称这一最大值为传导程度。

这种分析所需要的完全分解形式（Disaggregated Form）的数据无法获得，所以 UW 不得不用部分聚合数据（Partially Aggregated Data）来近似。德国的银行需要向德国联邦银行（德国央行）提交月度平衡表，其中汇报了依据合约对方是外国或国内银行，建房协会（Building Society）或德国央行分类的银行间贷款或存款。储蓄银行和合作银行需要额外报告其合约对方究竟是直接转账机构（Giro Institution）还是合作中心银行（Cooperative Central Bank）。所有的银行也要将其贷款划分为 5 个到期等级（Maturity Categories）。不要求报告的是银行间的实际双边头寸，该信息需要从单个银行所汇报的总值中插补。尽管如此，银行间贷款和存款的多种类别的划分使 UW 得以构建许多相应于不同类型银行在不同到期类别的矩阵。由于我 287
们最终只关心双边贷款的总量，如果我们可以直接观测到双边敞口（Bilateral Exposure），那么这些计算便没有太大意义。由于我们观测不到双边敞口，单个银行贷款损失的额外信息在估算未观测到的双边敞口中是有用的。UW 使用了一种复杂的递归算法，其中用每家银行在每种类别（由合约对方类别和成熟期定义）中贷出和借入之和，来估算这些类别的双边敞口。通过将这一过程应用于 25 个单独的矩阵，这些矩阵对应于与不同类型的银行在不同到期日下的贷款，UW 可以得到关于真实双边敞口的更精确估计，因为许多银行只活动于某些类别之中。所得的矩阵最后被加总起来以得到总体双边敞口。因为他们仅有国内银行和外国银行在国内分支机构的数据，UW 去掉了对外国银行、建房协会和德国央行的敞口。最后剩下一个封闭的系统，其中资产和负债之和为零。

“完全信息”（Full Information）方法说明贷出和借入的形式对不同类银行来说是极为不同的。在他们关于贷款结构的大量结论中有如下几点。

● 银行倾向于在同类银行中持有更大的债权。例如商业银行与其他商业银行间的交易比从基准矩阵（Baseline Matrix）中能够期望的要多得多。

● 类似的，直接转账体系（Giro Systems）的前两大机构（合作银行和储蓄银行），在每个直接转账体系的单个银行中持有大比例的贷款和存款。同一直接转账体系中基准水平的单个银行间几乎不持有储蓄。

● 因此银行系统分两个层级（Tier），低端层级由储蓄银行和合作银行组成，高端层级由商业银行、直接转账体系的领导银行（州地方银行（Landesbanken）和合作中央银行（Cooperative Central Banks））加上各种其他银行构成。低端层级银行对同层级银行具有较少的敞口，而高层级银行与多种其他银行均有交易往来，其中包括其他类别的银行。

这种双层级系统介于理论模型所刻画的完全网络和不完全网络之间。作为一个网络它是不完全的，但高端层级的中心在整合系统中扮演了重要的角色。此外，理论模型假设所有的银行是事前相同的。而理解德国双层
288 级系统的关键，在于每个层级银行在规模和专业功能上的差异。从 UW 复制而来的双层级系统的典型图片见图 10.9。

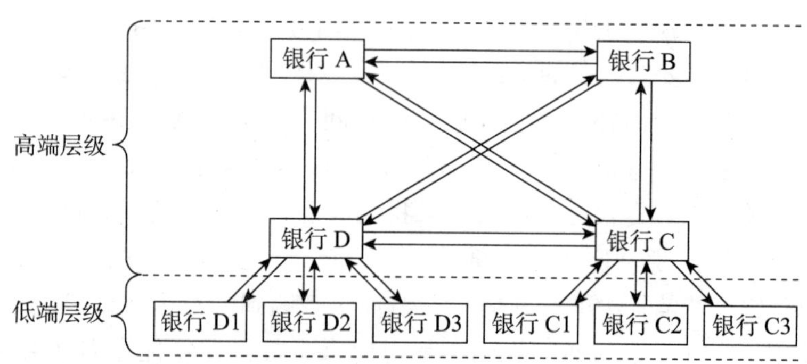

图 10.9　德国银行间相互持有的双层级结构
（厄珀和沃姆斯（2004），图 4）

如上所述，损失比率是决定传导可能性的关键参数。由于应用于德国银行系统的损失比率的数据无法获得，UW 考虑了 θ 的一个取值范围，并对每一个 θ 用多种统计量计算了传导负担（Incidence of Contagion）。回忆我们在此所提及的最大负担，即与单个银行破产相关的最大传导程度。我们复制了图 10.10，它给出了损失比率与使用双边敞口完全信息矩阵得出的两个指标——受牵连的银行数最大值和受影响总资产百分比的最大值——之间的关系。

损失比率和传导程度之间的关系有许多重要特征，这可从图 10.10 或下述计算中看出。

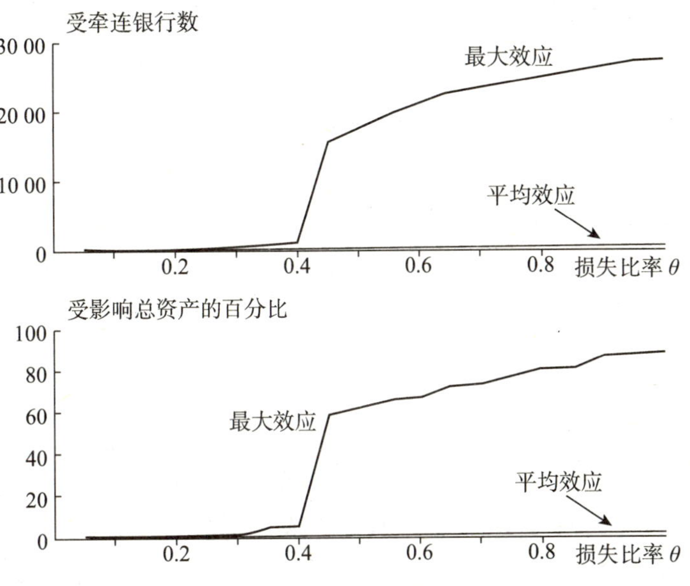

图 10.10 “安全网络”缺失下的损失比率与传导严重性
（厄珀和沃姆斯（2004），图 5）

● 对于任意损失比率总会存在传导。事实上，第一轮中有 17 家银行破产，并与首先选择哪家银行破产无关。这些都是小银行，插补银行间敞口所基于的假设在它们的情形中或许是不现实的。

● θ 似乎存在一个临界值（约为 40%），在这一点上由单个银行破产所引起的传导程度急剧上升。

● 对于非常高的 θ 值（或许高的不太现实），传导扩展至几乎所有的金融体系。

UW 提供了其他一些结果，这些结果与传导动态以及对不同类型银行 289
全不相同的传导影响相关。

UW 算法提供了使用假定的损失比率数值，以及基于可得数据估算的双边敞口来测算传导负担的方法。它提供了银行系统金融脆弱性的定量评价，以及对系统不同结构参数所得结果敏感性的有趣洞见。同时，该方法也有一些局限。

● UW 只聚焦于银行间持有，但仍有不稳定性的其他来源，例如产生于金融体系外的冲击，那也可能引发传导。

● UW 将他们计算传导程度的算法解释为每一轮都可被视作不同时期的动态过程。而在一个真正的动态模型中，银行在每一期随传导的进展是可
290 以改变其资产组合的。这将对分析产生何种影响尚不得而知。一方面，银行可能采取防御措施以保护自己免受感染；另一方面，每家银行试图保护自己，例如从其他银行中将资金取出，事实上可能会加速传导过程。

● 相关的一点是分析假设整个过程中资产价格与利率保持不变，如果发生（或预期到）大规模的资产清算，则会对资产价格造成巨大影响。资产价格下跌会通过降低资本量加剧银行脆弱性，再一次的，这会加速传导过程。

10.8.2 德格瑞西和恩伽尹

在同一风格下的另一篇有趣的研究是德格瑞西和恩伽尹（Degryse and Nguyen，2004）作出的对比利时银行体系的分析，简记为 DN。饶有兴趣的一点是，DN 使用的银行间存贷款数据的样本期是 1993—2002 年，这使得作者研究传导风险演进得以跨越 10 年的期限。1998—2001 年间，银行系统经历了巨大的兼并重组，这改变了产业结构和银行间敞口。在 1993—2002 年初期，比利时银行系统可被描述为完全网络，其中所有银行均或多或少具有对称敞口。而到了样本末期，它类似于一个多货币中心的不完全网络，其中货币中心银行对其他银行具有对称关联，而非货币中心银行之间则没有联系。

DN 使用了多个给定破产下的损失值（Loss Given Default，LGD），即 UW 中损失比率 θ 的对应物，模拟了在 1993—2002 年初始和结尾期的传导风险，他们发现传导风险随时间下降并且在期末很低。即便破产损失值 LGD 高达不现实的 100%，他们计算得出代表着低于 5%的总资产的银行会受某单个比利时银行破产带来的传导的影响。因此，时期内银行体系变得不那么完全，并且在此期间传导风险减弱。这与艾伦和盖尔（2000）的结果形成对照，后者指出完全金融网络比不完全金融网络更加稳定。但要记住的是，比利时银行体系并不满足艾伦-盖尔结果的假设。艾伦和盖尔（2000）假设所有银行是事前相同的，而比利时银行体系则除小银行外，还含有资本充足的货币中心银行。另外，艾伦-盖尔结果主张在其他条件不变下更高的
291 完全性增进了稳定性。对比而言，比利时银行体系在 1993—2002 年间在银

行数量、规模、收支平衡方面经历了巨大变动。尽管如此，所估算的银行体系稳定性仍是一个让人惊讶的结果。

DN 对于比利时银行体系的结构做了许多有趣的观察。他们对银行业的国际性以及比利时银行在国际银行体系中的较好整合给予了特别的关注。这使他们在分析中区分，源自比利时银行体系之外的传导和产生于比利时银行破产的传导。结果证明由外国银行破产所导致的传导程度稍大于国内银行破产所导致的。然而这一结论需要被证明，因为一些重要的外国银行规模都非常大，资本充足并且具有很高的信用评级，因此破产的概率也相应地小一些。

国际银行体系中比利时银行整合的另一个有趣的结果是，多家银行在比利时境外具有大规模业务。结果，与比利时经济规模相比它们的资产持有量巨大。我们关于传导的讨论到目前为止并未考虑由政府和央行提供的安全网络。对于比利时的情况，正是其中一些银行的巨大规模，使得一旦其中一家大银行陷入金融困境，将很难为它汇集出一套拯救组合（Rescue Package）。尽管 UW 估计的传导程度可能很大，至少在损失比率足够大的情况下是这样，安全网络的存在可能会在早期阶段——在它达到可能大面积外溢至金融部门所需的临界量之前——阻止传导。相比之下，具有巨大跨国银行的小国可能没有资源在前几轮阻止这一过程。如 DN 指出的，即便没有安全网络，传导风险似乎也很小；但对其他小国可能并非如此，这些国家的一些银行简直“大得难以拯救”。

10.8.3　西弗恩蒂斯，费鲁奇和席恩（Cifuentes, Ferrucci and Shin, 2005）

在关于 UW 的讨论中，我们指出价格效应没有被考虑进去，也就是说，资产价格被假定为不受银行破产和传导过程的影响。DN 和其他大多数这类研究都做出了类似假设。我们猜想如果价格效应是重要的，那么变现或囤积流动性施于资产价格的下跌压力会降低银行资本并加速传导程度。西弗恩蒂斯等（Cifuentes et al., 2005），简记为 CFS，发展了一套价格效应起重要作用的传导模型。除了通常的银行间债券矩阵，CFS 加入了资产市场，292
该市场具有向下倾斜的资产需求曲线。在市场上有两种传导渠道，第一个是通过通常的银行间市场的双边敞口，第二则是通过银行资本的资产价格变动效应。假定每家银行都满足资本充足要求。当银行资本相对于资产价值来讲过低时，银行必须出售部分资产以满足资本充足约束（增加额外资本是不可能的，至少在短期是这样）。银行将首先出售流动资产，其价格被认为是固定的，但如果仍不能满足资本充足约束，它将出售非流动资产。非流动性资产市场具有向下倾斜的剩余需求曲线（Residual Demand Curve），所以银行出售的非流动性资产越多，资产价格越低。通过银行间敞口的传导以通常的方式发生，一家银行的破产会造成债权人银行的损失并降低其资本。如果损失足够大，资本变为负值，资产低于负债，银行破产，损失溢出到其他先前未受影响的银行。而新的渠道则不同。当一家银行破产时，其他银行遭受损失并降低了资本。如果资本充足约束是有约束力的（Binding），这会将债权人银行推到不得不出售资产以降低其资产市价（Marked-to-Market Value）的位置上。起初，它可能通过出售其流动资产满足资本资产约束，但最终它将不得不出售非流动性资产。如果很多银行都这么做，则资产价格会下降，并且这会对银行总体有影响。其他条件不变的情况下，资产价格的下跌减少了每家银行的资本量，可能会导致它达不到资本充足约束。那些违反约束的银行将不得不自行出售资产，由此增加了资产价格的下行压力。这与第 5 章所讲述的事情具有族类相似性（Family Resemblance），的确，它们非常相似。CFS 方法的创新之处在于，它结合了资产价格渠道与银行间借贷渠道以得出一个更强大的效果。两种渠道并肩而行，相互促进。CFS 并没有对照真实世界的数据校准（Calibrate）他们的模型，但他们确实对于合理的参数值模拟了模型行为，并发现对于适当的参数取值，价格效应极大地扩张了传导程度。这一分析对于增大传导可能性和程度的因素提供了重要洞见，并且指明了未来研究的方向。

10.9 文献回顾

293 文献中已经指出了许多不同类型的传导。首先是通过银行和金融中介间相互关联的传导，其次是货币危机的传导，再次是通过金融市场的传导。除了已经提及的马森（Masson，1999）和厄珀（2006）的综述，迪班特和哈特曼（De Bandt and Hartmann，2002）、卡罗伊（Karolyi，2003），佩里克利和斯布雷希亚（Pericoli and Sbracia，2003）中也包含了这类文献的综述。克莱森和福布斯（Claessens and Forbes，2001）以及邓格和坦巴基斯

(Dungey and Tambakis) 含有许多关于国际传导不同方面的论文。考虑到大量近期综述，本节将会相对简要。

银行通过多种方式相关联，包括支付系统和银行间市场。这种关联会导致传导问题。我们从考虑支付系统传导模型开始。建立在由麦克安德鲁斯和罗伯茨（McAndrews and Roberds，1995）发展的支付系统定位模型之上，弗雷克泽斯和帕里基（Freixas and Parigi）考虑了在净支付和总支付体系中的传导。在净支付体系中银行每天相互扩展信贷（Extend Credit），并在每天结束时结清净头寸，如果一家机构破产触发了连锁反应，净支付体系将把银行暴露于传导可能性中。在总支付体系中交易是在央行货币基础上一对一结算的，没有传导风险但银行必须有大量平衡储备。当银行获得低回报的可能性很小，持有央行货币储备的机会成本很高，并且在另一个地区消费的消费者比重很高时，净支付体系较为可取。弗雷克泽斯，帕里基和罗奇（Freixas，Parigi and Rochet，2000）使用该模型检验了在何种条件下僵局（Gridlock）会发生。他们证明当一个银行的债权人将其款项取出，并预期其他银行所有债权人也将款项取出而银行无法偿还净债务时，僵局便会发生。罗奇和悌若尔（Rochet and Tirole，1996a）考虑了大而不倒政策（Too-Big-to-Fail Policy）在阻止传导中的作用。弗范（Furfine，2003）考虑了美国银行间支付流并得出结论，这一来源的传导风险很小。

如上讨论已详尽指出，艾伦和盖尔（2000）聚焦于源自银行体系的不同区域或部门通过银行间市场相互持有重叠债权的传导渠道。当一个区域遭受银行危机，其他区域由于其在问题区域的债权价值下跌而遭受损失。如果这一外溢效应足够强大，则会在临近区域导致危机。在极端情形下，危机在地区间移动并演变为传导。艾森伯格（Eisenberg）和诺埃（Noe）得出了机构间相互关联的多种结论。阿吉翁等（Aghion et al.，1999）也考虑了通过银行间市场的传导模型，他们的模型中具有多个均衡。在一个均衡 294
中具有银行破产是特殊事件的自确认信念（Self-Confirming Beliefs），而在其他均衡中存在银行破产是整体流动性短缺信号的自实现信念（Self-Fulfilling Beliefs）。拉格诺夫和施莱夫特（Lagunoff and Schreft，2001）研究了概率模型中的危机扩散。模型通过假设每个项目需要两个参与者，并且每个参与者需要两个项目模拟金融关联。当某一方的搭档取款的概率变得很大时，所有参与者会同时取款，这被解释为金融危机。罗奇和悌若尔（1996b）使用监管作为触发相关风险的方式：如果一家银行破产，其他银行则被认为没有被适当地监管并且爆发总体崩溃。达思古普塔（Dasgupta，2004）使用整体博弈方法展示了当银行交叉持有存款时会如何产生唯一的传导均衡。艾伦和卡利提（Allen and Carletti，2006）证明了传导如何通过信贷风险传递市场发生。范里杰克汉姆和韦德（Van Rijckeghem and Weder，2000）给出了通过银行中心相互关联的经验证据。伊耶和佩德罗-阿尔卡德（Iyer and Peydró-Alcalde，2006）考虑了银行间关联性的案例研究，这一关联性源自由于欺骗导致的银行破产。

有越来越多的文献关注传导的货币危机和国际传导。马森（1999）对一些基本问题给出了很好的概述。他区分了“季风”效应（“Monsoonal” effect），溢出效应和纯粹传导。季风效应发生于当工业化国家大的经济转变影响到新兴国家之时。溢出效应发生于当区域间存在关联之时。纯粹传导是与基本面无关的预期变化并与多重均衡相关。艾肯格林等（Eichengreen et al.，2006）以及格利克和罗斯（Glick and Rose，1999）提供了贸易关系是许多货币危机扩散的重要因素的证据。卡明斯基等（Kaminsky et al.，2003）考虑了跨国境传导的很长的一段历史，并思考了传导为什么会在某些情况下发生，但在其他类似情况下却不发生。皮克和佩萨瑞恩（Pick and Pesaran，2004）考虑了在区分传导和相互依赖中出现的一些计量问题。

许多文献对金融市场的传导做出了研究。金和沃德瓦尼（King and Wadwhani，1990）考虑了信息在市场间互相关联的情形。一个市场的价格变动对其他市场的资产价格也有影响。卡尔沃（Calvo，2002）和袁（Yuan，2005）考虑了具有相关性的流动性冲击作为传导渠道。当部分投资者急需获得现金，比如需要补仓（Marginal Call），他们可能会在许多市场上变现，因此冲击扩散开来。科德里斯和普里茨克（Kodres and Pritsker，2002）使
295 用多种资产理性预期模型证明了宏观经济风险因素和特定国家不对称信息如何结合在一起导致传导。凯尔和熊（Kyle and Xiong，2001）展示了由于财富效应的存在导致的金融市场中的传导模型。帕夫洛娃和里戈邦（Pavlova and Rigobon）提供了源自财富转移和组合约束的跨国股票市场价格传导的理论模型。

10.10 结束语

传导是金融危机领域里最为重要的议题之一。冲击会扩散并会导致比

初始影响更大的损失，这一概念对政策制定者来说极为重要，它可以对所观察到的许多干预和管制提供依据。犹如我们所看到的，传导可能采取多种形式。尽管在这一议题上有很多文献，这一领域仍有很多工作要做。而对本书涉及的所有议题而言，情况亦是如此！

参考文献

Aghion, P., P. Bolton, and M. Dewatripont (1999). "Contagious Bank Failures," working paper, Princeton University.

Allen, F. and E. Carletti (2006). "Credit Risk Transfer and Contagion," *Journal of Monetary Economics* 53, 89–111.

Allen, F. and D. Gale (1998). "Optimal Financial Crises," *Journal of Finance* 53, 245–1284.

Allen, F. and D. Gale (2000). "Financial Contagion," *Journal of Political Economy* 108, 1–33.

Calvo, G. (2002). "Contagion in Emerging Markets: When Wall Street is a Carrier," Proceedings from the International Economic Association Congress, vol. 3, Buenos Aires, Argentina 2002. Also in G. Calvo, *Emerging Capital Markets in Turmoil: Bad Luck or Bad Policy?* Cambridge, MA: MIT Press 2005.

Calvo, G. and E. Mendoza (2000a). "A Rational Contagion and the Globalization of Securities Markets," *Journal of International Economics* 51, 79–113.

Calvo, G. and E. Mendoza (2000b). "A Capital-Markets Crises and Economic Collapse in Emerging Markets: An Informational Frictions Approach," *American Economic Review* 90, 59–64.

Cifuentes, R., G. Ferrucci, and H. Shin (2005). "Liquidity Risk and Contagion," *Journal of the European Economic Association* 3, 556–566.

Claessens, S. and K. Forbes (eds.) (2001). *International Financial Contagion*, Norwell, MA: Kluwer.

Dasgupta, A. (2004). "Financial Contagion through Capital Connections: 296

A Model of the Origin and Spread of Bank Panics," *Journal of the European Economic Association* 6, 1049 - 1084.

De Bandt, O. and P. Hartmann (2002). "Systemic Risk in Banking: A Survey," in *Financial Crises, Contagion, and the Lender of Last Resort: A Reader*, C. Goodhart and G. Illing (eds.), Oxford: Oxford University Press.

Degryse, H. and G. Nguyen (2004) "Interbank Exposures: An Empirical Examination of Systemic Risk in the Belgian Banking System," National Bank of Belgium, NBB Working Paper No. 43.

Diamond, D. and P. Dybvig (1983). "Bank Runs, Deposit Insurance, and Liquidity," *Journal of Political Economy* 91, 401 - 419.

Dungey, M. and D. Tambakis (eds.) (2005). *Identifying International Financial Contagion*, Oxford: Oxford University Press.

Eichengreen, B., A. Rose, and C. Wyplocz (1996). "Contagious Currency Crises: First Tests," *Scandinavian Journal of Economics* 98, 463 - 484.

Eisenberg, L. and T. Noe (2001). "Systemic Risk in Financial Systems," *Management Science* 47, 236 - 249.

Freixas, X. and B. Parigi (1998). "Contagion and Efficiency in Gross and Net Interbank Payment Systems," *Journal of Financial Intermediation* 7, 3 - 31.

Freixas, X., B. Parigi, and J. Rochet (2000). "Systemic Risk, Interbank Relations and Liquidity Provision by the Central Bank," *Journal of Money, Credit & Banking* 32, 611 - 638.

Furfine, C. (2003). "The Interbank Market During a Crisis," *Journal of Money, Credit and Banking* 35, 111 - 128.

Glick, R. and A. Rose (1999). "Contagion and Trade: Why Are Currency Crises Regional?" Chapter 9 in P. Agénor, M. Miller, D. Vines and A. Weber (eds.), *The Asian Financial Crisis: Causes, Contagion and Consequences, Cambridge*, U. K.: Cambridge University Press.

Gorton, G. (1988). "Banking Panics and Business Cycles," *Oxford Economic Papers* 40, 751 - 781.

Hicks, J. (1989). *A Market Theory of Money*, New York: Clarendon

Press; Oxford: Oxford University Press.

Iyer, I. and J. Peydró-Alcalde (2006). "Interbank Contagion: Evidence from Real Transactions," working paper, European Central Bank.

Kaminsky, G., C. Reinhart, and C. Vegh (2003). "The Unholy Trinity of Financial Contagion," *Journal of Economic Perspectives* 17, 51–74.

Karolyi, G. (2003). "Does International Financial Contagion Really Exist?" *International Finance* 6, 179–199.

Kindleberger, C. (1978). *Manias, Panics, and Crashes: A History of Financial Crises*, New York, NY: Basic Books.

King, M. and S. Wadhwani (1990). "Transmission of Volatility Between Stock Markets," *Review of Financial Studies* 3, 5–33.

Kodres, L. and M. Pritsker (2002). "A Rational Expectations Model of Fi- 297
nancial Contagion," *Journal of Finance* 57, 768–799.

Kyle, A. and W. Xiong (2001). "Contagion as a Wealth Effect," *Journal of Finance* 56, 1401–1440.

Lagunoff, R. and S. Schreft (2001). "A Model of Financial Fragility," *Journal of Economic Theory* 99, 220–264.

Masson, P. (1999). "Contagion: Monsoonal Effects, Spillovers and Jumps Between Multiple Equilibria," Chapter 8 in P. Agénor, M. Miller, . Vines and A. Weber (eds.), *The Asian Financial Crisis: Causes, Contagion and Consequences*, Cambridge, UK: Cambridge University Press.

McAndrews, J. and W. Roberds (1995). "Banks, Payments and Coordination," *Journal of Financial Intermediation* 4, 305–327.

Mitchell, W. (1941). *Business Cycles and Their Causes*, Berkeley: University of California Press.

Pavlova, A. and R. Rigobon (2005). "Wealth Transfers, Contagion, and Portfolio Constraints" NBER Working Paper No. W11440.

Pericoli, M. and M. Sbracia (2003). "A Primer on Financial Contagion," *Journal of Economic Surveys* 17, 571–608.

Pick, A. and M. Pesaran (2004). "Econometric Issues in the Analysis of Contagion," CESifo Working paper Series No. 1176.

Rochet, J. and J. Tirole (1996a). "Interbank Lending and Systemic Risk,"

Journal of Money, Credit and Banking 28, 733 - 762.

Rochet, J. and J. Tirole (1996b). "Controlling Risk in Payment Systems," *Journal of Money, Credit and Banking* 28, 832 - 862.

Upper, C. (2006). "Contagion Due to Interbank Credit Exposures: What Do We Know, Why Do We Know It, and What Should We Know?" working paper, Bank for International Settlements.

Upper, C. and A. Worms (2004). "Estimating Bilateral Exposures in the German Interbank Market: Is there a Danger of Contagion?" *European Economic Review* 48, 827 - 849.

Van Rijkeghem, C. and B. Weder (2000). "Spillovers Through Banking Centers: A Panel Data Analysis," IMF Working Paper 00/88, Washington, D. C.

Yuan, K. (2005). "Asymmetric Price Movements and Borrowing Constraints: A Rational Expectations Equilibrium Model of Crisis, Contagion, and Confusion," *Journal of Finance* 60, 379 - 411.

索　引*

亚当，约翰·昆西（Adams，John Quincy），3
阿吉纳，P（Agénor，P.），296，297
阿吉翁，P（Aghion，P.），294
艾伦，F（Allen，F.），84，90，95，103，124，128，147，172，176，184，193，204，212，214，218，224，228，231，237，238，239，246，247，250，252，262，280，281，290，293，294
阿朗索，I（Alonso，I.），95
2001—2002 年阿根廷危机（Argentina crisis of 2001 - 2002），17 - 18
阿诺特，R（Arnott，R.），214
阿罗证券（Arrow securities），146，150，42
阿罗-德布鲁经济（Arrow - Debreu economy），41
1997 年亚洲危机（Asian crisis of 1997），1，15，260 - 261，217 - 218
资产价格泡沫（Asset price bubbles）

* 所注页码为英文原书页码。沈佳、王俊昌、祝东宇、李民、张文伟、李敏、李军、王一凡、张建民、胡平、罗建平、李民、郑德平、马航整理了书中文献。

代理问题（agency problems），237
银行危机（banking crises），247
负（negative），236
正（positive），236
风险转移（risk shifting），237
无中央银行干预（without Central Bank intervention），254
阿扎里亚蒂斯，C（Azariadis，C.），147
巴杰特，W（Bagehot，W.），3
银行资本（Bank Capital）
激励函数（incentive function），193
风险分担函数（risk - sharing function），193
英格兰银行（Bank of England），3
瑞典银行（Bank of Sweden），3
银行挤兑（Bank runs），74
经验研究（empirical studies），96
1935 年银行法（Banking Act of 1935），5
银行业与效率（Banking and efficiency），72 - 73
伯南克，B（Bernanke，B.），147
伯纳多，A（Bernardo，A.），148
伯陶特，C（Bertaut，C.），101
贝赞科，D（Besanko，D.），192
巴塔卡亚，S（Bhattacharya，S），94，95，192，214
汇票（Bill of exchange），126
布卢姆，M（Blume，M.），101
博尔顿，P（Bolton，P.），295
布特，A（Boot，A.），214
博尔多，M.（Bordo，M.），2，3，9 - 12，16
博森斯，J（Bossons，J.），125
博伊德，J（Boyd，J.），18，19，228
布伦南，M（Brennan，M.），101
1945 - 1971 年布雷顿森林体系时期（Bretton Woods Period 1945 - 1971），10
布赖恩特，J（Bryant，J.），20，58，59，74，84，94，95，96，147，149
缓冲与挤兑（Buffers and bank runs），277
银行挤兑的经济周期观点（Business cycle view of bank run），277
活期拆放贷款（Call loans），6
卡洛莫里斯，C（Calomiris，C.），83，94，96，147，231
卡尔沃，G（Calvo，G.），260，294
坎贝尔，J（Campbell，J.），100
资本管制（Capital regulation），191
资本结构（Capital structure）
莫迪利亚尼-米勒定理（Modigliani - Miller theorem），203
最优（optimal），194
完全市场中的资本结构（with complete markets），201
卡普里奥，G（Caprio Jr.，G.），214
凯里，M（Carey，M.），214
卡利提，E（Carletti，E.），294
卡尔森，H（Carlsson，H.），90，95
市场现金定价（Cash - in - the - market pricing），102，110 - 114
卡斯，D（Cass，D.），147
常，C（Chang，C.），233
常，R（Chang，R.），230，231
查瑞，V（Chari，V.），94，95，147
查特基，K（Chatterjee，K.），97
崔，M（Chui，M.），229，230
西弗恩蒂斯，R（Cifuentes，R.），291
克莱森，S（Claessens，S.），293
竞争性均衡（Competitive equilibrium），159
完全市场（Complete markets），41，70
科恩，K（Cone，K.），94
康斯坦丁尼德斯，G（Constantinides，G.），98
约束有效（Constrained efficiency），182，198
消费与储蓄（Consumption and saving），27，32
传导（Contagion）
信息不对称（asymmetric information），260
比利时银行体系（Belgian banking system），290 - 291
货币危机（currency crises），261，294
经验研究（empirical studies），284 - 292

金融市场（financial markets），294－295
德国银行系统（German banking system），284－290
不完全银行同业市场（incomplete interbank markets），274
重叠债权（overlapping claims），260
支付系统（payments systems），293
价格效应（price effects），291－292
状态或有商品（Contingent commodities），40
科塞提，G（Corsetti，G.），231
金融危机的成本（Cost of financial crises），18－19，153
库切尼，T（Courchene，T.），125
1929年大崩溃（Crash of 1929），2
1987年大崩溃（Crash of 1987），100
信贷及利率决定（Credit and interest rate determination），243
危机与股票市场崩盘（Crises and stock market crashes），5
不同时代的危机（Crises in different eras），10
克罗克特，J（Crockett，J.），125
货币危机与孪生危机（Currency crises and twin crises），229
达思古普塔，A（Dasgupta，A,），294
迪班特，O（De Bandt，O.），293
德诺伊弗维尔兄弟（de Neufville Brothers），126，147
德尼科罗，G（De Nicolò，G.），231
通货紧缩（Deflation），218
德格瑞西，H（Degryse，H.），290
德塞，M（Desai，M.），258
迪瓦特里庞特，M（Dewatripont，M.），98，213，295
戴蒙德，D（Diamond，D.），20，58，59，74，94，95，96，130，147，149，228，229，230，255，262
戴蒙德-迪布维格偏好（Diamond－Dybvig preferences），150，116
美元化（Dollarization），231－232
美元化与激励（Dollarization and incentives），226－228
多恩布什，R（Dornbusch，R.），125
德瑞斯，B（Drees，B.），235
邓格，M（Dungey，M.），293
迪布维格，P（Dybvig，P.），20，58，59，74，94，95，96，130，147，149，230，255，262
动态交易策略（Dynamic trading strategies），156
泛经济体危机（Economywide crises），149
跨期有效配置（Efficient allocation over time），27
有效风险分担（Efficient risk sharing），165
艾肯格林，B（Eichengreen，B.），9，25，294
艾森伯格，L（Eisenberg，L.），293
内生危机（Endogenous crises），148
英格伦，P（Englund，P.），14，235
银行挤兑均衡（Equilibrium bank runs），76
必要的银行挤兑（Essential bank runs），85
股价过度波动（Excess volatility of stock prices），100
汇率机制危机（Exchange Rate Mechanism crises），229
外在不确定性（Extrinsic uncertainty），129，148
法马，E（Fama，E.），100
法默，R（Farmer，R.），147
联邦储蓄保险公司（FDIC），190
费鲁奇，G（Ferrucci，G.），291
1763年金融危机（Financial Crisis of 1763），126
金融脆弱性（Financial fragility），126
合众国第一银行（First Bank of United States），3
首个巴塞尔协议（First Basel Accord），191
费希尔，S（Fisher，S.），125
固定参与成本（Fixed participation cost），101－102
弗拉德，R（Flood，R.），229
福布斯，K（Forbes，K.），293
远期市场与固定日期的商品（Forward markets and dated commodities），31

弗肯斯，A（Fourcans，A），16，229
弗兰克，R（Franck，R.），16，229
弗兰克尔，J（Frankel，J.），15，235
弗雷克泽斯，X（Freixas，X.），94，213，293
弗里德曼，M（Friedman，M），58，96
弗兰德，I（Friend，I.），101，125
联邦储蓄贷款保险公司（FSLIC），190
完全参与均衡（Full participation equilibrium），120
基本均衡（Fundamental equilibrium），129，141，148
弗范，C（Furfine，C.），293
弗朗，F（Furlong，F.），192
盖，P（Gai，P.），229，230
盖尔，D（Gale，D.），84，95，103，124，128，147，172，176，184，193，195，199，204，212，214，218，224，226，228，231，232，237，238，246，247，250，252，262，280，281，290，293
加林多，A（Galindo，A.），231，232
加伯，P（Garber，P.），229
吉纳科普洛斯，J（Geanakoplos，J.），147，198
不完全市场一般均衡（General equilibrium with incomplete markets），147
吉诺特，G（Gennotte，G.），192
格特勒，M（Gertler，M.），147
1933年格拉斯-斯蒂高尔法案（Glass - Steagall Act of 1933），5，190
格利克，R（Glick，R.），294
货币危机的全局博弈法（Global games approach to currency crises），230
全局博弈均衡的唯一性（Global games equilibrium uniqueness），90，95
戈恩卡，A（Goenka，A.），147
1880 - 1913金本位时期（Gold Standard Era 1880 - 1913），10
戈尔茨坦，I（Goldstein，I.），90，95
古德哈特，C（Goodhart，C.），296
戈顿，G（Gorton，G.），4，20，83，94，95，96，147，231，239，247，262
戈塔蒂，P（Gottardi，P.），147
格雷姆-里奇-比利雷法案（Gramm - Leach - Bliley Act），190
大萧条（Great Depression），2，190，217
格林，G（Green，J.），57
格林沃尔德，B（Greenwald，B.），214
吉索，L（Guiso，L.），100，101
格普，B（Gup，B.），215
哈利阿索，M（Haliassos，M.），101，125
哈密顿，亚历山大（Hamilton，Alexander），3
汉森，L（Hansen，L.），98
哈里斯，M（Harris，M.），98
哈特，O（Hart，O.），147
哈特曼，P（Hartmann，P），293
海斯凯南，R（Heiskanen，R.），14，235
赫勒，W（Heller，W.），215
赫尔曼，T（Hellman，T），192
黑尔维格，M（Hellwig，M.），95
赫林，R（Herring，R.），213
希克斯，J（Hicks，J.），261
霍格思，G（Hoggarth，G.），18
霍诺汉，P（Honohan，P.），25，233
哈伯德，R（Hubbard，R.），151，233
伊林，G（Illing，G.），296
国际货币基金组织（IMF），25
激励相容和私人信息（Incentive compatibility and private information），71
激励相容（Incentive compatible），131
激励约束（Incentive constraint），131
激励有效（Incentive efficiency），72，175
不完全合约（Incomplete contracts），154
不完全市场（Incomplete markets），154
市场无效（Inefficiency of markets），66
内部货币（Inside money），216
保险与风险汇合（Insurance and risk pooling），48
银行间网络（Interbank network）
完全银行间网络（Complete），263，269

不完全银行间网络（Incomplete），263，271
内在不确定性（Intrinsic uncertainty），129，148
欧文，G（Irwin，G.），212
伊耶，I（Iyer，I.），294
艾泽，I（Ize，I.），233
杰克林，C（Jacklin，C.），94，95
贾根纳森，R（Jagannathan，R.），95
日本资产价格泡沫（Japanese asset price bubble），15，235
贾帕里，T（Jappelli，T.），125
詹森，M（Jensen，M.），241
琼斯，C（Jones，C.），6，26
扬，L（Jonung，L.），259
卡恩，C（Kahn），94
卡基，A（Kajii，A.），147
卡明斯基，G（Kaminsky，G.），230，231，294
卡纳塔斯，G（Kanatas，G.），192
坎伯，R（Kanbur，R.），214
卡罗伊，G（Karolyi，G.），293
基利，M（Keeley，M.），192
基欧，P（Kehoe，P.），147
凯恩斯，J. M（Keynes，J. M.），216
金，D（Kim，D.），100，294
金德尔伯格，C（Kindleberger，C.），2，3，20，58，126，147，235，262
金，M（King，M），100，294
基亚塔基，N（Kiyotaki，N.），147
克林格比尔，D（Klingebiel，D），25
科德里斯，M（Kodres，L.），260，294
克罗斯，H（Krooss，H.），4
克鲁格曼，P（Krugman，P.），229
克瓦克，S（Kwak，S.），25
凯尔，A（Kyle，A.），295
莱文，L（Laeven，L.），25
拉格诺夫，R（Lagunoff，R.），148，294
利普，J（Leape，J.），100
莱德曼，L（Leiderman，L.），231，232
勒罗伊，S（Leroy，S.），100
莱文，R（Levine，R.），214
受限的市场参与（Limited market participation），100－102，114－124
清偿融资顺位（Liquidation pecking order），275
流动性保险（Liquidity insurance），68
流动性偏好（Liquidity preference），53，59－60
流动性交易（Liquidity trading），100
长期资本管理公司（Long Term Capital Management，LTCM），16，127
洛温斯坦，R（Lowenstein，R.），16
马吉尔，M（Magill，M.），147
梅拉斯，G（Mailath，G.），152
曼昆，N（Mankiw，N.），100
玛丽昂，N（Marion，N.），229
马丁内斯-佩里亚，M（Martinez－Peria，M.），25
马斯-克莱尔，A（Mas－Collel，A.），57
梅森，J（Mason，J.），96，147
马森，P（Masson，P.），261，293，294
麦克安德鲁斯，J（McAndrews，J.），293
梅克林，W（Meckling，W.），241
门多萨，E（Mendoza，E.），260
默顿，R（Merton，R.），100
米基塔尼，R（Mikitani；R.），15
米勒，M（Miller，M.），296，297
米什金，F（Mishkin，F.），236
米切尔，W（Mitchell，W.），20，58，262
货币和银行危机（Money and banking crises），228－229
货币和风险分担（Money and risk sharing），218－223
穆尔，J（Moore，J.），147
莫里斯，S（Morris，S.），90，92，93，95，230，259
默多克，K（Murdock，K.），215
内尔巴夫，B（Nalebuff，B.），214
1863 和 1864 年国家银行法（National Bank Act of 1863 and 1864），4
国家银行体系时代（National Banking Era），

4，83
尼夫，E（Neave，E.），215
恩伽尹，G（Nguyen，G.），290
诺埃，T（Noe，T.），293
奥伯斯菲尔德，M（Obsfeld，M.），230
最优货币危机（Optimal currency crises），223－226
最优货币政策（Optimal monetary policy），256
通过银行间市场的最优风险分担（Optimal risk sharing through interbank markets），266
外部货币（Outside money），216
奥弗伦-格尼危机（Overend & Gurney crisis），2，3
奥兹格，O（özgür，O.），199
基于恐慌的挤兑（Panic－based runs），94
帕里基，B（Parigi，B.），293
帕克，W（Parke，W.），100
参与和资产价格波动（Participation and asset－price volatility），120－121
包兹纳，A（Pauzner，A.），90，96
帕夫洛娃，A（Pavlova，A.），295
帕达巴索格鲁，C（Pazarbasoglu，C.），235
佩里克利，M（Pericoli，M.），293
佩萨瑞恩，M（Pesaran，M），294
皮森提，P（Pesenti，P.），231
佩德罗－阿尔卡德，J（Peydró － Alcalde，J.），294
皮克，A（Pick，A.），294
庇古，A. C（Pigou，A. C.），216
波马卡基斯，H（Palemarchakis，H.），198
波特，R（Porter，R.），100
资产组合选择（Portfolio choice），49
波森，A（Posen，A.），15
波斯特尔韦特，A（Postlewaite，A.），95，148，259
普拉蒂，A（Prati，A.），93
普雷斯科特，E（Prescott，E.），98
普里茨克，M（Pritsker，M.），260，294
生产（Production），36
派尔，D（Pyle，D.），192
昆兹，M（Quinzii，M.），147
瑞詹，R（Rajan，R.），94，233，229
真实经济周期（Real business cycle），147
流动性管制（Regulation of liquidity），204
莱因哈特，C（Reinhart，C.），230，231，234，296
赖斯，R（Reis，R.），25
里戈邦，R（Rigobon，R.），295
风险厌恶（Risk aversion），45
绝对风险厌恶（absolute），46
相对风险厌恶（relative），46
风险汇合（Risk pooling），55
罗伯茨，W（Roberds，W.），293
罗奇，J（Rochet，J.），90，94，95，192，293，294
鲁格夫，K（Rogoff，K.），234
罗斯，A（Rose，A.），294，296
鲁比尼，N（Roubini，N.），18，231
俄罗斯危机（Russian crisis），127
1998年俄罗斯危机（Russian crisis of 1998），16
赛德，Y（Said，Y.），258
萨缪尔森，L（Samuelson，L.），152
萨缪尔森，W（Samuelson，W.），97
桑托默若，A（Santomero，A.），192，213
桑托斯，J（Santos，J.），213
萨波塔，V（Saporta，V.），25，215
萨瓦斯塔诺，M（Savastano，M.），234
斯布雷希亚，M（Sbracia，M.），93，293
斯堪的纳维亚危机（Scandinavian crises），1，14－15，235－236
施纳贝尔，I（Schnabel，I.），126，147
施莱夫特，S（Schreft，S.），148，294
施瓦茨，A（Schwartz，A.），58，96
合众国第二银行（Second Bank of the United States），3
第二巴塞尔协议（Second Basel Accord），191

分离定理（Separation Theorem），39
序贯服务约束（Sequential service constraint），94
序贯完全金融市场（Sequentially complete financial markets），170
塞瑟，B（Setser，B.），18
谢尔，K（Shell，K.），147
希勒，R（Shiller，R.），100
席恩，H（Shin，H.），90，92，93，95，126，147，230，291
史密斯，B（Smith，B.），25，228，233
斯普拉格，O（Sprague，O.），6，96
圣阿曼特，P（St-Amant，P.），215
斯塔尔，R（Starr，R.），215
斯塔雷特，D（Starrett，D.），215
施蒂格利茨，J（Stiglitz，J.），215，241
斯塔顿斯基，P（Studenski，P.），4
斯塔尔茨，R（Stulz，R.），98，214
太阳黑子均衡（Sunspot equilibria），129，140，147，148
太阳黑子与银行挤兑（Sunspots and bank runs），76-77，94
西拉，R（Sylla，R.），6，26
塔卡基，S（Takagi，S.），25，26
坦巴基斯，D（Tambakis，D.），293
坦纳卡，M（Tanaka，M.），215
撒克，A（Thakor，A.），94，214
蒂尔曼，P（Tillman，P.），93
廷伯莱克，R（Timberlake，R.），3
悌若尔，J（Tirole，J.），213，293，294
彻戈尔，A（Tschoegl，A.），15，235
特诺夫斯基，S（Turnovsky，S.），98
孪生危机（Twin crises），9，230-231
不确定性银行挤兑与均衡（Uncertain bank runs and equilibrium），76-82
厄珀，C（Upper，C.），284，293
市场价值（Value of the market），63
范达姆，E（Van Damme，E.），90，95
范里杰克汉姆，C（Van Rijckeghem，C.），260，294
韦，C（Vegh，C.），296
维拉斯科，A（Velasco，A.），230，231
维瑞拉，V（Vihriälä，V.），14，235
瓦因斯，D（Vines，D.），296，297
维星-乔根森，A（Vissing-Jorgensen，A.），
维弗斯，X（Vives，X.），90，95，226，232
冯诺依曼-摩根斯坦效用函数（Von Neumann-Morgenstern utility function），44
沃德瓦尼，S（Wadhwani，S.），294
华莱士，N（Wallace，N.），94，98
财富与现值（Wealth and present values），20
韦伯，A（Weber，A.），296，297
韦德，B（Weder，B.），260，294
韦斯，A（Weiss，A.），241
韦尔奇，I（Welch，I.），148
韦斯特，K（West，K.），100
温斯顿，M（Whinston，M.），57
怀特，E（White，E.），242
威克，E（Wicker，E.），96
威尔金斯，C（Wilkins，C.），215
威尔逊，J（Wilson，J.），5-8
温顿，A（Winton，A.），94
沃姆斯，A（Worms，A.），284
怀普洛克兹，C（Wyplocz，C.），296
熊，W（Xiong，W.），295
袁，K（Yuan，K.），294
赞姆，W（Zame，W.），186
泽尔蒂斯，S（Zeldes，S.），100

图书在版编目（CIP）数据

理解金融危机/（美）艾伦等著；张健康等译.
北京：中国人民大学出版社，2009
（当代世界学术名著）
ISBN 978-7-300-11607-5

Ⅰ.①理…
Ⅱ.①艾…②张…
Ⅲ.①金融危机—研究
Ⅳ.①F830.99

中国版本图书馆 CIP 数据核字（2009）第 243929 号

当代世界学术名著
理解金融危机
[美] 富兰克林·艾伦　道格拉斯·盖尔　著
张健康　臧旭恒　等译
张健康　校

出版发行	中国人民大学出版社		
社　　址	北京中关村大街 31 号	**邮政编码**	100080
电　　话	010－62511242（总编室）		010－62511398（质管部）
	010－82501766（邮购部）		010－62514148（门市部）
	010－62515195（发行公司）		010－62515275（盗版举报）
网　　址	http://www.crup.com.cn		
	http://www.ttrnet.com（人大教研网）		
经　　销	新华书店		
印　　刷	涿州星河印刷有限公司		
规　　格	155 mm×235 mm　16 开本	**版　　次**	2010 年 1 月第 1 版
印　　张	20.5 插页 2	**印　　次**	2010 年 1 月第 1 次印刷
字　　数	329 000	**定　　价**	45.00 元